国家出版基金项目
NATIONAL PUBLICATION FOUNDATION

明清宫藏丝绸之路档案图典 1

过江之路卷

中国第一历史档案馆　中国历史研究院◎编著

国家社会科学基金重点项目
中国历史研究院重大学术项目
国家出版基金资助项目

总主编　李国荣　鱼宏亮
副总主编　王　澈　杨海英
伍媛媛　李华川

国家图书馆出版社

一日大使伊藤侯謂日人對付韓國之政策一秉
國之人而以教育興商為預圖致富之方鍼云
形較之韓國尤遜堅忍四十年居然得有今
若是之難也廣銓熟觀日人堅忍之性有過歐
為過往後韓國商務當可日增月長所可慮
振難與日商競爭耳然我商在此經營已數百
本將來撤使之後如

國除將此事詳告接手之總稅司外理合報告
紙查黃海平安沿海航業相沿已久原與現約不
在該道通事等各雜員欺淩訛詐無所不至
實不成事體故廣銓於夏間與日林使商定日
口岸近日林使由國返韓面告廣銓謂此事已
村伯亦以為然當未開口岸之先暫不禁阻我
俟將來請開口岸之時專案咨呈外謹將一

《明清宫藏丝绸之路档案图典》
编纂委员会

主　任

高　翔　中国社会科学院副院长、党组副书记（正部长级）
　　　　中国历史研究院院长、研究员
孙森林　中国第一历史档案馆馆长、研究馆员

副主任

李国荣　中国第一历史档案馆副馆长、研究馆员
李国强　中国历史研究院副院长、研究员
卜宪群　中国历史研究院古代史所所长、研究员

总主编

李国荣　鱼宏亮

副总主编

王　澈　伍媛媛　杨海英　李华川

档案统筹

王　征

陆上丝绸之路编主编

王　澈　杨海英

海上丝绸之路编主编

伍媛媛　李华川

核心作者

过江之路卷　王　澈　杨海英
高山之路卷　吴剑锋　石竞琳　徐到稳
沙漠之路卷　郭　琪　吴四伍
草原之路卷　王　征　鱼宏亮
东洋之路卷　刘文华　李立民
南洋之路卷　刘文华　解　扬
西洋之路卷　伍媛媛　李华川　李　娜
美洲之路卷　朱琼臻　王士皓
地图提要　孙靖国

明清时期的中国与世界

新解 15—19 世纪丝绸之路的八条线路

李国荣

丝绸之路是中国古代东西方著名的商贸通道，是沟通中外经济文化的重要桥梁。所谓明清宫藏丝绸之路档案，是指中国第一历史档案馆（以下简称“一史馆”）所藏明清时期中央政府档案中反映 15—19 世纪中国与世界各国通过海上航线、陆上交通进行经济文化交流的档案文献。明清两朝宫藏档案涉及53个国家，有汉、满、蒙古、藏、日、俄、英、法、德等各种中外文字，其中具有丝绸之路涵义的有关中外经济文化交往的档案 7 万余件。这些宫藏档案，从王朝角度记载了明清时期的中国与世界各国交往的历史详情，既具有中央政府的权威性，又具有原始文献的可靠性，同时也具有档案独存与价值独特的唯一性，是全面研究明清时期丝绸之路实况最为翔实的珍贵文献。对明清宫藏丝绸之路档案进行系统整理研究，具有重要的现实意义和特殊的学术价值。

一、明清宫藏丝绸之路档案整理研究的历史背景

明清时期的丝绸之路，是中国古代对外商贸文化交流的特殊形态。对明清宫藏丝绸之路档案的整理与研究，有着特定的历史背景。

一是时代背景。2013 年，国家主席习近平借用中国古代“丝绸之路”的概念，提出建设“新丝绸之路经济带”和“21 世纪海上丝绸之路”的合作倡议。这是关乎国家战略发展和人类命运共同体构建的宏远谋略，也是对社会科学工作者提出的重大命题。

二是学术背景。长期以来，学界丝绸之路研究成果甚为丰厚，但明清时期丝绸之路研究一直略显薄弱。这主要表现在：第一，谈起丝绸之路，往往认为主要存在于汉唐时期，将丝绸之路固化为中古以前的历史名片，明清时期的丝绸之路被严重弱化，甚至不认可近代中国丝绸之路的存在。第二，学界对出新疆而西行的陆上丝绸之路和出南海而西行的海上丝绸之路这两条经典线路的研究较为丰富，对其他线路的研究还不够充分，相对而言成果较少。第三，对明清时期丝路文献的挖掘，以往关注和利用的主要是地方性档案和民间文献，存在着地域性、分散性的特点，对明清中央政府这一最具权威性、系统性的档案文献却没有给予足够的利用与研究，从王朝视角和国家层面来透析明清时期丝绸之路还远远不够。整体看来，对明清时期丝绸之路个案化、碎片化和局部的研究比较多，系统的、整体的研究

还远未形成，而这恰恰有赖于明清宫藏丝绸之路档案的深层挖掘。

三是文献背景。2016年，一史馆与中国社会科学院历史研究所合作，正式启动“明清时期丝绸之路档案编研出版工程”。2019年，“明清宫藏丝绸之路档案整理与研究”列为国家社科基金重点项目，同时列为中国历史研究院重大学术项目。该课题项目成果主要包括：其一，在档案整理方面，对一史馆所藏明清丝绸之路档案进行系统化的全面梳理，建立明清宫藏丝绸之路档案专题数据库。其二，在编纂出版方面，精心组织、系统编纂《明清宫藏丝绸之路档案图典》，陆上丝绸之路四卷，海上丝绸之路四卷，由国家图书馆出版社出版。其三，在学术交流方面，一史馆与中国历史研究院自2016年开始，每年联合主办一次“一带一路”文献与历史研讨会，截至2020年已举办五次，这一研讨机制将继续推进下去。其四，在成果推介方面，核心期刊《历史档案》自2019年第1期起开设《明清丝路》专栏，持续刊发课题组系列研究成果。其五，在学术著述方面，一史馆与中国历史研究院的专家学者联合编写《明清宫藏丝绸之路档案研究》专著。明清时期丝绸之路档案的珍贵价值和独特作用越来越得以彰显。

二、明清宫藏档案中的陆上丝绸之路

陆上丝绸之路，传统意义上讲，是古代横贯亚洲连接欧亚大陆的商贸要道。它起源于西汉时期汉武帝派张骞出使西域，开辟了以都城长安（西安）为起点，经中亚、西亚，并连接地中海各国的陆上交通线路。这条通道被认为是古代东西方文明的交汇之路，而中国出产的丝绸则是最具代表性的货物，因此自19世纪末，西方学者开始称之为“丝绸之路”，作为一个专用概念，被广泛认可使用，产生了世界性的影响。一史馆档案揭示，明清时期的陆上丝绸之路并不仅仅是传统的自新疆西行亚欧的一条线路，而是分为四条线路，即东向过江之路、南向高山之路、西向沙漠之路、北向草原之路。

1. 陆上东向过江之路。这条线路主要是指横跨鸭绿江与朝鲜半岛的经济文化交流。中朝两国在地域上唇齿相依，隔江相望。明清时期，朝鲜是东亚地区与中国关系最为密切的藩属国，不仅有相沿成例的朝贡道路，也有定期开市的边境贸易。明崇祯四年（1631）正月初三日的礼部题稿非常明确地记载，从京师经辽阳东行再渡鸭绿江陆路至朝鲜的贡道。清乾隆九年（1744）四月二十三日户部尚书海望呈报中江地区朝鲜贸易纳税情形的奏折，则详细记载了朝鲜在中江采购的物品种类包括绸缎、丝帛、灰貂、棉花、毡帽等等，且有“在边门置买货物”“朝鲜人等不纳税课”的特殊优惠规定。这件奏折还记载了朝鲜为请领时宪书（当时的年历）而派遣使者的情况。又如，道光二十一年（1841）十月十五日礼部尚书色克精额的题本，反映了清政府对会宁、庆源边境贸易的管理，其中详细开列了兽类毛皮贸易的准许清单，“凡貉、獾、骚鼠、鹿、狗等皮，准其市易；貂皮、水獭、猞猁狲、江獭等皮，不准市易”。

2. 陆上南向高山之路。这条线路主要是从四川、云南、西藏等地出发，到达东南亚、南亚地区的经济文化交流，其中与安南、缅甸、印度、廓尔喀等国交流比较频繁。例一，乾隆五十七年（1792）十二月初一日，大将军福康安等大臣有一件联衔奏折，内容是与廓尔喀商议在西藏地区进行贸易通商之事，其中记载了清政府确定的对廓尔喀贸易基本原则：第一，允准贸易。“廓

尔喀业经归命投诚，准其仍通买卖。”第二，官府统办。“所有贸易等事，竟应官为办理，不准噶布伦等私自讲说。”第三，确保公平。“一岁中酌定两次四次，予以限制。驻藏大臣仍不时稽查，亲加督察该处银钱，亦可公平定价，不致再有争执。”例二，乾隆五十八年（1793）八月初二日，署理两广总督郭世勋上奏说，安南除在原定通商贸易章程中规定的高平镇牧马庯和谅山镇驱驴庯设立市场之外，又在谅山镇花山地方设立市场。经查，花山地方确实交通便利，且人口稠密，利于双方贸易。郭世勋的奏折认为，安南“因地制宜”添设花山地方市场确是可取，并提议在贸易章程中正式添设花山地方市场。可见，清代中越边境贸易是十分频繁的。例三，光绪三十一年（1905）十二月，署理两江总督周馥向外务部递送咨呈，主要陈述了南方诸省种植的本土茶叶受到从锡兰、印度进口茶叶的冲击，将会导致茶商破产、茶户改种、本土茶叶被排挤出市场。经派员到锡兰、印度对英国人种植茶叶的方法进行考察，发现“我国茶叶，墨守旧法，厂号奇零，商情涣散，又好作伪，掺杂不纯”，如此局面必无法与进口的锡兰、印度茶叶相抗衡。同时还提出了“设机器厂，立大小公司”等应对措施。这里提出了如何在对外贸易中保护和改进民族产业的问题。

3. 陆上西向沙漠之路。这条线路是传统意义上丝绸之路的延续，它在漫长的中外交往史上发挥了巨大作用。自汉代通西域以后，中原与西北边疆的经济文化交流一直存在。唐中期以后，海上丝绸之路兴起，宋明两朝更因为不能有效掌控西域，西北的中外官方交往受到很大限制，因此学界对这条丝路的研究也往往详于唐以前而略于后。但档案揭示，在明清时期，漫漫黄沙铺出的丝绸之路一直十分活跃。明朝档案中，有一件崇祯十年（1637）八月初五日关于张家口开市买马及闭市日期的揭帖，记载了钦差御马监太监到张家口开市买马，闭市后与各部头领盟誓，“永开马市，以为彼此长久之利”，并以茶布等物品对各部头目进行犒赏。有清一代，尤其是乾隆二十二年（1757）彻底平定西北边陲后，逐步恢复西部贸易，中亚许多与新疆接壤的国家开始与清政府建立往来，并派出使者前往北京。乾隆二十七年（1762），爱乌罕（今阿富汗）汗爱哈默特沙遣使进京朝觐乾隆帝，沿途受到各地督抚的热情接待，而乾隆帝在接见使者时，得知爱哈默特沙抱恙在身，还特意赏赐药品及药方。正是在这种积极友善的氛围中，清政府与中亚诸国的来往呈现出良性化的态势，这条古老的丝绸之路再次焕发出勃勃生机。从清代档案可以看到，清政府长期从江南调集丝绸布匹经陕甘运至新疆地区，用来交换马匹等物，当时新疆地区主要的通商地点在塔尔巴哈台、喀什噶尔、库伦、伊犁等地，贸易对象除了当地部落，还有哈萨克、俄罗斯、浩罕等国。乾隆二十二年（1757）十一月二十八日，陕甘总督黄廷桂上奏朝廷说，哈萨克等地“为产马之区，则收换马匹，亦可以补内地调拨缺额”。由此可知，乾隆朝恢复西部贸易，一个重要目的是要获取哈萨克等地的马匹。乾隆二十四年（1759）十一月十一日，驻乌鲁木齐办事三等侍卫永德的满文奏折，主要内容就是呈报与哈萨克交换马匹及所用银两数目的详情。清政府与哈萨克贸易中，十分注意哈方贸易需求，如在绸缎的颜色方面，哈萨克人喜欢青、蓝、大红、酱色和古铜、茶色等，乾隆帝谕令贸易缎匹“悉照所开颜色办解”。档案还记载，乾隆四十三年（1778），理藩院侍郎索琳作为钦差前往库伦办理与“鄂啰斯”商人交易事宜，面对俄罗斯商人改变贸易地点和减少交税等情况，钦差大臣索琳草率下令关闭栅门断绝贸易。乾隆帝对索琳擅自做主关闭中俄贸易通道很是愤怒，当即将其革职。可见，乾隆帝对中俄贸易还是很看重的。在这期间，西北边陲的民间经济文化交流也很频繁，从清廷屡次颁布严查私自买卖玉石、马匹、茶叶等货物的谕令中，可看出民间商贸活动是广泛存在的。

4. 陆上北向草原之路。这条线路主要是由内地经漠北蒙古草原、中亚草原与俄罗斯等国的经济文化交流。在清代，俄皇多次派遣使团来华商谈贸易事宜。康熙时期，清政府在北京专门设立俄罗斯馆，以安置俄国使团和商队。雍正年间，还曾派出官方使团参加俄皇即位典礼。由于清朝分别在康熙和雍正年间与俄罗斯签订了划界及贸易条约，尼布楚、恰克图、库伦等地获得了合法的贸易地位，传统的草原丝绸之路进入了鼎盛时代。现存档案中有一件康熙三十八年（1699）正月十二日俄罗斯的来文档，是俄国西伯利亚事务衙门秘书长致送清朝大臣索额图的咨文，其内容就是奉俄皇旨令派遣商帮至北京贸易，“请予以优待”。康熙五十八年（1719）十一月三十日，俄国西伯利亚总督切尔卡斯基致函清廷说：俄国皇帝已得悉若干俄国商人在贵国经商确有某种越轨举动，嗣后俄商一概不容有任何损害中国政府之行为，如有任何俄国属民为非作歹，定予惩处。同时，恳请允准派往商队，照旧放行，允其进入内地直至北京。这类有关日常贸易纠纷的档案内容，说明中俄贸易已经呈现常态化，也从一个侧面反映了当时中俄贸易的广度和深度。一史馆现存的俄商来华贸易执照、运货三联执照、货物估价清册、进出口货物价值清单等档案，更详尽反映了中俄贸易的规模和内容。

三、明清宫藏档案中的海上丝绸之路

海上丝绸之路，一般说来是指从南海穿越印度洋，抵达东非，直至欧洲的航线，是古代中国与外国交通贸易和文化交往的海上通道。该路以南海为中心，所以又称“南海丝绸之路”。因海上船运大量陶瓷和香料，也称“海上陶瓷之路”或“海上香料之路”。海上丝绸之路的起点主要是广州和泉州，历史上也曾一度被称为“广州通海夷道”。一史馆档案揭示，明清时期的海上丝绸之路并不仅仅是传统的自南海下西洋的一条线，而是分为东洋、南洋、西洋、美洲四个方向。

1. 海上东洋之路。这条线路主要是与东亚各国之间的经济文化交流。东亚是明清时期朝贡体系的核心地区，自明初开始，朝鲜、琉球与中国延续了长达五百余年的宗藩关系及朝贡贸易。日本虽游离于朝贡体系边缘，但与中国也一直保持着密切的贸易往来。一史馆所藏档案中有一幅彩绘地图，墨笔竖书《山东至朝鲜运粮图》。经考证，这是康熙三十七年（1698）十二月十五日侍郎陶岱进呈的，是一幅从山东向朝鲜运送赈济粮米的地图。当时朝鲜连年饥荒，此图应是在运送赈济粮米到朝鲜后，为向朝廷呈报情况而绘制的。该图所示船只，从山东沿着海路将粮米运到鸭绿江，再转运上岸，是清代北洋海域海上交通的鲜活例证。康雍乾年间，清廷曾一直鼓励商船前往日本购运洋铜，中日间的海上贸易迅猛增长。雍正九年（1731）三月初三日江苏巡抚尹继善有一件奏折，请求派员前往日本采办洋铜，其中谈到"采办洋铜商船入洋，或遇风信不便，迟速未可预定"。尹继善同时奏报朝廷，正与各省督抚广咨博访，细心筹划，"通计各省需办之铜"。由此可见，前往日本采购洋铜的数量不在少数。档案记载，明清时期北京的国子监专门设有琉球官学，琉球国中山王"遣官生入监读书"，乘船到闽，然后登陆北上京师。琉球国派遣官生留学，在明清两朝一直没有间断，这反映了明清时期海上丝绸之路文化交流的一个侧面。

2. 海上南洋之路。这条线路主要是与菲律宾、印度尼西亚、澳大利亚、新西兰等南洋国家的经济文化交流，以朝贡、贸易、派驻领事与商务考察等事务居多。东南亚各国是明清朝贡体系的重要组成部分，自明初以来，东南亚各国逐渐建立了对中国的朝贡关系。菲律宾古称苏禄，明清时期朝贡商贸往来一直不断，雍正十三年（1735）九月初六日福建水师提督王郡的奏折，向朝廷具体呈报苏禄国吕宋各处到厦门贸易的船只数目。乾隆二十六年（1761）十一月初一日福州将军社图肯的奏折报告说，苏禄国番目吧啰绞缎来厦，呈请在贡期内所携带货物可否照例免税，得到乾隆帝允准。清政府一直鼓励沿海福建、广东等省从暹罗、安南等东南亚国家进口稻米，以纾解粮食压力。乾隆八年（1743）九月初五日，乾隆帝传谕闽粤督抚，"米粮为民食根本"，外洋商人凡船载米粮者，概行蠲免关税，其他货物则照常征收。光绪中期以后，在驻外使臣和地方督抚的奏请之下，清政府对南洋地区事务日益重视，先后选派官员前往考查商民情形。光绪十三年（1887）十月二十四日两广总督张之洞的奏折，就是呈报派遣官员前往南洋访查华民商务情形。从这份档案来看，调查殊为细致，认为小吕宋（马尼拉）华人五万余人，"贸易最盛，受害亦最深"，"非设总领事不可"；槟榔屿则"宜添设副领事一员"；仰光自英据之后，"为中国隐患"，"宜设置副领事"；苏门答腊华民七万余人，"宜设总领事"等。光绪时期的外务部档案还记载，清政府在澳洲设总领事馆，梁澜勋任总领事；在新西兰设领事馆，黄荣良为领事。由此，晚清政府在南洋各处先后设立了领事机构，处理侨民事务，呈递商务报告。清廷也多次派遣官员随舰船前往东南亚游历考察，光绪三十三年（1907）七月初三日直隶总督袁世凯的奏折，便是奏报派舰船前往南洋各埠巡视，当地侨民"睹中国兵舰之南来"，"欢声雷动"。一史馆档案中，还有《东洋南洋海道图》和《西南洋各番针路方向图》，是清政府与东南亚各国交往而绘制的海道图，图中绘有中国沿海各口岸通往日本、越南、柬埔寨、文莱、印尼、菲律宾等国的航线、针路和需要的时间，并用文字说明当地的物产资源，是南洋区域海上丝绸之路的鲜活体现。

3. 海上西洋之路。这条线路是传统的海上丝绸之路，主要是中国与西亚、非洲、欧洲通过海路的经济文化交流。明清时期，随着西方大国新

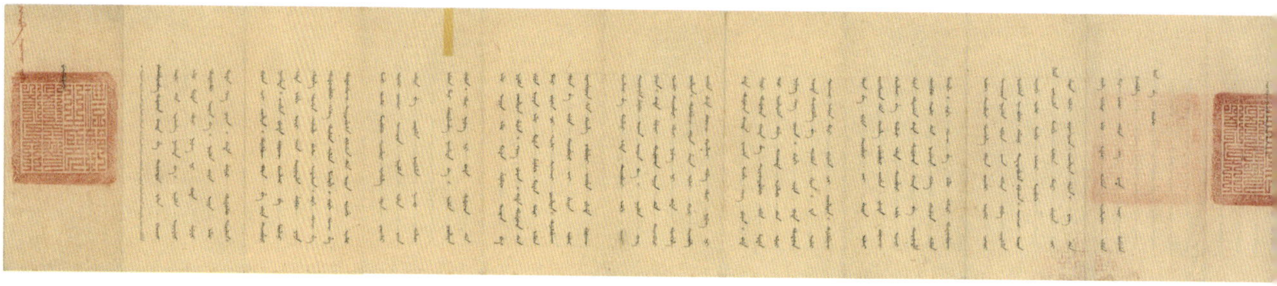

航路的开辟与地理大发现，以及借助于工业革命的技术成果，海上丝绸之路已由区域性的海上通道延伸为全球性的贸易网络。永乐三年（1405）到宣德八年（1433）间，郑和船队七下西洋，遍访亚非 30 多个国家，是中国古代规模最为宏大、路线最为长远的远洋航行，是海上丝绸之路在那个时代一个全程式的验证活动，也是海上丝绸之路发展史上的一次壮举。一史馆所藏明代《武职选簿》，就记载了跟随郑和下西洋船队中的随从水手等人物的情况。清初实行海禁，康熙二十三年（1684）七月十一日的《起居注册》记载，康熙帝召集朝臣商议解除海禁。次年，清政府在东南沿海创立粤海关、闽海关、浙海关、江海关四大海关，正式实行开海通商政策。由此，清代的中国通过海路与英国、法国、德国、意大利、比利时、瑞典等国的经济文化交流日益频繁。于是，法国的“安菲特里特号”商船、瑞典“哥德堡号”商船、英国马嘎尔尼使团纷纷起航来华。对西洋的科技、医药及奇异洋货等，康熙、雍正、乾隆几个皇帝都是极感兴趣。在康熙五十七年（1718）七月二十七日两广总督杨琳的奏折上，康熙帝御批：“西洋来人内，若有各样学问或行医者，必着速送至京城”，并下令为内廷采购奇异洋货“不必惜费”。大批在天文、医学、绘画等领域学有专长的传教士进入皇宫，包括意大利画家郎世宁、德国天文学家戴进贤、主持建造圆明园大水法殿的法国建筑学家蒋友仁等等。值得一提的是，乾隆二十九年（1764），清宫西洋画师郎世宁等绘制《平定西域战图》，次年海运发往西洋制作铜版画，历经种种波折，在 12 年后由法国承做的铜版画终于送到乾隆帝眼前，这是海上丝绸之路演绎的一起十分典型的中西文化交汇佳话。档案中还有大量外国商船和贡船遇难救助的记载，如乾隆二十六年（1761）九月十五日广东巡抚托恩多的奏折反映，瑞典商船遭风货沉，水手遇难，请求按照惯例抚恤救助。这说明清政府已经形成了一套有关维护海上贸易秩序的措施与政策。

4. 海上美洲之路。这是海上丝绸之路最远的线路，其航线最初是从北美绕非洲好望角到印度洋，再过马六甲海峡驶往中国广州，后来也通过直航太平洋经苏门答腊到广州。明万历元年（1573），两艘载着中国丝绸和瓷器的货船由马尼拉抵达墨西哥的阿卡普尔科港，这标志着中国和美洲贸易的正式开始。从此之后的 200 多年，以菲律宾为中转的“大帆船贸易”是中国和美洲之间最重要的贸易通道。清乾隆四十九年（1784），美国“中国皇后号”商船首航中国，驶入广州黄埔港，船上装载的西洋参、皮货、胡椒、棉花等货物全部售出，然后购得大量中国茶叶、瓷器和丝绸等商品。次年，“中国皇后号”回到美国时，所载中国商品很快被抢购一空。中美航线的直接开通，开辟了中美间互易有无之门，促使中美之间的贸易迅速发展。道光二十三年（1843）闰七

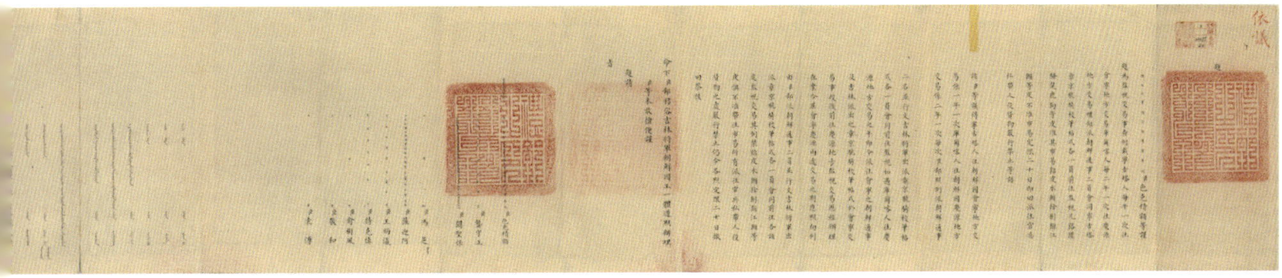

月十二日两江总督耆英等人的联衔奏折记载，“各国来粤贸易船只，惟英吉利及其所属之港脚为最多，其次则米利坚（美国），几与相埒”。这说明对华贸易，在当时美国仅次于英国。在美洲的开发和经济发展中，华侨及华工也做出了贡献。道光二十八年（1848）美国加利福尼亚州发现金矿，急需大量劳动力进行开采，大批华侨及华工涌入美国，拉丁美洲国家也在华大量招工。光绪元年（1875）七月初十日李鸿章奏报说，华工像猪仔一样运送美洲，澳门等处就设有“猪仔馆”。光绪七年中国与巴西签订《和好通商条约》，第一条就约定“彼此皆可前往侨居”，“各获保护身家财产”，从而为巴西在华招工提供了合法性。除了经济上的贸易往来，中美在文化上也相互交流，清末的“庚款留学”即是其中之一。宣统元年（1909）至宣统三年（1911），清政府共派遣三批庚款留美学生，为近代中国培养了一大批著名人才。从宫藏赴美留学生名录可以看到，后来成为清华大学终身校长的梅贻琦、中国现代物理学奠基者之一胡刚复、新文化运动倡导者胡适等均在其列。

四、明清宫藏丝绸之路档案的重要价值和独特作用

明清宫藏丝绸之路档案的系统整理，从王朝政府和国家层面为丝绸之路研究提供了更为丰富、更加权威的文献基石。透过对明清宫藏档案的考察，将有助于我们匡正和重新认识明清时期丝绸之路的历史定位。

第一，丝绸之路在明清时期并没有中断，而是实实在在地一直在延续和伸展。我们注意到，国内外学界高度认可，丝绸之路是中华民族走向世界的标志，丝绸之路的起伏与中华民族的兴衰息息相关，丝绸之路把古代的中华文化与世界各个区域的特色文化联系起来，对促进东西方之间的交流发挥了极其重要的作用。然而，在较长一段时间内，学界对丝绸之路的研究主要停留在汉唐时期，明清时期的丝绸之路被严重忽视和扭曲，甚至不认可近代中国丝绸之路的存在。为什么明清时期的丝绸之路被淡化？原因大致有两个：一是，人们受到清朝闭关锁国的传统认知的影响，一度不认可近代中国丝绸之路的存在，乃至认为丝绸之路出现了历史空白期。有的学者即使承认明清时期还有丝绸之路，也感到那是穷途末路，无足轻重。由此，往往严重弱化了明清时期丝绸之路的历史作用。二是，近代以来西方列强大肆殖民侵略带来的新的世界贸易规则和秩序，与传统中国同远近邻邦的贸易交往活动有着截然不同的内涵和影响，列强这种新的带有殖民色彩的贸易秩序逐渐推广的过程，也是传统中国互利贸易秩序被排挤并逐渐被遗忘的过程。通过挖掘与梳理，翔实的宫藏档案充分揭示，明清时期的丝绸之路并没有中断，而是一直延续下来，尽管不同时间段有起有伏。透过这些王朝档案和

历史记忆，让我们听到了明清时代的陆上丝绸之路仍是驼铃声声，看到了明清时代的海上丝绸之路仍是帆影片片。

第二，明清时期的丝绸之路并不限于传统说法的两条经典之路，而是形成了纵横交错的诸多线路，就目前档案文献研究，至少可开列出八条线路。长期以来，提起丝绸之路，大多认为只是自新疆西行的陆上丝路和自南海下西洋的海上丝路。明清丝绸之路档案的挖掘，印证了明清丝绸之路不仅存在和延续，而且还有其自身特色，乃至构成了特定历史时期的丝绸之路网络。这就是远远不限于传统的简单的陆上一条路、海上一条线，而是随着古代科技的发展、轮船时代的到来，多线并举，展现的是明清时期中国与世界交往的大格局。应该看到，近代以来，虽然海洋远程贸易逐渐成为连接世界的主要形式，但以中国为中心的东亚地区依然活跃着通过陆上线路进行的外交与贸易活动，也就是说，在明清时期，海上丝绸之路与陆上丝绸之路一直是并行的，只是不同阶段各有侧重罢了。同时，中国传统朝贡体系中的朝鲜、琉球、越南等国，在晚清中国朝贡体系解体以前，依然保留着传统的朝贡贸易，这些藩属国的传统贡道与丝绸之路的某些线路也大多契合，是丝绸之路的特殊存在形式。传承至今的档案文献为我们铺陈了明清时期的丝路轮廓，那就是陆上丝绸之路和海上丝绸之路又各分为纵横交错的四个方向。明清时期海陆丝绸之路的八条线路，是基于一史馆所藏明清档案的挖掘而得出的丝路历史阐释，是古代丝绸之路在工业时代、轮船时代的扩展。这个丝路框架，基本涵盖了明清时期所有以中国为中心的贸易路线与贸易活动，是对丝绸之路历史尾声的一个新的解读，也将大大丰富和改变学界对丝绸之路的传统认知。

第三，明清宫藏丝绸之路档案勾勒了历史与现实相通的时空走廊，为"一带一路"国家倡议提供了重要的历史依据和文献支撑。通过对明清时期丝绸之路档案的考察，让我们大致还原了明清时期中国与世界的贸易联系，并加深了我们对这块古老大地上所发生的丰富多彩的人类交往活动的历史理解，这也正是这些珍贵档案的价值所在。我们从中看到明清时期丝绸之路的万千气象，那是古代丝绸之路的延伸，那是一个纵横交错的远程贸易圈，那是一个四通八达的中外交汇网。大量明清时期中国与丝绸之路沿线国家和地区进行经济文化交流的档案记载，充分说明了东西方交流是相互的这种双向性，阐释了明清时期丝绸之路的特殊存在形式及其重要的历史地位。从某种角度上讲，作为立意高远的"一带一路"倡议，与其时间距离最近、历史关联最直接的，就是明清时期的丝绸之路。通过对明清宫藏档案的历史价值和文化内涵的深入挖掘，进一步充实了"一带一路"倡议的历史文化内容。可以说，明清时期的丝绸之路构成了与当今"一带一路"框架相贯通契合的中外海陆交通脉络，明清宫藏丝绸之路档案是对"一带一路"倡议的历史诠释。

丝绸之路与世界贸易网络

鱼宏亮

16、17世纪起，中国历史就全面进入了世界历史研究的视野之中。17世纪德国数学家莱布尼茨（G. W. von Leibniz，1646—1716）在《中国近事》一书中说："在这本书中，我们将带给读者一份发回欧洲的有关最近中国政府允许传播基督教的报告。此外，本书还提供许多迄今为止鲜为人知的信息：关于欧洲科学的作用，关于中国人的习俗和道德观念，特别是中国皇帝本人的道德观念，以及关于中国同俄国之间的战争与媾和。"尽管莱布尼茨通过法国来华传教士白晋（Joachim Bouvet，1656—1730）等人获得了有关中国的第一手资料，但他的重点主要在中国的道德、礼仪、经典等方面。直到19世纪黑格尔《历史哲学》一书，才全面考察了中国历史与世界各民族历史的诸多同异与特性。黑格尔认为："历史必须从中华帝国说起。因为根据史书的记载，中国实在是最古老的国家，它的原则又具有那一种实体性，所以它既是最古老的、同时又是最新的帝国。中国很早就已经进展到它今日的情状。但是因为它客观的存在和主观运动之间仍然缺少一种对峙，所以无从发生变化，一种终古如此的固定的东西代替了一种真正的历史的东西。"黑格尔的历史哲学以人的绝对意志和人类精神的发展作为历史发展的标尺，在他的眼中，中国历史因为在宗教和精神方面受制于专制王权，所以是停滞的，没有历史的，也是封闭的："这个帝国早就吸引了欧洲人的注意，虽然他们所听到的一切都渺茫难凭。这个帝国自己产生出来，跟外界似乎毫无关系，这是永远令人惊异的。"黑格尔对中国历史进行过深入研究，对先秦到清代的礼制、皇权、地理、北方民族都有论述。在他的《历史哲学》体系中，中国占有重要的地位。黑格尔的《历史哲学》影响了以后一个多世纪欧洲历史学对中国的历史叙事。直到20世纪七八十年代，人们才重新开始从世界历史的角度来重新看待中国历史，尤其是明清时期中国与世界各地的贸易联系。

一

第二次世界大战以后，欧洲汉学开始明显分化，原来欧洲中心论的一系列理论和观点遭到质疑。德国历史学家贡德·弗兰克（A. G. Frank）1998年出版的《白银资本》认为从航海大发现直到18世纪末工业革命之前，是亚洲时代。欧洲之所以最终在19世纪成为全球经济新的中心，

是因为欧洲征服了拉丁美洲并占有其贵金属，使得欧洲获得了进入以亚洲为中心的全球经济的机会。《白银资本》一书描绘了明清时期广阔的中外贸易的宏大画面，将中国拉回到世界历史的中心。

美国历史学家彭慕兰（Kenneth Pomeranz）于2000年出版的《大分流：欧洲、中国及世界经济的发展》一书详细考察了18世纪欧洲和东亚的社会经济状况，对欧洲的英格兰和中国的江南地区做了具体的比较，以新的论证方法提出了许多创新性见解。认为1800年以前是一个多元的世界，没有一个经济中心，西方并没有任何明显的、完全为西方自己独有的内生优势；只是19世纪欧洲工业化充分发展以后，一个占支配地位的西欧中心才具有了实际意义："一个极为长期的观点提醒我们考虑怎样把东亚西欧之间十九世纪的分流放到全球历史的背景中。"

与此相关联，王国斌（Wong R. Bin）和罗森塔尔（J. Lauvent Rosenthal）合著的《大分流之外：中国与欧洲经济变迁中的政治》，围绕着1500—1950年之间的各种世界经济的要素进行讨论。李伯重《火枪与账簿：早期经济全球化时代的中国与东亚世界》亦从全球化的角度来描述明清以来中国与世界的贸易与政治联系。

2006年，彭慕兰与史蒂文·托皮克（Steven Topik）新出版《贸易打造的世界：1400年至今的社会、文化与世界经济》，作者通过此书表达了"中国的历史和世界贸易的历史已经通过各种途径交织在一起"的思想。

实际上，早在19世纪后期，西方汉学家已经开始利用第一手的调查资料与中西方文献来重建中古时期的中外历史了。1868年（清同治七年）11月，德国地理学家李希霍芬（Ferdinand von Richthofen）从上海出发，开始在中国境内进行地质考察。到1872年5月底，李希霍芬在中国境内总共进行了七次长短不一的地理地质考察，搜集了大量资料和数据。同年他回到德国，开始整理研究这些资料，到1877年，开始出版《中国：亲身旅行和据此所作研究的成果》（*China: Ergebnisse eigener reisen und darauf gegründeter studien*）一书。在第一卷中，他将公元前114年至127年中国与中亚、印度之间的贸易通道称为"丝绸之路"（德文 Seidenstrasse 或 Sererstrasse）。根据俄罗斯历史学家叶莲娜·伊菲莫夫娜·库兹米娜的研究，"伟大的丝绸之路的名字第一次出现于公元4世纪早期的马赛林（Ammianus Marcellinus）的《历史》第23册中"。李希霍芬使用"丝绸之路"一词属于再发现。但是由于李希霍芬在此后的西方地理学界的重要影响和地位，他的这一用语成为学界公认的名称，从此"丝绸之路"就被公认为指称公元前后连接中国与中亚、欧洲的交通线路的专用概念，产生世界性的影响。由此，欧亚古代的贸易与文化联系通道也引起人们的重视。

二

从古典时代起，欧亚大陆虽然从地理条件上来说是连为一体的，但是高原和大山将这块大陆分隔开来，使得古希腊地理学家将其划分为两个大洲。但是欧亚大陆中部地区拥有一块广阔的大草原，从东亚的中国东北部一直延伸到西欧的匈牙利。“它为由欧亚大陆边缘地区向外伸展的各文明中心进行交往提供了一条陆上通道。靠大草原养活的游牧民们总是赶着他们的牧群，到处迁徙，并随时准备着，一有机会，就去攫取北京、德里、巴格达和罗马的财富。肥沃的大河流域和平原创造了欧亚大陆古老的核心文明，而大草原则便利了这些文明之间的接触和联系。”贯穿在这个连接体的贸易通道，也就是为世人熟知的丝绸之路。从更广阔的范围来看，丝绸之路从亚洲东部的中国，一直延伸到西欧和北非，是建立欧亚非三个地区间最为著名的联络渠道。“沿着它，进行着贸易交往和宗教传播；沿着它，传来了亚历山大后继者们的希腊艺术和来自阿富汗地区的传播佛教的人。”中国先秦文献《管子》《山海经》《穆天子传》等书中对昆仑山、群玉之山的记载，经20世纪殷墟考古发掘对来自和田地区的玉器的鉴定，证实了古文献中记载的上古时代存在西域地区从中原获取丝绸而输出玉器的交换关系，早期的中国与中亚地区的玉石—丝绸之路为人所认知。

从16世纪中后期以来，传统上属于欧洲地区的罗斯国家逐渐开始向东殖民，进入了广袤的亚欧大陆北部西伯利亚地区活动。这样，俄罗斯的哥萨克人开始活跃于蒙古北部边界地带，与明朝、蒙古各部发生各种政治、经济联系。在官方建立正式联系前，由这些地区的人民开展的贸易活动实际上早已经存在。俄国档案显示，“俄国同中国通商是从和这个国家交往的最初年代开始的。首先是由西伯利亚的商人和哥萨克自行开始同中国进行贸易。人们发现从事这种贸易非常有利可图，于是西伯利亚各城市的行政长官也参与此项活动”。由于俄罗斯处于西欧通往中国的中间地位，所以英国也多次派使节前往俄罗斯要求开通前往中国贸易的商路。俄罗斯外交事务部保存的档案记录的1616年、1617年间英国使节麦克利与俄方会谈纪要显示，尽管俄罗斯设法阻止了英国的请求，但却下令哥萨克军人调查通往中国的商路。这些活动通过莫斯科的英国批发商约翰·麦利克传递到英国，引起王室和政治家的注意。英国地理学家佩尔基斯记录了俄罗斯人开辟的通过北方草原通往中国的商路。从官方的记录来看，除了活跃的民间贸易外，至少从明代末年起，以明朝北方卫所为节点的南北交流通道已经非常活跃。中国文献《朔方备乘》曾经记录蒙古喀尔喀、车臣二部都曾经进贡俄罗斯鸟枪一事，认为“谦河菊海之间早有通商之事”，即指叶尼塞河上游与贝加尔湖之间的贸易路线。

18世纪俄国著名的文献学家、历史学家尼古拉·班蒂什根据俄罗斯外交事务部档案编著的《俄中两国外交文献汇编1619—1792》一书，收录了两件中国明代皇帝致俄皇的“国书”，其中一件标以万历皇帝，一件标以万历皇帝之子，文书记载了两名俄罗斯使臣因通商事前往中国，中国皇帝则表达了鼓励之意。不管这两件文书的真实程度如何，该文件收录在俄皇米哈伊洛维奇的外务衙门档案中，在反映中俄早期贸易关系的文献中具有一定价值［两件文书收录在尼古拉·班蒂什·卡缅斯基编《俄中两国外交文献汇编（1619—

1792）》一书中，但根据耶稣会传教士的识读，认为这两件文书时间更早，为明成祖时代致北方王公的册封诏书。但两件诏书何以保存在俄皇的外交档案中，亦为不解之谜。另外，由于明清时代中国特有的天下观，直至晚清之前，中国皇帝致外国的文书从未以国书的形式冠名。因此西方各国外交档案中的中国皇帝“国书”，都是翻译明清时代皇帝的诏书、上谕而来］。

根据俄方档案记载，第一个从莫斯科前往中国的使节团是巴依科夫使团，1654年前往办理商务，并奉有探明“中华帝国可以购买哪些货物，可以运去哪些货物，由水路或陆路达到这个国家有多远路程”等信息的使命。可见，到17世纪中期官方的外交路线已经畅通。17世纪早期的探险活动是后来《尼布楚条约》和《恰克图条约》得以签订的地理背景。到了17世纪中后期，通过中俄条约的形式将明末以来形成的北方贸易路线固定下来。从此，库伦和恰克图成为官方贸易的正式场所。

在中国第一历史档案馆所藏的官方档案中，从顺治到乾隆期间至少有50件档案内容为与俄罗斯贸易的，其中贸易线路涉及从东北的黑龙江到北京、张家口、鄂尔多斯、伊犁、哈萨克整条草原丝绸之路的商道。这反映在明清时代，传统的草原丝绸之路进入了鼎盛时代。由于清朝分别在康熙与雍正年间与俄罗斯签订了划界和贸易条约，尼布楚、恰克图、库伦等地获得了合法的贸易地位，这条线路虽然被俄罗斯所垄断，传统亚欧大陆的商道中间出现了代理商性质的梗阻，但北方丝绸之路并未衰落，甚至还更加兴盛。根据两件内阁和理藩院档案［《为遣员至蒙古会盟处传谕蒙古各众做贸易不得行骗等事（满文）》《函达俄商在中国境内所有妄为举动定加惩处请仍旧照约将俄商放行入境由》］，可以看出，中俄贸易从顺治到康熙间已经呈现常态化，中央部院题奏中这类日常贸易纠纷的内容显示了贸易的广泛和深度。

北方贸易路线上的主要商品为茶叶。据研究最早进入俄国的茶叶是崇祯十三年（1640）俄国使臣瓦西里·斯达尔科夫从中亚卡尔梅克汗廷带回的茶叶二百袋，奉献给沙皇。这是中国茶叶进入俄国之始。即使在海运大开之后，通过陆路进入欧洲的茶叶依然占有重要地位。其中一个重要原因在于，陆路运输茶叶的质量要远远高于海洋运输茶叶的质量。这一点，《海国图志》中也有解释：“因陆路所历风霜，故其茶味反佳。非如海船经过南洋暑热，致茶味亦减。”这种中国茶质量的差异，在19世纪的欧洲，已经成为人所共知的常识。马克思在《俄国的对华贸易》一文中专门指出，恰克图贸易中的中国茶叶“大部分是上等货，即在大陆消费者中间享有盛誉的所谓商队茶，不同于由海上进口的次等货。俄国人自己独享内地陆路贸易，成了他们没有可能参加海上贸易的一种补偿”。

三

以海洋航线为纽带的世界贸易体系的形成。新航路将欧洲与撒哈拉沙漠以南的非洲、欧洲与亚洲、美洲、大洋洲都联系在了一起。“欧洲航海者创造了一个交通、交流、交换的环球网络，跨文化之间的互动比以往更为密集和系统了。”在传统航路与新航路上，欧洲商船把波斯地毯运往印度，把印度棉花运往东南亚，再把东南亚的香料运往印度和中国，把中国的丝绸运往日本，把日本的银和铜运往中国和印度。到16世纪，在印度洋的贸易世界，欧洲人已经占有了一席之地。而西班牙人、荷兰人在加勒比海、美洲建立的殖民地，使得欧洲的产品越过大西洋换来墨西哥的白银、秘鲁的矿产、巴西的蔗糖和烟草进入欧洲市场和亚洲市场。非洲的土著居民则被当作奴隶而贩运到各大殖民地。

传统的地区性贸易网络“已经扩大为而且规模愈来愈大的扩大为世界市场”。根据一个从1500—1800年间7个欧洲国家抵达亚洲船只数量的统计来看，从最初的700多艘的总量增长到了6600多艘。而美洲到欧洲的金、银贩运量在这300年间则分别增长了20倍和10倍，中国的白银进口量则从1550年的2244吨增长到1700年的6951吨。葡萄牙人在记录他们的东方贸易时说：“欧洲与东洋的贸易，全归我国独占。我们每年以大帆船与圆形船结成舰队而航行至里斯本，满载上毛织物、绯衣、玻璃精制品、英国及富朗德儿出产的钟表以及葡萄牙的葡萄酒而到各地的海港上换取其他物品……最后，在澳门滞留数月，则又可满载金、绢、麝香、珍珠、象牙精制品、细工木器、漆器以及陶器（瓷器）而返回欧洲。”

这反映了无论从数量还是种类上，进入国际市场的商品都大幅增加。固定的商品交易所、证券市场开始出现亦有重要意义。1531年安特卫普商品交易所开业，“供所有国家和民族操各种语言的商人使用”。阿姆斯特丹、伦敦此后也分别成立粮食交易所和综合交易所。最后，处于新航路之上的港口开始成为世界贸易中心，取代大陆体系时代的陆路交通枢纽城市的地位，开始在世界经济体系中扮演重要角色。

起先是技术的进步带来的探险与新航路的开辟，然后是商品与人员的全球性流动，最后是法律与文化在各地区的碰撞，一个以海上贸易路线为纽带的海洋时代开始兴起并主导了世界历史的走向。

四

这样一个商品和货币、物资与人员、知识与宗教频繁而紧密往来的时代，中国明、清时期的中央与地方政府不可能自外于世界。万历时期曾任福建巡抚的许孚远在评论嘉、万时期的海禁政策时说：“然禁之当有法而绝之则难行，何者？彼其贸易往来、籴谷他处，以有余济不足，皆小民生养所需，不可因刖而废履者也。不若明开市舶之禁，收其权而归之上，有所予而有所夺，则民之冒死越贩者固将不禁而自止。臣闻诸先民有言，市通则寇转而为商，市禁则商转而为寇。禁商犹易，禁寇实难。此诚不可不亟为之虑。且使中国商货通于暹罗、吕宋诸国，则诸国之情尝联属于我，而日本之势自孤。日本动静虚实亦因吾民往来诸国侦得其情，可谓先事之备。又商船坚固数倍兵船，临事可资调遣之用。商税二万，不烦督责，军需亦免搜括之劳。市舶一通，有此数利。

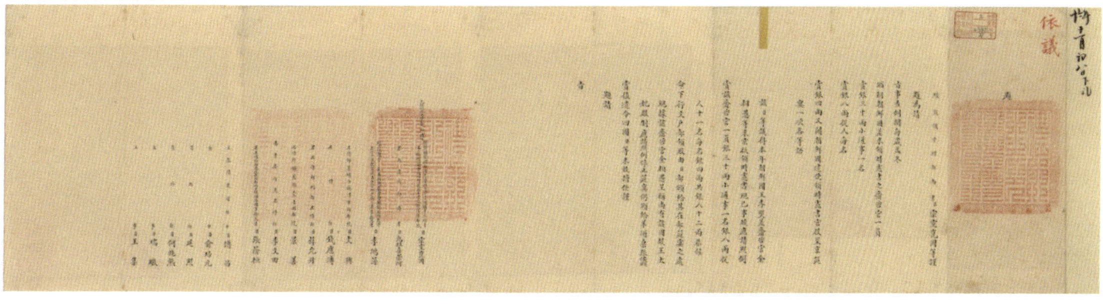

不然，防一日本而并弃诸国，绝商贾之利、启寇盗之端，臣窃以为计之过矣。”明、清两代都实行过海禁政策，明代是因为倭患，清代则由于郑氏。海禁“虽禁不严，而商舶之往来亦自若也”，但长期来看，给沿海人民甚至国计民生都带来严重后果，所以地方大员多以“开洋”为主要筹划：“莫若另为立法，将商人出洋之禁稍为变通，方有大裨于国计民生也。”

通过数件珍贵的明代天启、崇祯年间兵部尚书有关海禁事宜的题行稿，可知明朝皇帝长期坚守的海禁政策至明末清初已与日益增多的对外贸易需求相悖。康熙二十三年（1684）七月十一日，在内阁起居注中有康熙帝召集朝臣商议开海贸易的记录。翌年即1685年，清政府在东南沿海创立粤、闽、浙、江四大海关，清廷实行开海通商政策。

乾隆二十六年（1761）九月十五日，广东巡抚托恩多上奏“瑞典商船遭风货沉抚恤遇难水手折”，请求按照惯例，对朝贡各国或外洋各国来中国贸易的商船予以灾难救助。从明清时代对朝贡体系和外洋贸易的维护来看，中国明确制定了有关维护这一范围广阔的贸易秩序的措施与政策。无论是陆路贡使和商客的接待、陪护、贸易纠纷、借贷的规定，还是海路贸易中由于漂风、漂海等遇难船只、人员、货物的抚恤、资助，都颁布有详细的措施和法令。《大清会典》在“朝贡”条目下设有专门的“周恤”“拯救”等内容，具体规定了朝贡贸易或者自由贸易中发生的疾病、死难、漂风、漂海等灾难事件中的救助责任与赏罚措施（参阅《嘉庆朝钦定大清会典事例》卷四百“礼部·朝贡”“周恤、拯救”等内容）。这些由中国制定、各国遵守的法令与政策，是前近代世界贸易秩序存在并得以维持、延续的重要因素。从鸦片战争以后，以海、陆丝绸之路为主体的世界贸易秩序开始被以西方近代国际法为主导的世界贸易秩序所取代，但其间蕴含的互通、平等、周济的贸易精神，在现代依然有重要的价值。

对于历史的描述，从封闭停滞的中国到世界贸易中心的中国的巨大变迁，反映了中西方历史学界不同时期的中国认识观。现在我们通过中国自身的历史文献与档案史料来重新看待这一时期的中国历史，是在这些路径之外的一种全新的中国历史观。从明清档案来看，中国与世界的贸易联系在陆路、海路都存在多条路线，陆地上除了传统的西向、北向的两条丝绸之路外，还有东向的朝鲜贸易，南向的通往印度、安南、暹罗的高山之路等四条主要线路，海上除了传统通往欧洲的海路外，尚可细分为南洋、美洲、东洋等四条海路，这样，以明清档案还原的八条丝绸之路贸易网络，重新展现了明清以来中外的联系途径。八条丝绸之路远远不能涵盖所有以中国为中心的贸易路线与贸易活动，但是这是一个新的解释框架，我们希望这个框架能够描绘一部中国本位的中外贸易与文化交流史，也为我们重新认识明清以来的中国与世界，提供一个新的视角。

前 言

鱼宏亮 王 潋

在先秦至秦汉时代，丝绸之路是中国与中亚、地中海区域最为重要的联系纽带。中国丝绸制造有着悠久的历史。作为一种重要商品，其外传也可以追溯到公元前。在阿尔泰山北麓，今俄罗斯南西伯利亚发掘的一个叫巴泽雷克的墓地出土的刺绣和织锦，考古年代为公元前500年左右。这个墓地还出土了战国时期的铜镜，都反映出早在先秦时期，此地就与华夏地区有着联系。新疆托克逊阿拉沟墓地出土的丝织物，年代被定为战国时期。考古发现证实，至少战国时代就有中国丝绸西传。公元前后罗马时期的文献记录更为丰富。汉武帝时期张骞出使西域，通过艰苦卓绝的外交努力，开辟了一条官方维护的中西贸易通道后，中国的丝绸就源源不断地流入到罗马帝国，罗马逐渐成为中国丝绸外销的最大市场，中国的丝绸在当时成为一种流行的时尚品，古罗马的皇室、贵族均以拥有丝绸服饰而自豪，用中国丝绸制作的衣服，成了最时髦、最讲究的服装。华丽的丝绸被视为最珍贵的衣料，价比黄金，丝绸成了遥远的东方的象征物。因此，希腊、罗马时期的历史学家以“赛里斯”(Seres)——“丝绸之国”来指代中国。

一

传统意义上的“丝绸之路”是一条横贯亚欧大陆、以丝绸和多种商品贸易为主的古代陆上商路。以中国的古都长安（今陕西省西安市）为起点，经过河西走廊，经天山南北麓分为南北两条道路，北路翻越葱岭（今帕米尔高原），抵达现在的伊朗和中亚，直到地中海沿岸。南路穿越今天的巴基斯坦、阿富汗等地，抵达印度或者波斯湾。这是陆上丝绸之路的传统路线，我们称之为沙漠丝绸之路。从汉到唐，穿越西域的沙漠丝绸之路一直是联系东西方世界的主要通道。汉武帝时期统一西域，保证了这条大通道的秩序与稳定。东西方国家纷纷通过这条道路进行商业与外交活动，促进了丝绸之路的繁荣，也将亚欧大陆联系起来，成为古代世界最大的跨越大洲的世界网络。

穿过蒙古高原抵达伏尔加河、多瑙河、亚美尼亚以及中亚，可以抵达西欧，形成了著名的草原丝绸之路。16、17世纪以来，俄罗斯开始形成统一国家，成为横亘在亚欧大陆上最主要的国家。随着17世纪俄罗斯向西伯利亚的扩张，俄罗斯逐渐与中国发生直接的贸易与外交联系。中国第一历史档案馆藏清顺治十二年（1655）《为俄罗斯察罕汗派遣使节前来上贡事》（满文）等档案，显示了清朝与俄罗斯最早的使节往来，也不断延绵着北方草原丝绸之路的历史。此后俄罗斯占据了欧洲与中国外交与贸易的中间商的地位，并一直延续到鸦片战争以后。

除了传统的沙漠丝绸之路与草原丝绸之路外，西南的茶马古道，以及从西南穿越高山丛林的出境线路，也是另外一条古代丝绸之路——高山丝绸之路。通过西南的茶马古道，能够到达印度洋，加入海上丝绸之路。

同时，由于特殊的地缘关系，中国与朝鲜之间一直维护着一种紧密的封贡关系。尤其是明清以来，作为中国的藩属国，朝鲜与中国的贸易关系从未中断。跨越鸭绿江抵达朝鲜地区，形成陆上的过江丝绸之路，这也是一种以贸易与外交连接的重要通道，且更为稳固而久远。

二

在地理大发现以前，亚欧大陆的联系主要依靠陆上丝绸之路，也就是传统的沙漠丝绸之路与草原丝绸之路。对东西方联系道路的探索与开通，促进了商品、交通甚至战略物资在丝绸之路上的流通。除丝绸、布匹等珍贵货物外，交通工具及其相关的知识与技术，就逐渐成了中西交流的主要物品。在漫长的亚欧大陆商业线路上，主要是通过骆驼、马、驴等交通工具传输物品和人员。但在汉代开辟丝绸之路的时候，骆驼的普及不如马匹。西方学者薛爱华认为，“汉代在开拓西域时，商业性与军事性驼队中使用了成千上万的大夏驼”，中亚来的商队主要也是驼队。但是，汉朝在经营西域时，人员往来、货物运送与文书传递，主要以马匹为主。《居延汉简》和《肩水金关汉简》中都记载有“吏马驰行”的文字。总体上，马在古代战争中具有更为重要的战略地位，两汉时期，在国内地区主要以车、马为交通工具；在西域等长途贸易中，主要以骆驼为交通工具。而西域和中亚地区生产的良种马匹——天马，在两汉时期，一直是中原王朝统治集团梦寐以求的战略物资。

在内蒙古鄂尔多斯等多个地区发现的战国、秦、汉时期的墓室壁画中，绘有载着外交使节的“轺车出行”，正反映出秦汉时代派出乘坐着“轺车”的使节往来于亚欧大陆上的情景。西汉张骞开通西域后，中原王朝的使节最远抵达西罗马地区和地中海沿岸。交通的开辟，使得各国人员与物品得以进行世界性的交流与传播。西汉“文景之治”以后，汉朝成为东西方人员、物品荟萃之所：“养民五世，天下殷富，财力有余，士马强盛。故能睹犀布、玳瑁则建珠崖七〔郡〕，感枸酱、竹杖则开牂柯、越嶲，闻天马、蒲陶则通大宛、安息。自是之后，明珠、文甲、通犀、翠羽之珍盈于后宫，蒲梢、龙文、鱼目、汗血之马充于黄门，巨象、师子、猛犬、大雀之群食于外囿。殊方异物，四面而至。”西汉国家设有专门的“酒池肉林”来招待西域与中亚各国的使节，使节们带来的各种奇珍异物都汇聚长安。东汉桓帝延熹九年（166），罗马皇帝马可·奥勒留（Marcus Aurelius）派使节出访汉朝到达洛阳，向汉桓帝献上礼物。南北朝时期，由于战争等多种不稳定因素，陆上丝绸之路出现短暂衰落，不过到了唐代很快再度繁荣。贞观十四年（640），唐太宗在西域设立安西都护府，保证了陆上丝绸之路的畅通，沿途商旅团队得以安全和正常地运转，造就了后来盛唐时期长安城万国来朝的繁华景象。

在亚欧大陆上行走的，除了作为主要交通工具和战略物资的马、骆驼等动物外，商品与物种也是丰富多彩。输出的商品，除耳熟能详的丝绸、茶叶、瓷器等三大商品外，还有谷子、高粱、樟脑、桂皮、姜黄、生姜、水稻、麝香和大黄等，更有陶器以及其他手工业品等。张骞第一次出使西域到大夏（中亚地区塞种人的部落国家），看见市场上有出产于蜀地的竹杖和细布。当然，人种、书籍、技术、文化的西流更呈现了一幅广阔的画面。

通过丝路输入中国的更多，首先是人种，汉武帝时安息（即波斯，今伊朗）王就送了两个犁轩（东罗马）魔术师给中国，时称幻人。文献记载他们"蹙眉峭鼻，乱发拳须"，是典型的欧洲人。西域各部族的人员源源不断地进入中原地区，在长安、洛阳、扬州、泉州等地定居生活，成为中国人中的一部分，杂技、魔术（幻人）、角抵等游戏、竞技活动充斥日常。其次是宗教与文化，经过中亚传来的景教（基督教）、佛教、祆教等宗教对中国的文化产生了重大影响。动物、植物、金属、矿石等物品更是部分改变了中国人的食物结构和风俗习惯。美国学者谢弗撰写的《唐代的外来文明》一书，罗列了从人种、家畜、野兽到香料、金属、书籍等 19 大类，非常丰富。

明代以后，茶叶开始传入欧洲，充当了亚欧大陆上的主要商品和文化使者。17 世纪荷兰著名医师尼克拉斯·迪鲁库恩作为第一个热情推广饮茶的西方人，在《医学论》一书中，着力描述了茶的药用效果。在德国，虽然传教士激烈反对饮茶，说中国人之所以面黄肌瘦，就是太爱饮茶的缘故；在瑞典，人们起初对茶和咖啡的引入都抱怀疑态度，不敢贸然享用，但后来茶叶在欧洲大陆还是逐渐得到普及。

近代有史可考的文献记录表明，茶叶输入欧洲始于明万历四十年（1612）荷兰东印度公司运送了第一批茶叶到首府阿姆斯特丹。法国人到 1636 年才开始饮茶。英国最初是从荷兰输入茶叶的，到 1669 年英国东印度公司才直接从中国输入茶叶。此后饮茶成为英国人的"国俗"，"下午茶"成为各个阶层人士的习惯，甚至变成英国人的标志之一。

从现存的资料来看，大航海以前，无论是从陆上丝绸之路西传还是海上转口西传的茶叶消费，都停留在中亚和阿拉伯地区，欧洲人开始饮茶的记录都比较晚。这可能与中亚阿拉伯地区垄断了欧亚大陆两端的直接贸易有关，也是促使欧洲人探索新的通往东方的道路、出现地理大发现的原因。

17 世纪以后，机器动力一举从力量和速度上都超越了自然的人与动物，依靠骑兵的机动性屡次毁灭农业文明与商业城市的游牧组织，从此也逐渐退出历史舞台。所以，17 世纪也是游牧部落毁灭传统王朝的最后世纪。此后，世界历史舞台上的主角就变成了工业化国家。以马匹和骆驼为标志的传统丝绸之路迎来了新的主角与流通方式，开启了丝绸之路的新时代。

为了反映明清时期欧亚大陆的主要交流通道，我们将陆上丝绸之路分为四条主要道路，选取相关档案与文献来加以展示：

东路过江之路，即与朝鲜半岛的交往。撷取档案 76 件，主要反映了中朝之间的封贡关系、边境贸易和文化交融，包括相沿成例的朝贡道路、定期开市的边贸、年复一年领取中国皇帝颁行的历书等。

西路沙漠之路，是传统意义上的"丝绸之路"。撷取档案 92 件，主要反映了清朝与俄罗斯及中亚各国的贸易往来、维护国家领土完整统一的措施、对西北地区的治理开发、维护各民族团结稳定等。

南路高山之路，将中国与东南亚、南亚诸国紧密联系在一起。撷取档案 85 件，主要反映了东南亚藩属国在封贡体系下的朝贡活动、经贸往来以及贸易管理等。

北路草原之路，主要涉及了现在的俄罗斯和蒙古。撷取档案 105 件，主要反映了库伦、恰克图贸易促成的蒙汉贸易和中俄经济联系的兴盛繁荣以及中俄间政治、商贸和边界事务等。

三

审视陆上丝绸之路的历史变迁，我们发现，在近代海洋时代到来以前，亚欧大陆存在着通过多个方向的丝绸之路连接形成的大陆体系。这个大陆体系包括了亚洲、欧洲、非洲的众多国家和民族，是近代以前范围广泛、影响深远、历史悠久的世界体系。

从中国周边来讲，中国与朝鲜半岛政治、经济联系紧密，东南地区的安南、缅甸等国也从制度上和贸易上都纳入了同一政治共同体的朝贡体系，所以双方往来的事务中具有特别的内容和意义。朝鲜和安南都使用汉字或者处于汉字文化圈，而作为藩属国，则与中国共享“历法”甚至某些法律制度。明清时期，中原王朝的“历书”通过定期的“赐历”“颁历”进入藩属国，以规范各国的农事、节令等活动，是共同体内享受文明成果的重要“权利”。因此彼时朝鲜、安南都有“小中华”的意识，显示了这一共同体于政治、经济联系之外在文化上的反映。

进入近代以来，亚洲朝贡体系受到新兴的国际关系的冲击，在将近半个世纪的列强侵略中，东亚和东南亚地区的藩属国最终都走上民族国家的道路，传统朝贡体系让位于现代国际关系。现存的众多条约、章程与档案，比较完整地反映了这个过程。传统上通过陆上丝绸之路连接起来的俄罗斯、中亚地区各国，与明清王朝形成的关系也发生了本质的变化。

近代以来的科学革命也深刻地影响着亚欧大陆的贸易与交往模式。1826 年英国修建从利物浦到曼彻斯特的铁轨，出现了世界上第一条铁路。从 1891 年开始修建直至 1916 年全线通车的俄罗斯西伯利亚大铁路，成为第一条横贯欧亚的陆上新型运输线路，俄罗斯于 1900 年就出版了围绕西伯利亚大铁路的社会资源的全面调查报告。陆上运输方式的革命，深刻地改变了人类的行为模式，并且对全球的生产、经济产生深远影响。

近代的地理大发现，促进了海洋航路的开辟和全新的海洋体系的形成，并催生了一系列近代资本主义革命和政治经济新秩序。

海洋时代将世界扩大为一个全面联系的世界，也将近代才产生的社会制度与生产方式推广到了全球。这种改变历史发展速率与广度的变迁，遮蔽了人类曾经依靠大陆所创造的共同财富与文明。封贡体系的形式固然与单个民族国家为核心的世界体系格格不入，但在古代社会，正如美国历史学家彭慕兰所言：“朝贡制度的设计和基本运作力量，源自对文化、政治、身份地位的关注，而非源自对追求最大利益的关注。”中华封贡体系的核心意识形态“天下观”中最关注的，是以道德标准来规范各国的利益与冲突，所谓“化干戈为玉帛”，以礼乐教化来组织国家关系，最大限度地减少通过战争与屠杀来解决争端，以捍卫人类社会的文明成果。这是大陆体系与海洋秩序相区别的本质所在。利益最大化是新兴的资本主义带给世界的新理念，在 19 世纪前这种理念在中国还不具有道德上的正当性，以此来衡量古代丝绸之路上结成的古老关系，难以认识到真正的丝绸之路精神。

以此来看，丝绸之路作为中西方交往的重要桥梁，曾经对古代亚欧大陆的人类历史进程起到重要的推动作用，也将在新的历史时期焕发出新的活力，为人类命运共同体的实现贡献新的功能和价值。

过江之路卷·导言

杨海英　王　澈

一

“丝绸之路”从中国大陆向东的陆路延伸，就是渡过鸭绿江通往朝鲜半岛，我们称之为“过江之路”。

中原地区与东陲各国的交往，开始于三千多年前的先秦时期。考古发掘新石器时代的石器遗存和支石墓葬形式都证明：自远古时代中原大陆与朝鲜半岛就存在交往。至有确切文字记载的“箕子朝鲜”，其文物制度与商周中原文明已有区别。晋武帝太康时期，马韩国王“遣使献方物，二年复来朝贡。七年，又来”。隋唐时期，半岛上的高句丽、百济、新罗与中原的交流密切。宋、辽、金、元时的高丽，“南事宋而北事契丹，又事金元”。明朝建立，太祖朱元璋定都金陵（今江苏省南京市），朝鲜使臣航海而至，与明朝建立了朝贡册封关系，其间的交通经由海路；成祖朱棣靖难后移都燕京（今北京），朝鲜根据明王朝的规定，使臣“由旱路历辽东，穿山海关而入皇城”，其间的交通改为陆路；明末泰昌元年（1620），因后金攻陷辽阳，明王朝与朝鲜的陆上通道受到阻隔，一度改为走海路，取道山东登州（今山东烟台），再改陆路，经济南、德州、河间、良乡赴京师。崇祯二年（1629），改朝鲜贡道由觉华岛（今属辽宁兴城）水路行驶，因路途凶险，海行至登州，再陆行进京。清入关后，延续既往陆路交通。

中朝之间的贡道，是由中国方面确定的，从朝鲜至京师，渡过鸭绿江后，均要经过栅门、凤凰城、辽阳、广宁、锦州、山海关、深河、永平、丰润、玉田、蓟州、通州，到达京城。其中辽阳、广宁为重要交汇点，可从两个方向、分三条道路再汇集到京师。因此，明清时期传统的陆路贡道经辽阳大致分为如下三条：(1)从辽阳向南，走海城（明代海州卫）、牛家庄、盘山，转向西北的广宁；(2)从辽阳向北，走沈阳（清代称盛京、奉天），再向西北走孤家子，向西南走白旗堡、二道井、小黑山堡至广宁；(3)仍从辽阳向北走沈阳、孤家子、白旗堡至二道井，继续西南行正安堡、朝阳、建昌、平泉、承德、滦平、古北口，经密云、怀柔入京师。朝鲜使臣在明代朝天时多半走第一条，清代控制蒙古之后，燕行使臣走后两条路线，也成为坦途。

附丽于贡道织就的交通网，明清时期中原大陆向东的交流，主要体现在中国与朝鲜两国使臣的封贡礼仪、朝贡贸易及文化交往上，并且中朝两国形成同期对外关系中最为典型的封贡制度下的藩属关系。封贡制度是晚清以前长期存在的一种国际关系秩序，以经济、军事、文化居于领先优势的国家为宗主国，周边小国为藩属国，接受册封、保护，并享有接受赏赐、进行贸易、教育与文化交流等多种权力与利益。

中朝之间这种关系的确立，是双方在长期的交往磨合中的共同选择。双方认识到对彼此都有利的交往方式是：中国必须承认这个半岛国家，承认其自西汉以来已经发展成熟的文明体系和政治社会制度，且不插手其内部斗争；而半岛国家则接受了中华礼治思想并加以本土化，同时也承认中国的地位和权威，根据半岛自然经济小农生产的国情，确立了行之有效的儒家礼治体制，奉行以“礼”、以“诚”和“事大”的交往形式，这既符合朝鲜民族发展的根本长远利益，也使东亚大陆的“天朝礼治体系”臻于成熟。

虽然这个体系的发展在宋元时代经历曲折，但到明朝永乐之后，朝鲜重新入贡，藩属关系开始顺利运行并长期维系下来。朝鲜“血心事上，尽礼尽诚，律用大明律，历用大统历，服色利义，无不慕尚（中华）”，明朝也兴师动众、不惜代价地在朝鲜遭到日本侵略之时援手相助。双方共同创造了一项制度：在认同儒家礼治体制的前提下实施册封，同时提供安全保证，封贡恰当安置义利关系，儒家礼治体系、安全保障和物质利益，正是这个稳固的藩属体系能够长存的基础。

二

（一）封贡关系稳固

明洪武二十五年（1392），李成桂建立李氏朝鲜，取代了高丽的统治，遣使明都南京，要求与中国建立藩属关系。明太祖朱元璋赐其国名为“朝鲜”，但未颁印信和诏书。明成祖朱棣又赐予朝鲜国王宗藩亲王的九章冕服服制，朝鲜国王“秩比亲王”，“与凡为属国者不同”的藩属关系得以建立。万历东征援朝战争（1592—1598）结束后，朝鲜官方编辑书名为《事大文轨》的文书汇辑，中朝关系从此有了“事大字小”这样的专门名词：中国对朝鲜实行怀柔、保护的政策，称“字小”；而朝鲜对中国行侍奉、礼敬的政策，为“事大”。因此，乾隆太上皇才会有“尔朝鲜国久隶职方，抒忱宾服，与凡为属国者不同”这样的说法。

封贡体制下，属国需要履行定期到“上国”朝贡的义务，“上国”也要遵从“厚往薄来”的原则。“厚往薄来”典出《礼记·中庸》：“厚往而薄来，所以怀诸侯也。”原意是，君主应该对来朝诸侯赠以厚重的礼品，而对诸侯贡献则要求从轻从薄，这样诸侯才能心悦诚服。洪武五年，明太祖朱元璋曾对中书省臣说：“西洋诸国素称远蕃，涉海而来，难计岁月。其朝贡无论疏数，厚往薄来可也。”宣德四年（1429），明宣宗朱瞻基遣使敕赐朝鲜国王李裪白金300两，纻丝纱罗50匹，彩帛30匹，并对侍臣说：“高丽远在海外，修贡益勤，厚往薄来，古之道也。”明初制定的怀柔远人原则，在以后的中朝关系中普遍施行。

明清鼎革易代前，清王朝以武力强迫明朝的追随者朝鲜与清王朝建立了朝贡外交关系。清初对每年前来朝贡的朝鲜贡使、贡物等规定带有政治压迫和经济掠夺性质，但在清入关且统治稳固之后，双方关系逐渐回归到传统封贡关系的轨道。清王朝主要通过削减贡物、体恤藩邦等措施，如“凡馈送白金仪物等项，悉按旧例裁减一半，永着为令”等，减轻朝鲜负担，消除其抵触情绪，使“厚往薄来”的理念真正落实，以致刚刚登基的乾隆帝在考虑减免朝鲜负担时，还要考虑藩属国的感情，细致到照顾朝鲜“国王有歉于心”的想法，朝鲜也在雍乾之际成为与中国关系最为密

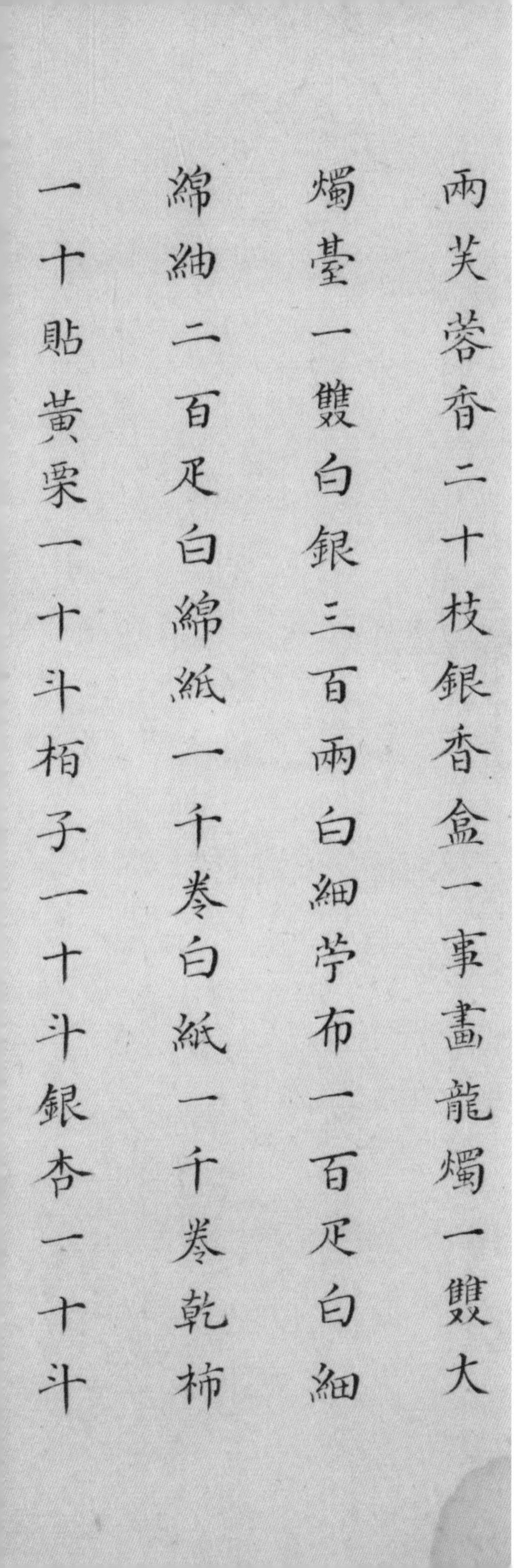
兩芙蓉香二十枝銀香盒一事畫龍燭一雙大
燭臺一雙白銀三百兩白細苧布一百疋白細
綿紬二百疋白綿紙一千卷白紙一千卷乾柿
一十貼黃栗一十斗栢子一十斗銀杏一十斗

切的藩属国。因此明清两朝的统治者都将朝鲜视同“内服”的藩属国，视朝鲜国王为替明清天子守边的藩臣，双方关系类似君臣、父子，权利、义务也符合位阶等差的名分礼法秩序：朝鲜使用中国皇帝年号来记载年份，采用中国历法，并派遣贡使携带贡物到北京朝贺新年、皇帝生日（即万寿圣节）等等。朝鲜国王、王妃和世子、世子嫔，均须接受中国皇帝册封始获正统名分，中国皇帝派使臣至朝鲜首都汉城（今首尔）行册封典礼；中国皇帝或朝鲜国王辞世，也均互遣使臣赐祭或吊唁。除日常礼仪外，朝鲜国王对本国政教则完全自主。

（二）官方边贸开展

在封贡体制的框架下，明清时期中朝之间的边境经贸往来也渐次展开。主要体现在中江、会宁、庆源（均在今朝鲜咸镜北道）三地开展的中朝互市贸易。中江是中朝边境互市最重要的一个地点，具体位置在朝鲜义州与中国凤凰城（今辽宁省凤城县）之间的鸭绿江中小岛。其背景和渊源，可追溯至元朝与高丽“互市”于鸭绿江西（今辽宁丹东的九连城），明朝与朝鲜之间的“鸭绿之市”在万历东征援朝期间达到高潮：战争初期，因朝鲜经济凋敝，物资供应艰难，朝鲜宣祖李昖特请在鸭绿江中江贡道旁“暂设关市”济急，原定战争结束停止，后因明神宗所遣太监高淮等在辽东开矿征税，榷及中江，一直维持了19年，直至万历四十年（1612），经宣祖李昖再请才得以罢市。事实上，中朝民间通过中江（包括边门）维系的贸易交往和走私活动始终无法断绝。万历时，太监高淮在中江“税行商、税坐贾、税居民不足而复税及贡臣”引发闭市；到后金女真崛起，乃至建立清朝，朝鲜重开中江互市，间隔只有15年。清王朝入主中原后，两国官民中江贸易往来

[illegible]

[illegible]

ᡥᡝᠰᡝ ᠸᠠᠰᡳᠮᠪᡠᡥᠠ

○ ᡝᠯᡥᡝ ᡨᠠᡳᡶᡳᠨ ᡳ ... ᠰᡠᠨᠵᠠ ᠠᠨᡳᠶᠠ ...

ᡤᡳᠩᡤᡠᠯᡝᠮᠪᡳ . ᡥᡡᠸᠠᡧᠠᠪᡠᡥᠠ ᠪᡝ ... ᠵᡳᡥᠠ .

ᠰᡠᠨ ᠮᡳᠨ ... ᠪᡝ , ᡥᡡᡵᡠᠯᡝᠮᡝ ...

ᠮᡠᠰᡝ ᡩᡝ hese ni (?) ... ᠪᡝ .

的客观需求更加旺盛，由此也促进了税务征收的管理模式的改进，出现了中江贸易征税从不定额税发展到定额税的议定过程。在会宁和庆源也形成了单双市贸易制度。

政治上敕建宗主册封体系，经济上实行朝贡贸易支撑起来的中朝封贡体系，各方的权利、义务都有清晰、明朗的界限。

三

中朝两国在地域上隔江相望。特别是明清时期，两国国运紧密相连，朝鲜成为东亚地区与中国关系最为密切的藩属国。光绪二十年（1894）甲午战争以后，清朝国运日衰，明清以来持续500余年的封贡关系走向终结。

（一）封贡体制下的密切交流

中国第一历史档案馆保存的《朝鲜迎接天使都监都厅仪轨》两册档案，全程记录了万历三十七年（1609）、天启元年（1621），朝鲜迎接明朝诏使的经过，具体形象地展示了封贡体制下中朝关系的双向互动。

第一册档案是明万历三十七年朝鲜迎接明王朝两起诏使的记录。一起为行人司行人熊化所率的赐祭朝鲜宣祖李昖的使团，另一起是司礼监太监刘用所率的册封光海君为朝鲜国王的使团。第二册档案展示了一个中国历史上罕见的时期——万历四十八年，三个月之内，明朝皇帝的宝座上三位君主相继御临：七月之前，明神宗君临天下；八月，明光宗俯视群臣；九月，明熹宗入承大统，宣布以八月以前为万历四十八年，八月以后为泰昌元年，次年改元天启。明光宗遣派的翰林院编修刘鸿训为正使、礼科都给事中杨道寅为副使的登极诏书颁示使团尚未出发，当朝皇帝已改为明熹宗，又“命翰林院编修刘鸿训、礼科都给事中杨道寅颁诏朝鲜”。因此，天启元年朝鲜再度迎接明朝两起登极天使，一为正使刘鸿训使团，“二月十三日辰时”出发；一为“钦差副使”杨道寅使团，“本月二十五日辰时”出发。正、副使团相差12天分别前往朝鲜，成为中朝交往中“二百年所无骇怪之事”。两册仪轨在展示中朝双方重大事件通报、册封等历史事实的同时，参照《大明集礼》《大明会典》加以朝鲜本国传统而形成的迎接礼仪，也印证了明朝典章制度对朝鲜的重要影响。

这种及时通报各自大事、遵守共通礼法、每年多次往返的密切交往，已经出离了一般宗主国与藩属国的关系。嘉庆二年正月二十六日（1797年2月22日）太上皇乾隆帝感叹道：“尔朝鲜国久隶职方，抒忱宾服，与凡为属国者不同”，也反映了清帝追求的本来就是与朝鲜非同寻常的亲密关系。

（二）稳定活跃的贸易往来

有清一代，中朝封贡贸易包括传统的朝贡贸易和边境贸易。这方面的清代档案极为丰富。

朝贡贸易包含两个层次的贸易活动：一是朝贡和回赐，二是使团贸易。“朝贡”有朝鲜国王对清朝皇帝每年定期的“年贡”和不定期的“贡品”和“礼品”，“回赐”是清朝皇帝对朝鲜王室的反馈，在双方宫廷范围内进行。使团贸易是由使团官员和商人进行的经贸活动。

边境贸易是在中江、会宁、庆源三地开展的中朝封贡体制下的互市贸易，由于管理有序，商业交往稳定而活跃。

光绪八年（1882）以后《中国朝鲜商民水陆贸易章程》签订后，中朝传统的封贡贸易向近代条约贸易转变。当年六月，朝鲜发生壬午兵变，清政府出兵朝鲜，帮助闵妃为首的外戚集团重新掌权。八月二十九日（1882年10月10日），署理北洋通商大臣李鸿章上奏，请妥议《中国朝鲜商民水陆贸易章程》。清政府为了加强对朝鲜的宗主权，同时获得对朝贸易的特权，由天津海关道周馥、候选道马建忠与朝鲜全权官员赵宁夏、鱼允中等反复商酌，拟定《中国朝鲜商民水陆贸易章程》共八款，标志着中朝传统封贡贸易向近代条约贸易的转变，反映在进入近代以后，中朝贸易关系发生的新变化。李鸿章特别强调该章程“系中国优待属邦之意，不在各与国一体均沾之列”。显示清政府欲利用“属国”概念或“属邦”条款，说服西方列强接受中国宗主权的努力，并由“中国驻朝商务委员”扶持朝鲜不受列强侵略，加强中国对朝鲜的干预，也埋下了清政府与西方及日本冲突的种子。光绪二十年中日甲午战争之后，中朝封贡关系宣告结束，该条约在施行12年后被废止。五年后，两国关系实现从古代封贡体制向近代条约体制的真正转型，此时，朝鲜已改称韩国。

（三）高度融合的文化表征

中朝文化上的融合可谓源远流长。朝鲜半岛的原始宗教为萨满教，与满洲同源；经由中国传入半岛的佛教、道教也各有信众；其国家理念的基础是源自中国的儒家学说；公元3世纪至1444年李朝世宗“训民正音”出现之前的1000余年间，朝鲜半岛上使用的唯一的文字是中国的汉字；使用的历法也由中国皇帝颁行，等等。而时宪书和汉文律诗，更为有力地说明了中朝两国的文化交流。

明清时期每年冬季，朝鲜国王派专人来华领取次年时宪书，一般是一支由赍咨官、小通事、随从共若干人组成的团队。直到光绪年间的档案中，仍清晰地记载着这支人数不等的领取历书团队的活动情形。

朝鲜官员在使用汉字进行书面表达的同时，其文学造诣也达到了相当的高度。就目前所见档案，最晚至乾隆四十七年（1782），已有朝鲜进贡使臣向清朝皇帝献诗或唱和的记录，并因其表现上佳，领取了较琉球、暹罗、安南等其他藩属国更多的赏赐物品。

直到日本侵入半岛以前，中朝在政治、经济、文化上密切交往的景象，是中朝关系之常态。正可谓：

鸭绿江水波涛奔涌，过江之路络绎不绝。

凡例

1.本书所辑档案，均为中国第一历史档案馆所藏明清两朝原始档案。

2.本书依据所辑档案涉及的国家（地区），分为陆上丝绸之路编与海上丝绸之路编。陆上丝绸之路编分为四卷，即过江之路卷、高山之路卷、沙漠之路卷、草原之路卷；海上丝绸之路编分为四卷，即东洋之路卷、南洋之路卷、西洋之路卷、美洲之路卷。

3.本书所辑档案，大抵按照档案文件形成时间依次编排。部分关于同一事件或主题的多件档案，编为一组，以最早时间进行排序。

4.每件档案时间，以具文时间或发文时间为准；没有具文或发文时间者，采用朱批、抄录、收文时间；有文件形成时间过程者，标注起止时间。没有明确形成时间的档案，经考证推断时间；暂难考证时间者，只标注朝代。

5.本书所辑档案标题，简明反映各件档案的责任者、文书种类、事由、中西历时间等信息，文字尽量反映档案原貌。

6.本书所辑档案，一般以“责任者＋文书种类＋时间”的方式命名，如遇一件档案分排多页或一件档案内含多份者，则标注“之一”“之二”等。

7.因版面所限，本书所收个别档案为局部展示。

8.本书所辑档案，均撰拟相应释文，简要阐释档案的主要内容和相关历史背景。

目录

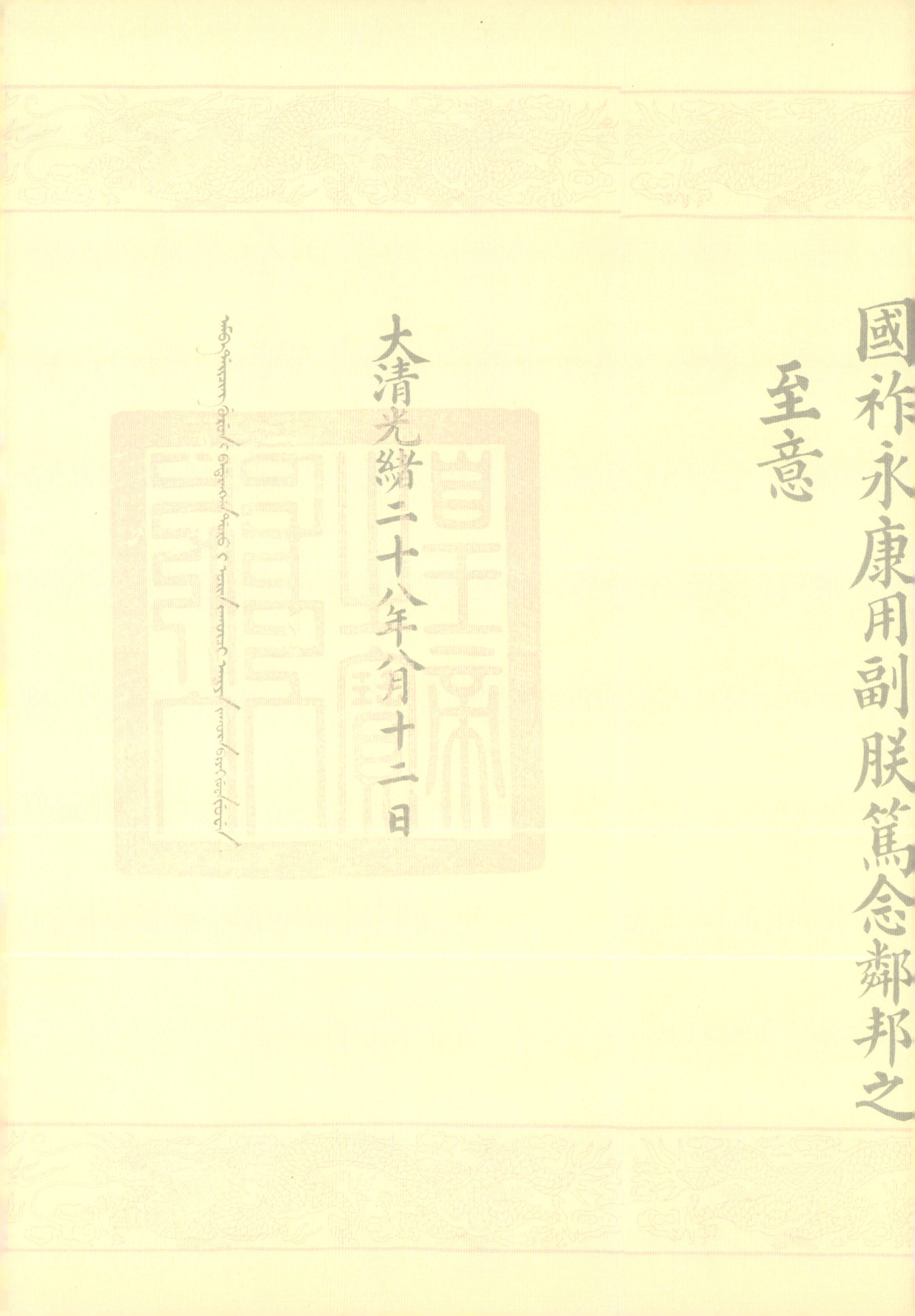

國祚永康用副朕篤念鄰邦之

至意

大清光緒二十八年八月十二日

大清國
大皇帝問
大韓國
大皇帝好聞本年九月舉行
即位四十年稱慶典禮朕心慰悅良
深特簡駐紮
貴國使臣許台身呈遞國書代為
致賀並頌
大皇帝嘉名遠播

舆图

《大明混一图》

绢本彩绘，纵386厘米，横456厘米。未标注作者和年代，学者根据图上的两个关键地名“广元县”和“龙州”，推定此图绘制于明代洪武二十二年（1389）。清初，将全部汉字地名用相应的满文标签覆盖。

此图所表现的地域范围，东至日本，西抵西欧和非洲，南到爪哇，北至贝加尔湖以南，其中明朝各级政区治所、山峦、河流是表现重点。据学者研究，此图很可能是由不同来源的舆图资料拼合而成，其中明朝部分可能是源于元代朱思本的《舆地图》，非洲、欧洲和东南亚部分依据元代李泽民《声教广被图》，印度等地可能根据元代波斯天文学家札马鲁丁的《地球仪》和彩色地图绘制而成。这幅地图绘出了亚洲、欧洲、非洲的广大地区，保存了一些元代地图的内容，体现了欧亚大陆地理学交流的成果，反映出明朝初年的地理视野，对明代的寰宇地图也产生重要的影响，具有宝贵的文献价值。

《混一疆理历代国都之图》

《混一疆理历代国都之图》是现存朝鲜半岛最早的单幅世界地图，绘于1402年。其原本不知去向，日本现存有四幅摹本，分别藏于京都龙谷大学图书馆、九州长崎本光寺、九州熊本本妙寺、奈良天理大学附属图书馆。均为彩绘，幅面尺寸不一。一般认为，日本龙谷大学附属图书馆藏本年代最早，纵158厘米，横163厘米。为16世纪之前的摹绘本，与原图最为接近。根据图下方权近（1352-1409，字可远、思权，号阳村。朝鲜贵族，哲学家。李朝时期曾任大提学，封为吉昌君）的跋文，可知该图的底本是中国元代李泽民的《声教广被图》和清浚的《混一疆理图》，经朝鲜李朝左议政金士衡和右议政李茂初步考订，由检校李荟详细校对，最后参赞权近补充朝鲜和日本部分而成。

此图地域范围横跨亚非欧，东有日本、朝鲜，西有非洲、欧洲，除朝鲜和日本部分，基本承续中国元代的世界地理认知。《混一疆理历代国都之图》的绘制，反映了明朝与朝鲜建立封贡关系之后，朝鲜对以明朝为中心东亚国际秩序的认同以及对朝鲜所据重要地位的强调。

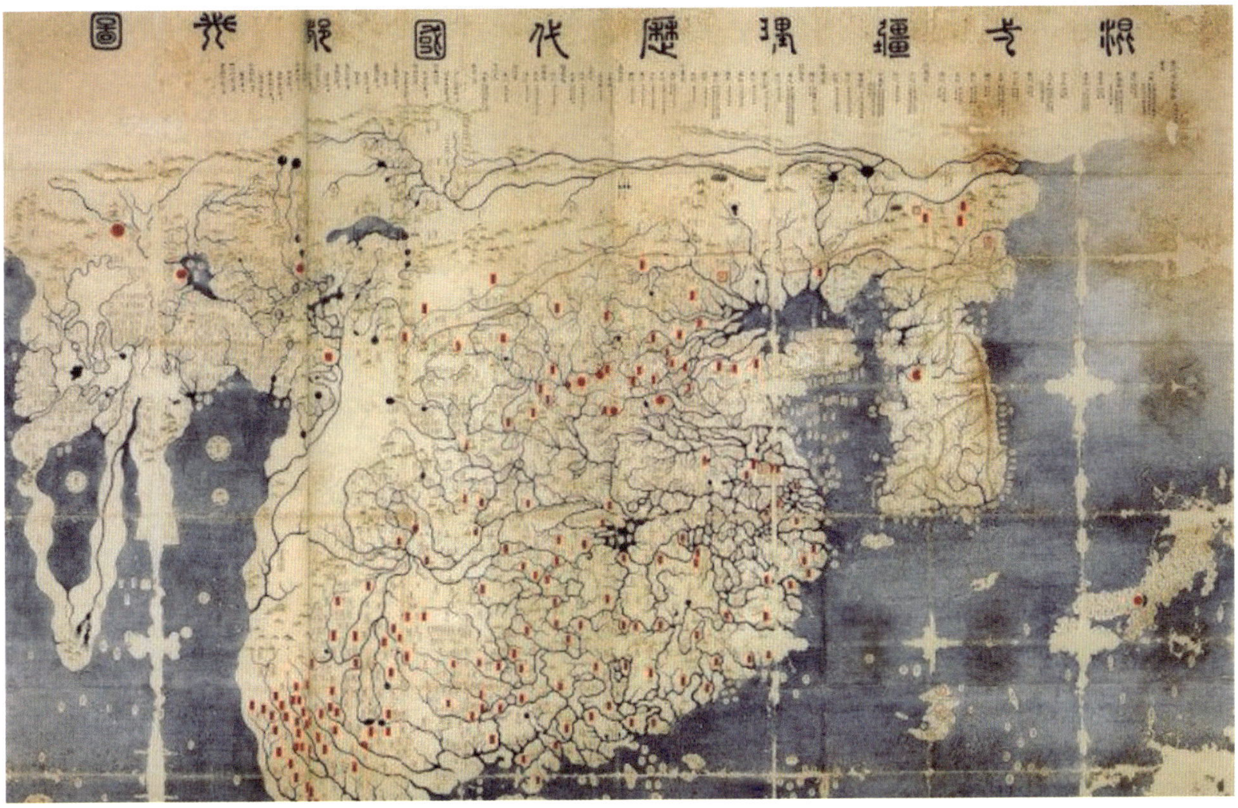

《混一疆理历代国都之图》(建文四年)

《大明混一图》
（洪武二十二年）

大明混

朝鲜迎接明朝熊化刘用使团仪轨

万历三十六年—三十八年(1608—1610)

朝鲜迎接明朝刘鸿训杨道寅使团仪轨

天启元年(1621)

仪轨，即礼仪规矩。作为礼仪大国，中国自古以来记载各种仪轨的史籍汗牛充栋。从王应麟《玉海·艺文》所载的《汉太初宗庙百官仪》等记载朝廷衣冠礼乐制度的政书，到隋唐五代以降的《无量寿如来念诵仪轨》等佛经、道典，都是分门别类、代有流传的仪轨。

两册档案记载的是朝鲜迎接他们称为天使的明朝使臣的仪轨，为朝鲜国王教旨，朝鲜都监、都厅、户曹、兵曹等相关部门在制定、讨论、办理迎接明朝诏使时的准备、仪式、过程、善后处置等往来文书的汇编。两册仪轨全程记录了万历、天启年间朝鲜迎接两起明朝诏使的经过，印证了明朝典章制度对朝鲜直接、重要的影响，也是迄今为止所见朝鲜有关仪轨的最早记录。

万历三十七年(1609)的诏使分为两拨：一为赐祭使团，出使目的是赐祭朝鲜宣祖李昖，天使行人司行人熊化使团从渡江到回返，行程40天；一为册封使团，出使目的是册封光海君为朝鲜国王，天使司礼监太监刘用使团，停留近3个月。朝鲜自万历三十六年四月开始准备接待，到三十八年三月处理完善后事宜，持续了近两年，反复彩排，迎接仪式盛大而隆重。

天启元年(1621)使团以翰林院编修钦差刘鸿训、礼科都给事中杨道寅为正、副使，自天启元年二月十三日、二十五日先后出发，过江后汇合入京(今韩国首尔)。20天后，使团离京，自安州(今属朝鲜平安南道)清川江乘船从水路回国。朝鲜方面准备接待并善后，自万历四十八年四月至天启元年十二月，一年有半。

朝鲜迎接都监都厅仪轨（万历三十六年—三十八年、天启元年）

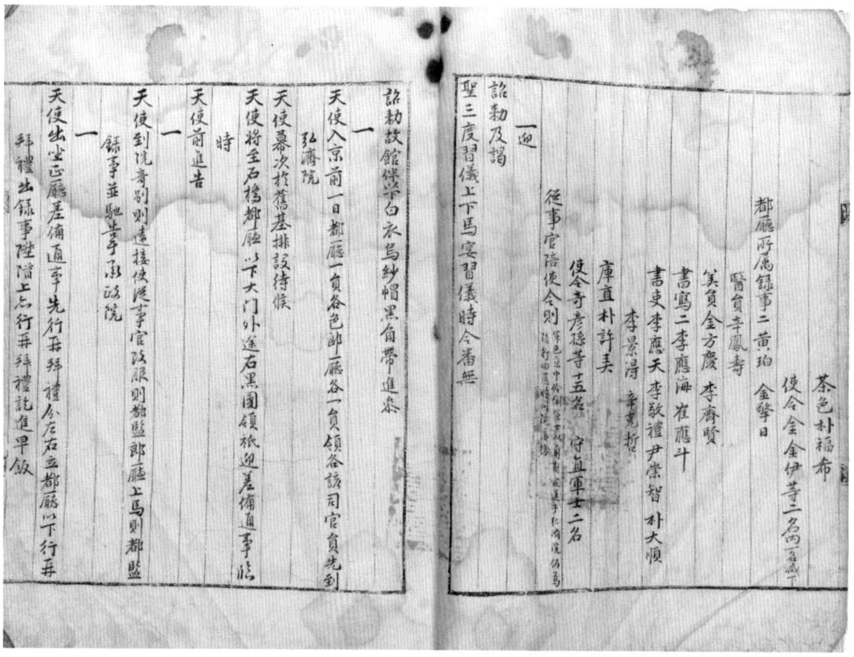
茶色朴福希
使令金金伊等二名
都廳所屬錄事二 黄珀 金擧日
醫員李鳳壽
寫員金方慶 李齊賢
書寫二 李應海 崔應斗
書吏 李應天 李獻禮 尹崇智 朴大順
李景得 辛[illegible]
庫直 朴許美
使令 李彥孫等五名 守直軍士二名
從事官陪使令則
一 迎
詔勅及謄
聖三度習儀上下馬宴習儀時令畨無
詔勅故館係以白衣烏紗帽黑角帶進參
一
天使入京前一日都廳一員各色郎廳各一員領各該司官員先到
弘濟院
天使幕次於舊基排設待候
天使將至弘濟院以下大門外遠右黑團領祇迎差備進事時
時
天使前進告
一
天使到院前則遠接使從事官改服則都監郎廳上馬則都監
錄事並馳等承政院
一
天使出坐正廳差備通事先行再拜禮今左右立都廳以下行再
拜禮出錄事陞階上亦行再拜禮訖進早飯

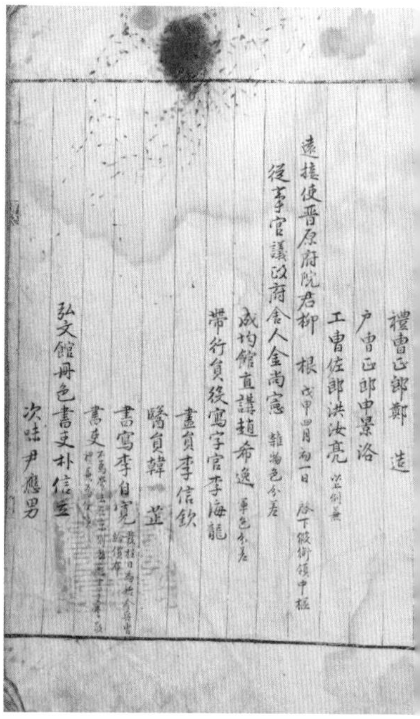
禮曹正郎鄭 造
戶曹正郎申景洛
工曹佐郎洪汝亮
遠接使晋原府院君柳 根 戊申四月初一日
從事官議政府舍人金尚憲
成均館直講趙希逸
帶行員役寫字官李海龍
畫員李信欽
醫員韓 並
書寫李自寬
書吏
弘文館冊色書吏朴信立
次知尹應男

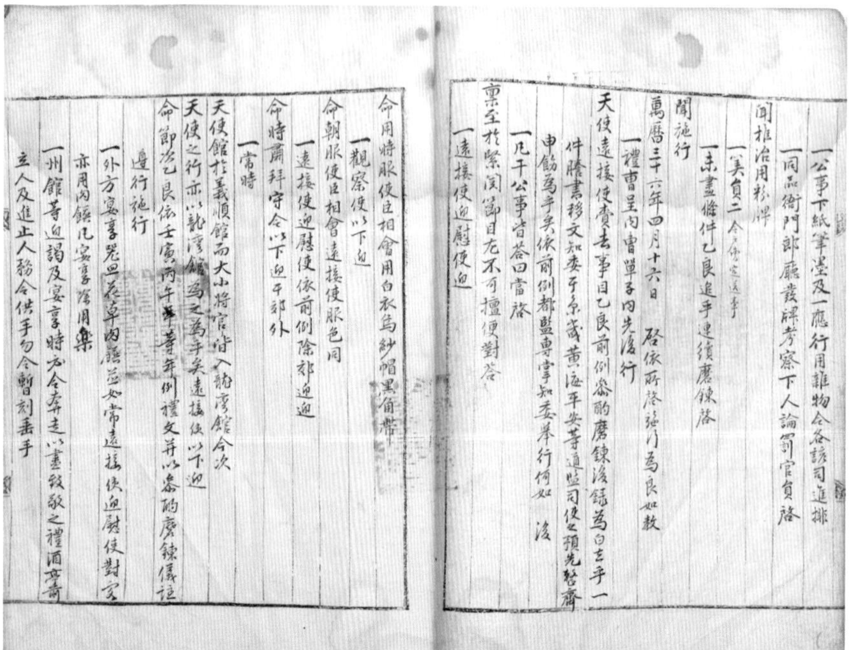
一公事下紙筆墨及一應行用雜物令各該司進排
一同品衙門郎廳查驗考察下人論罰官員啓
聞推治用[illegible]
一寫員二
一未畫備件乙良追乎速須磨鍊啓
聞施行
萬曆三十六年四月十六日 啓依所啓[illegible]爲良如教
一禮曹呈內曹單子內先爲行
天使遠接使貴去事目乙良前例參酌磨鍊後錄爲白去乎一
件謄書移文知委爲於[illegible]黄海平安等道監司使之預先整齊
申飭爲乎矣依前例都監專掌知委舉行何如[illegible]後
一凡干公事皆於回啓
稟至於緊閑猶目尤不可擅便對答
一遠接使迎慰使
命用時服使臣相會用白衣烏紗帽黑角帶
一觀察使以下迎
命朝服使臣相會遠接使服色同
一遠接使迎慰使依前例除郊迎
命時肅拜守令以下迎于郊外
一常時
天使館於義順館而大小將官皆入龍灣館令次
天使之行亦以龍灣館爲之而乎矣遠接使以下迎
命節次乙良依壬寅丙午年謄錄并禮文并以參酌磨鍊儀註
遵行施行
一外方宴享兇旦花草肉膳並如常遠接使迎慰使對字
亦用肉饌凡宴享[illegible]用樂
一州館等迎謁及宴享時[illegible]令[illegible]走以盡致敬之禮酒[illegible]
立人及進止人務令供手勿令暫刻丟手

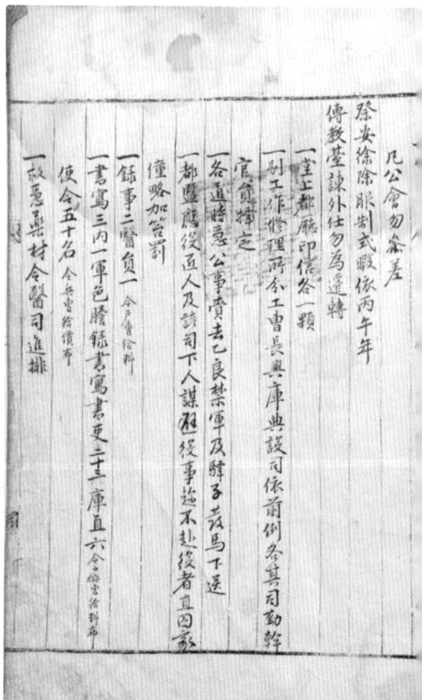
凡公令勿參差
癸安徐除服制式暇依丙午年
傳教筆諫外任勿爲遞轉
一室上都廳印信各一顆
一副工作修理所令工曹長興庫典設司依前例各其司勤幹
官員擇定
一各道將爲公事[illegible]去乙良禁軍及騎子前馬下送
一都監廳役員人及該司下人謀避役事[illegible]不赴役者直囚[illegible]
懂略加笞罰
一錄事二醫員一
一書寫三內一軍色謄錄書寫書吏二十三庫直六
使令五十名
一板子乘材令醫司進排

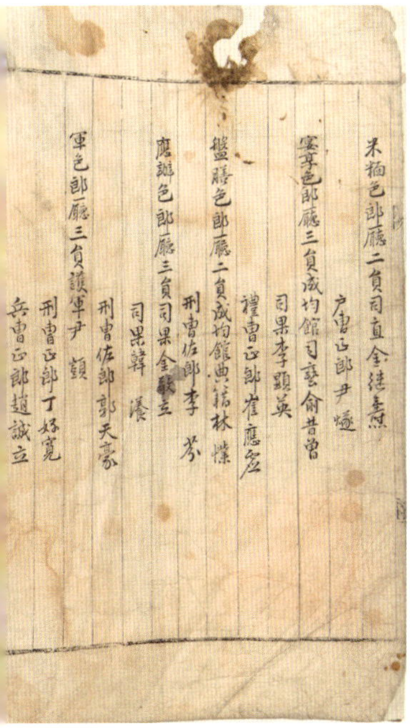
米麵色郎廳二員司直金德壽
戶曹正郎尹暿
宴享色郎廳三員成均館司藝俞昔曾
司果李顯英
禮曹正郎崔應虛
盤膳色郎廳二員成均館典籍林㶉
刑曹佐郎李芬
應辦色郎廳三員司果金敬立
司果韓瀁
刑曹佐郎郭天豪
軍色郎廳三員護軍尹頲
刑曹正郎丁好寬
兵曹正郎趙誠立

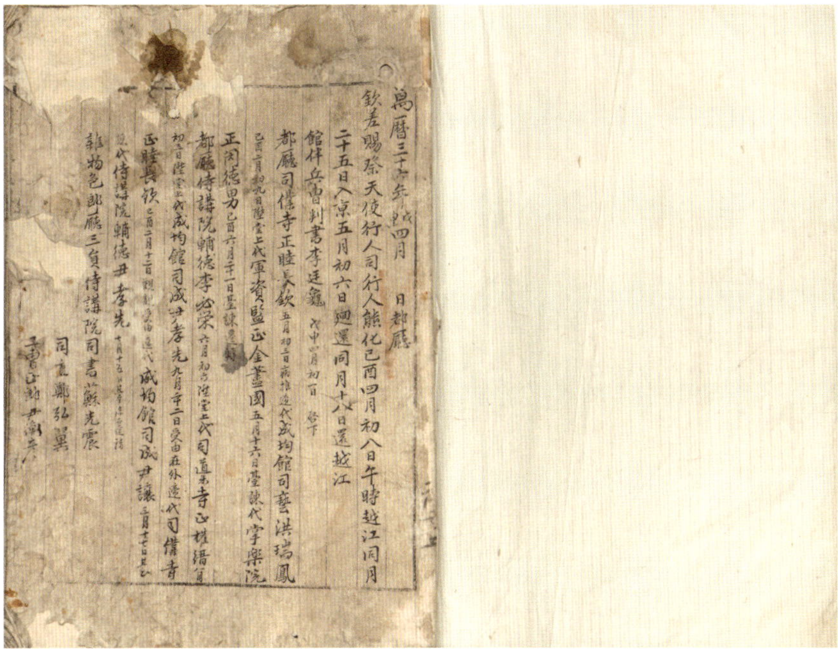
萬曆三十六年戊申四月　日都廳
欽差賜祭天使行人司行人熊化己酉四月初八日午時越江同月
二十五日入京五月初六日回還同月十八日還越江
館伴兵曹判書李廷龜 戊申四月初四日啓下
都廳司僕寺正睦長欽 五月初三日病拏遞代成均館司藝洪瑞鳳
己酉二月初九日陞堂上代軍資監正金蓋國 五月十六日臺諫代掌樂院
正閔德男 己酉六月二十一日臺諫遞
都廳侍講院輔德李必榮 六月初六日陞堂上代司導寺正權縉
初二日陞堂上代成均館司成尹孝先 九月二十二日受由在外遞代司僕寺
正睦長欽 己酉二月十二日觀親受由遞代成均館司成尹讓 二月十七日
遞代侍講院輔德尹孝先 [illegible]
雜物色郎廳三員侍講院司書蘇光震
司直鄭弘翼
工曹正郎尹衡

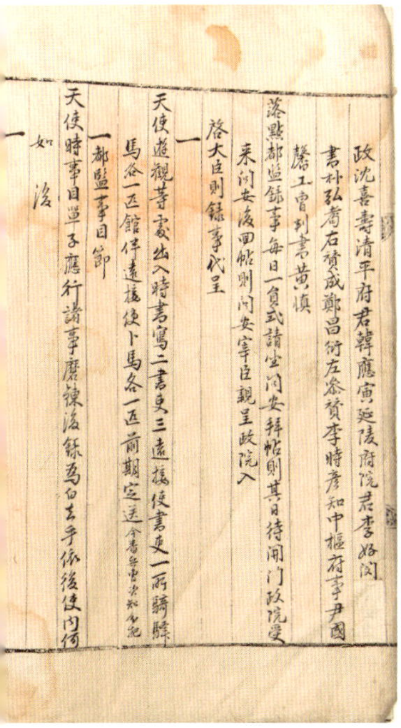
政沈喜壽清平府院君韓應寅延陵府院君李好閔
書朴弘耆右贊成鄭昌衍左參贊李時彥知中樞府事尹國
馨工曹判書黃慎
落點都監錄事每日一員式請坐問安拜帖則其日待闕門政院受
來問安後回帖則問安宰臣親呈政院入
啓大臣則錄事代呈
一 天使遊觀等處出入時書寫二書吏三遠接使書吏一所騎
馬各一匹館伴遠接使下馬各一匹前期定送
一 都監事目節
天使時事目單子應行諸事磨鍊後錄爲白去乎依後使問何
一 如
後

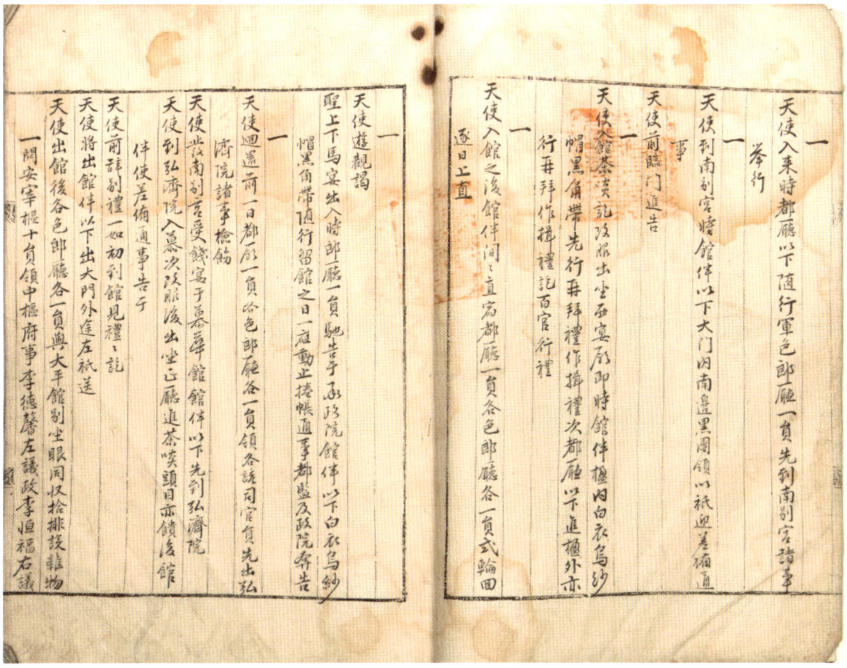
一 天使遊觀謁
聖上下馬宴出入時郎廳一員馳告于承政院館伴以下白衣烏紗
帽黑角帶隨行留館之日一應動止擡帳通事都監及政院奔告
一 天使回還前一日都廳一員各色郎廳各一員領各該司官員先出弘
濟院諸事檢飭
一 天使發南別宮受餞宴于慕華館館伴以下先到弘濟院
天使到弘濟院入幕次改服後出坐正廳進茶啖頭目亦饋後館
伴使差備通事告于
天使前辭別禮一如初到館見禮禮訖
天使將出館伴以下出大門外進左祇送
天使出館後各色郎廳各一員與大平館別坐眼同收拾排設雜物
一 問安宰樞十員領中樞府事李德馨左議政李恒福右議
一 天使入來時都廳以下隨行軍色郎廳一員先到南別宮諸事
擧行
一 天使到南別宮時館伴以下大門內南邊黑團領以祇迎差備通
事
天使前臨門進告
一 天使入館茶啖記改服出坐西宴廳即時館伴樞內白衣烏紗
帽黑角帶先行再拜禮作揖禮次都廳以下進樞外亦
行再拜作揖禮記百官行禮
一 天使入館之後館伴間間直宿都廳一員各色郎廳各一員式輪回
逐日上直

朝鲜迎接明使熊化刘用使团仪轨（万历三十六年—三十八年）

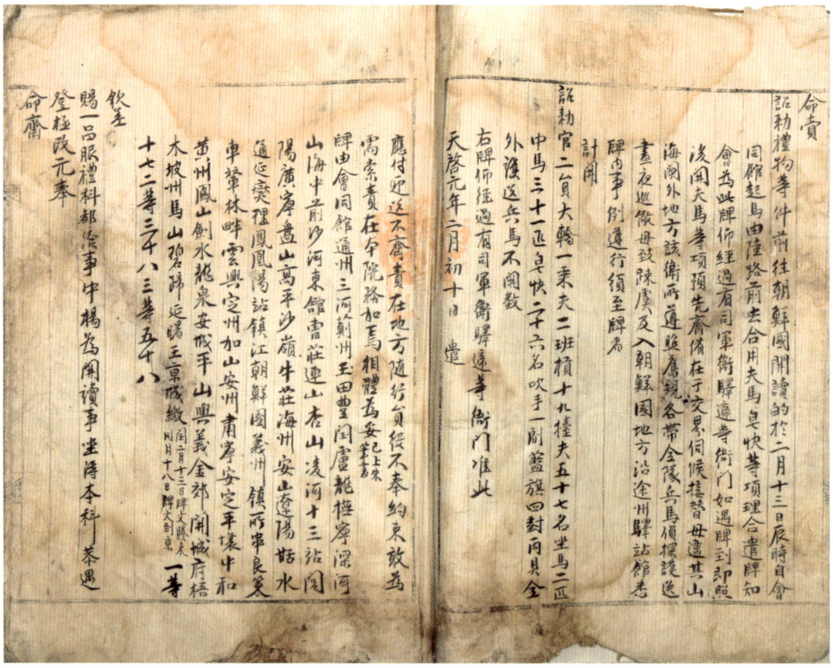
命賫
詔勅禮物等件前往朝鮮國開讀的於二月十三日辰時自會
同館起馬由陸路前去合用夫馬白快等項理合遣牌知
會為此牌仰經過有司軍衛驛遞等衙門如遇牌到即照
後開夫馬等項預先齊備在于交界伺候接替毋違其山
海關外地方該衛所道照舊親督帶全隊兵馬備探護送
晝夜巡儆毋致疎虞及入朝鮮國地方沿途州驛站館悉
照向事例遵行須至牌者
計開
詔勅官二員大轎一乘夫二班槓十九擡夫五十七名坐馬二匹
中馬三十一匹白快二千六名吹手一副藍旗四對兩具全
外護送兵馬不開數
右牌仰經過有司軍衛驛遞等衙門准此
天啓元年二月初十日 遣
應付延遲不齊責在地方隨行員役不奉約束敢為
需索責在本院務加馬相體為要
牌由會同館通州三河薊州玉田豐潤盧龍撫寧深河
山海中前沙河東關曹莊連山杏山凌河十三站閭
陽廣寧盤山高平沙嶺牛莊海州安山遼陽狼水
通遠堡鳳凰鳳陽站鎮江朝鮮國義州 鎮所串良策
車輦林畔雲興定州加山安州肅寧安定平壤中和
黄州鳳山劍水龍泉安城平山興義金郊開城府梧
木坡州馬山碧蹄延曙王京城繳
十七二等三千八三等五千八 一等
欽差
賜一品服禮科都給事中楊為開讀事坐落本科 恭遇
登極改元奉
命齎

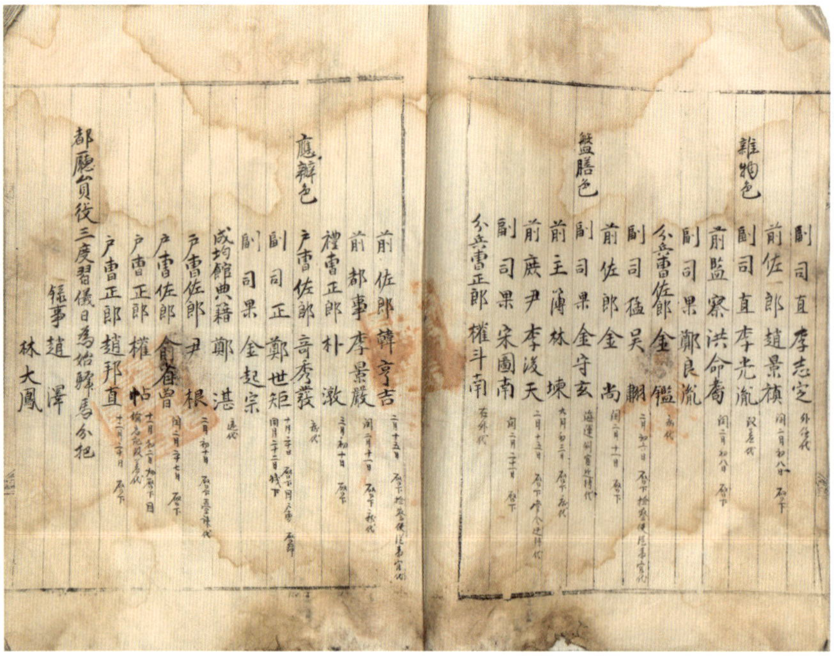
雜物色
副司直 李志定
前佐郎 趙景禎
副司直 李光流
前監察 洪命壽
副司果 鄭良流
前工曹佐郎 金鑑
盤膳色
副司猛 吳翱
前佐郎 金尚
副司果 金守玄
前主簿 林埭
前府尹 李浚天
副司果 宋國南
前兵曹正郎 權斗南
前佐郎 韓亨吉
前部事 李景嚴
禮曹正郎 朴漱
戶曹佐郎 辛秀茂
副司正 鄭世矩
副司果 金起宗
成均館典籍 鄭湛
應辦色
戶曹佐郎 尹根
戶曹佐郎 俞省曾
戶曹正郎 權恬
戶曹正郎 趙邦直
都廳員役三度習儀日為始隨身分把
錄事 趙澤
林大鳳

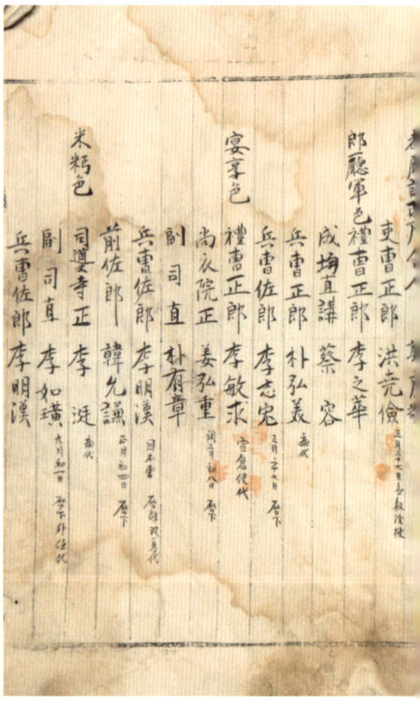
郎廳軍色
吏曹正郎 洪允儉
禮曹正郎 李之華
成均直講 蔡容
兵曹佐郎 朴弘美
宴享色
禮曹正郎 李志完
尚衣院正 姜弘重
副司直 朴有章
兵曹佐郎 李明漢
前佐郎 韓允謙
米糈色
司僕寺正 李涏
副司直 李如璜
兵曹佐郎 李明漢

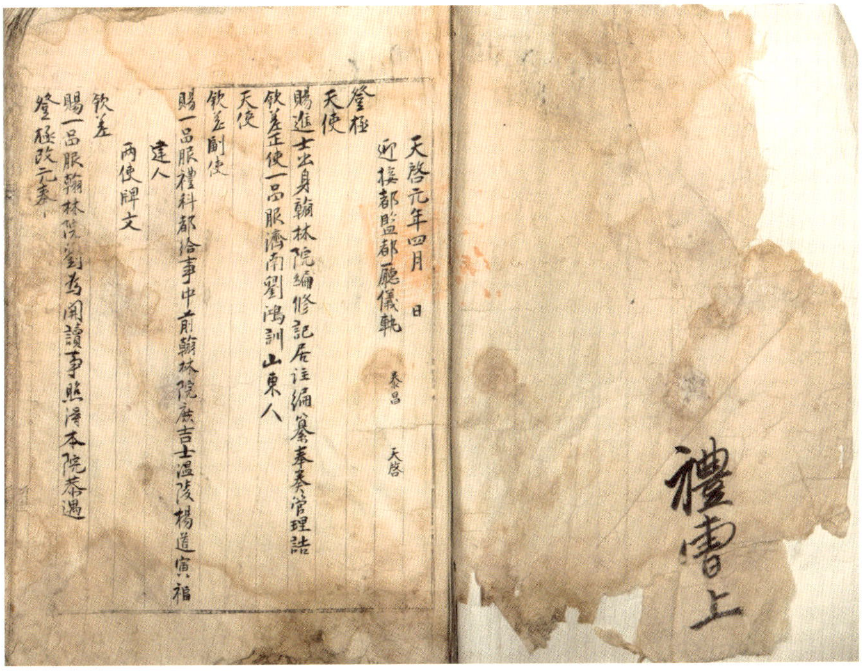
禮曹上

天啓元年四月 日
迎接都監都廳儀軌 泰昌 天啓
登極
天使
賜進士出身翰林院編修記居注編纂奉奏管理誥
欽差正使一品服濟南劉鴻訓山東人
天使
欽差副使
賜一品服禮科都給事中前翰林院庶吉士溫陵楊道寅福
建人
兩使牌文
欽差
賜一品服翰林院劉爲開讀事照得本院恭遇
登極改元奉

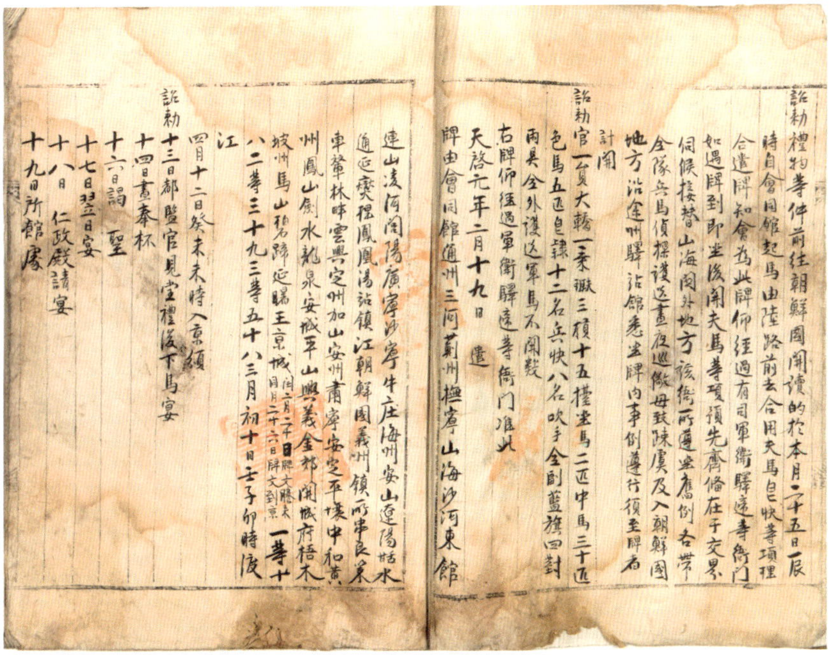
詔勅禮物等件前往朝鮮國開讀的於本月二十五日辰
時自會同館起馬由陸路前去合用夫馬皂快等項理
合遣牌知會爲此牌仰經過有司軍衛驛遞等衙門
如遇牌到即坐後開夫馬等項預先齊備在于交界
伺候接替山海關外地方該衙所選差應例各帶
全隊兵馬傾探護送晝夜巡儆毋致疏虞及入朝鮮國
地方沿途州驛站館悉照牌內事例遵行須至牌者
計開
詔勅官一員大轎一乘獗三頂十五擡坐馬二匹中馬三十匹
色馬五匹皂隸十二名兵快八名吹手全副藍旗四對
兩县全外護送軍馬不開數
右牌仰經過軍衛驛遞等衙門准此
天啓元年二月十九日 遣
牌由會同館通州三河薊州撫寧山海沙河東館
遼山凌河閭陽廣寧沙嶺牛庄海州鞍山遼陽甜水
通遠堡鳳凰城湯站鎮江朝鮮國義州 鎮所串良宋
車輦林畔雲興定州加山安州肅寧安定平壤中和黃
州鳳山劍水龍泉安城平山興義金郊開城府梧木
坡州馬山碧蹄延曙王京城 閏二月二十日牌文聽去 閏月二十六日牌文到京 一等十
八二等三十九三等五十八三月初十日壬子卯時渡
江
四月十二日癸未未時入京頒
詔勅 十三日都監官見堂禮後下馬宴
十四日晝奉杯
十六日謁 聖
十七日翌日宴
十八日 仁政殿請宴
十九日所館宴

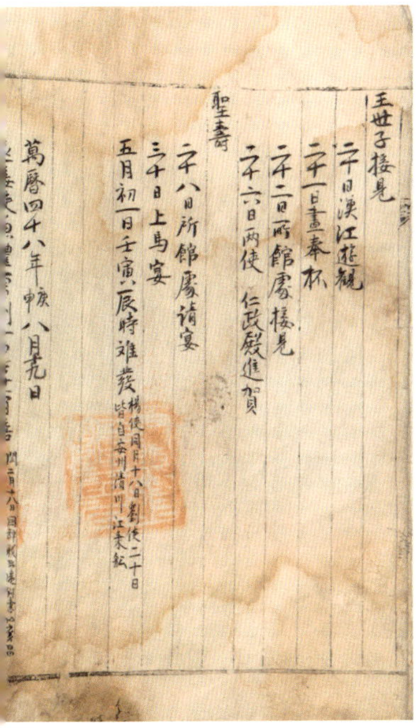
王世子接見
二十日漢江遊覽
二十一日晝奉杯
二十二日所館宴接見
二十六日兩使 仁政殿進賀
聖壽
二十八日所館宴請宴
三十日上馬宴
五月初一日壬寅辰時離發 楊使同月十八日劉使二十日皆自安州清川江來
萬曆四十八年庚申八月九日

朝鲜迎接明使刘鸿训杨道寅使团仪轨（天启元年）

朝鲜国王李倧表文：
为崇祯帝登基诏敕朝鲜国王王妃开读并赏赐彩币文锦事

崇祯元年四月二十五日（1628年5月28日）

中朝自明代洪武年间建立封贡关系后，双方的权利和义务十分明确。如宗主国明朝拥有天朝礼治体系下的敕封权、颁赏权、赐恤权及保卫藩属国安全等义务；而朝鲜作为藩属国则有履行奉正朔、朝贺、进贡、谢恩、奏请、问安、祭悼等义务。

明天启七年（1627）八月，崇祯帝即位，次年改元。崇祯元年（1628）二月二十六日，朝鲜陪臣权怗捧赍崇祯帝新登宝位诏敕及崇祯帝赐予朝鲜国王、王妃的彩币、文锦，朝鲜国王、王妃依照惯例开读诏书祇颂，“一心拱北，策砺驽钝，庶尽屏翰之忠，凭仗威灵，冀收桑榆之效”，并遣谢恩使赴北京呈送谢表。

朝鲜国王李倧表文
（崇祯元年四月二十五日）

朝鮮國王臣李倧
言崇禎元年貳月貳拾陸日
奏
聞陪臣權怗齎捧
皇帝新
登寶位
詔勅幷齎
欽賜臣及臣已綵幣文錦到國除欽依
開讀祇受外臣與一國臣民不勝感激謹奉
表稱
謝者臣倧誠惶誠恐稽首稽首
伏以
寶位
尊臨
盛[illegible]光被於率普
綸音誕降
殊恩迥出於尋常歡忭既深感戴彌切伏念臣猥以
庸陋叨守藩封承先人之緒餘恪遵侯度荷
列聖之覆燾幸保宗祧茲當
履端之
昌辰益霑
柔遠之
渥澤
敷大號之渙汗
錫以筐篚之珍
寵小邦之創殘
軫及饑饉之費
榮超恒例事絶前聞玆蓋伏遇
皇帝陛下
曆數在
躬
聰明作
后
陽開陰闔
治已著於維新
日照春噓
化自覃於無外遂
令鰈域亦蒙
鴻私臣敢不萬折趨東一心拱
北策礪駑鈍庶盡屛翰之忠憑伏
威靈冀收桑榆之效臣無任望
天仰
聖激切屛營之至謹奉
表稱
謝以
聞

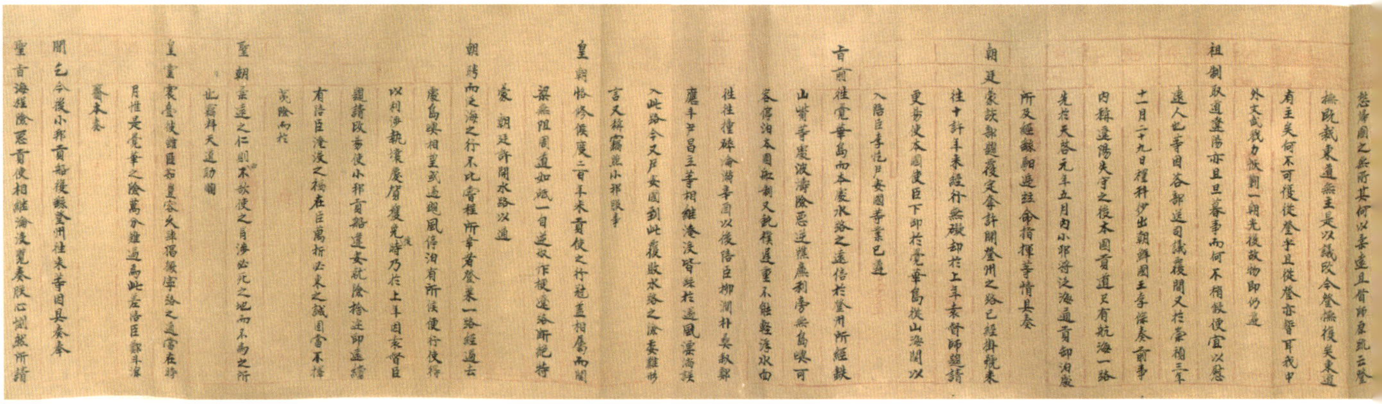

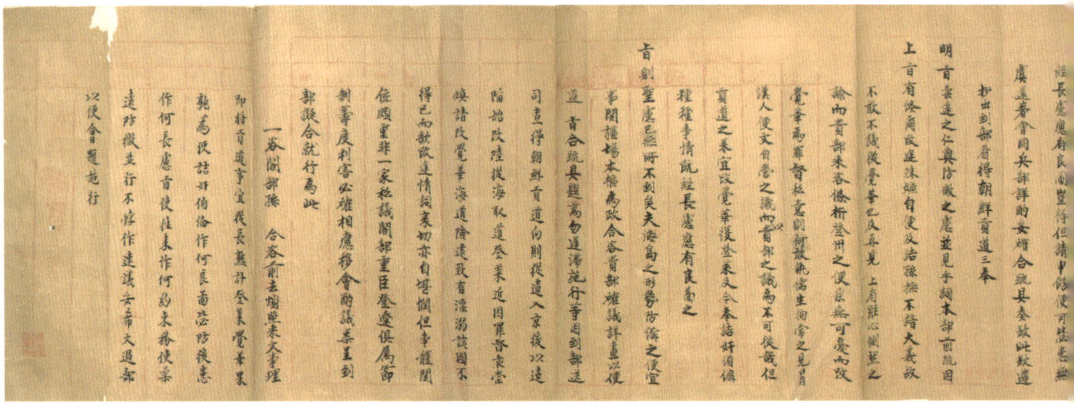

兵部行稿：

为朝鲜贡道改途令礼兵二部会议查考复咨事

崇祯四年正月初三日（1631 年 2 月 3 日）

明末清初辽东局势的变化，直接影响到朝鲜贡道的运行。自天启元年（1621）辽、沈被后金攻占以来，朝鲜贡道就不得不改陆从海，由登州（今山东省威海市文登区）陆行至京，海陆行程共 5500 多里，已行十年。崇祯二年(1629)，改朝鲜贡道由觉华岛(今属辽宁省兴城）水路行驶，凶险远倍于登州，先后有柳涧等五起使臣因风淹没。登莱巡抚孙元化奉旨议朝鲜贡道事，朝鲜国王李倧又

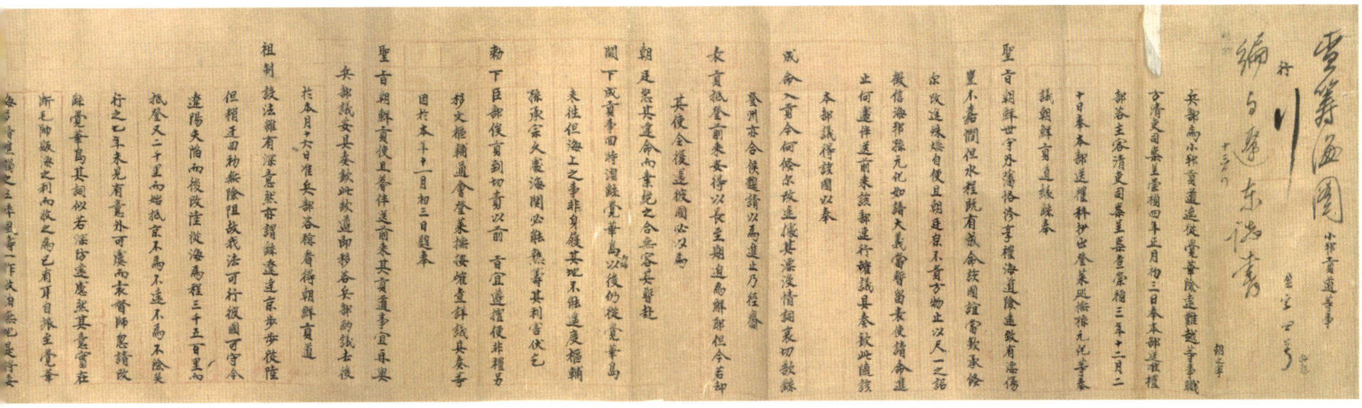

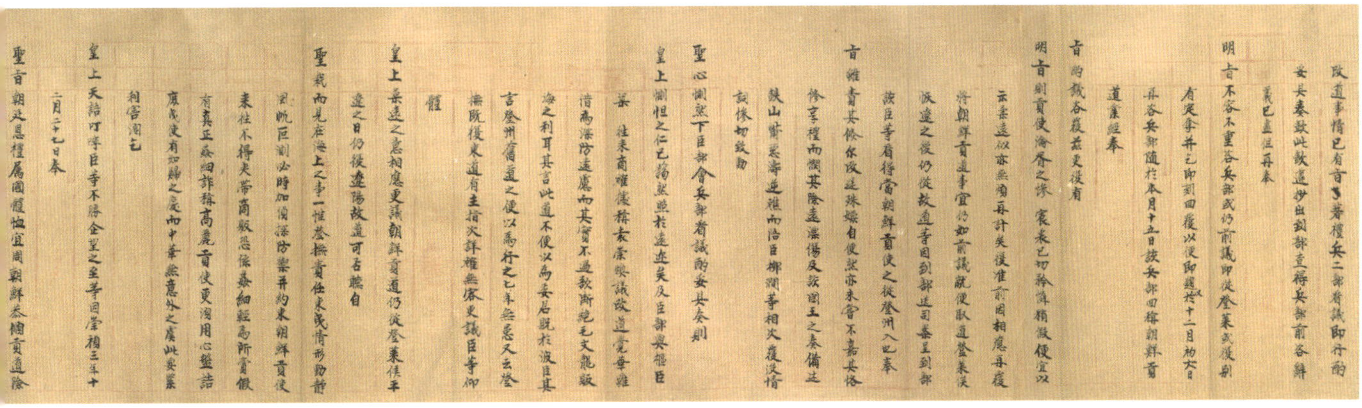

兵部行稿（崇祯四年正月初三日）

奏请“贡船复由登州往来”。崇祯三年十月，朝鲜以“觉华之险万分难过，差陪臣郑斗源径赍表贡抵登”，登莱巡抚孙元化以长至节（即冬至）在即，未及“请命”即委官伴送赴京，被责不谙大义。

崇祯四年十月初二，朝鲜贺至陪臣金蓍国奉表文押领六起方物进贡，取道宁远（今辽宁省兴城），沿山东长山岛西行，遭遇飓风，十七日漂到莱州（今山东省掖县）三山岛，请求登陆就道。山东巡抚余大成、巡按王道纯请求通融朝鲜使者从三山口就陆入贡，回程仍从觉华故道。闰十一月十四日奉圣旨准允。这件档案显示，后金势力兴起，阻断了从辽东觉华岛往来的朝鲜贡道，海行至登、陆行进京已成大势所趋。

於本月十六日准兵部咨稱看得朝鮮貢道

祖制設法雖有深意然毋謂繇遼達京步步從陸

但稍迂回初無險阻故我法可行彼國可守今

遼陽失陷而後改陸從海爲程三千五百里而

抵登又二千里而始抵京不爲不遠不爲不險矣

行之乙年未見有意外可虞而袁督師忽請改

繇覺華島其詞似若深防遠慮然其意實在

斷毛帥販海之利而收之爲己有耳自旅至覺華

来往但海上之事非身履其地不能遥度樞輔
孫承宗久處海関必能熟籌其利害伏乞
勅下臣部俟貢到切責以前 旨宜遵擅便非禮另
移文樞輔通會登萊撫按確查詳議具奏等
因於本年十一月初三日題奉
聖旨朝鮮貢使且著伴送前来其貢道事宜再與
兵部議妥具奏欽此欽遵即移咨兵部酌議去後

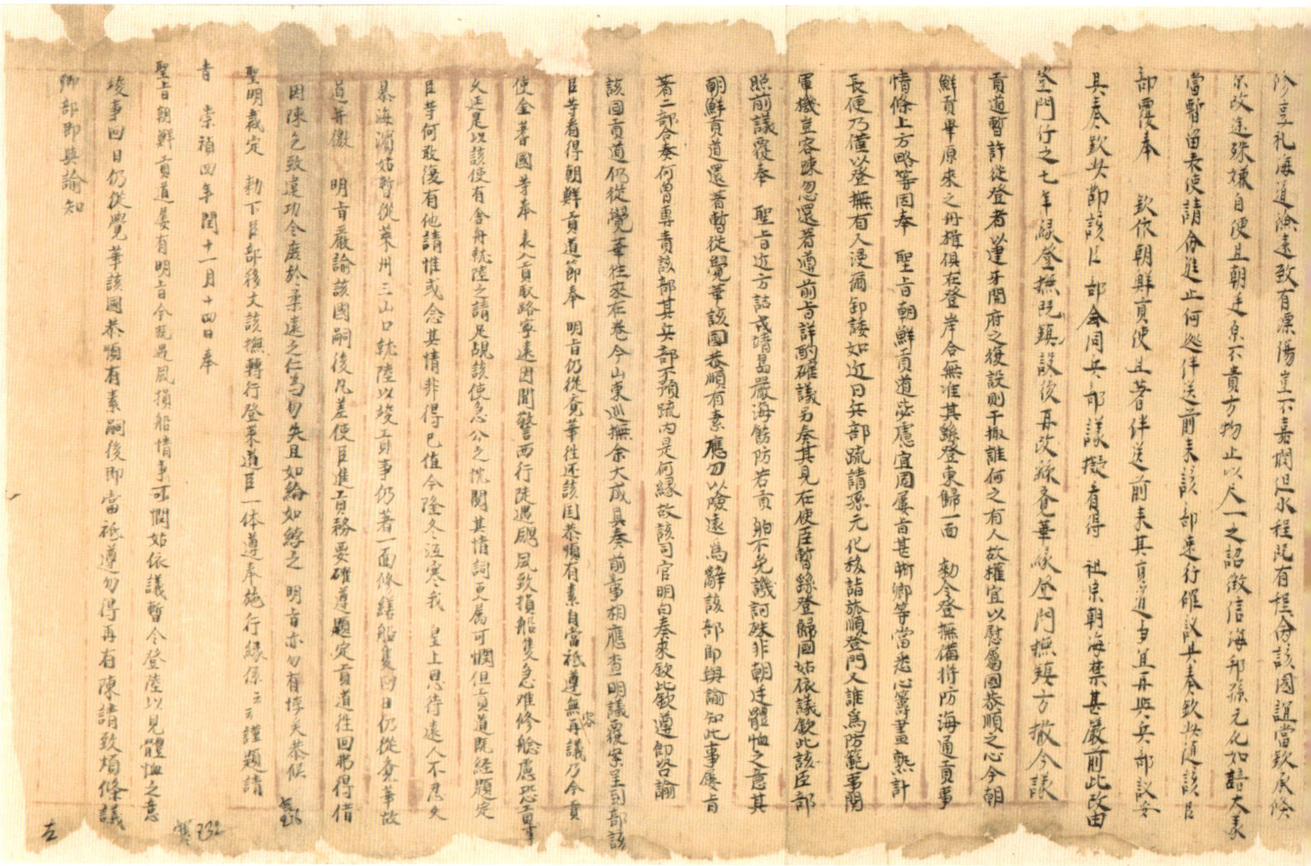

礼部尚书黄汝良等题本：

为俯察情恳朝鲜及期进贡事

崇祯四年十一月二十五日（1631 年 12 月 17 日）

崇祯三年（1630）十二月二十日，登莱巡抚孙元化奉议朝鲜贡道，朝鲜国王李倧又奏请“贡船复由登州往来”。兵部议复“就便取道登莱，俟复辽之后，仍从故道”。礼部赞同，唯期责令登抚侦探防御东夷情形，并“约束朝鲜贡使往来不得夹带商贩”，以防“真正奸细诈称高丽贡使”。圣旨以礼部前后两疏不一驳回，礼部回复因孙元化被诘及“罪督私意”，请再咨兵部及阁部孙承宗熟计贡道事宜，“务使柔远防微并行不悖”。此行稿即兵部催文会题施行，显示了明廷解决朝鲜贡道运行问题的程式和效率。

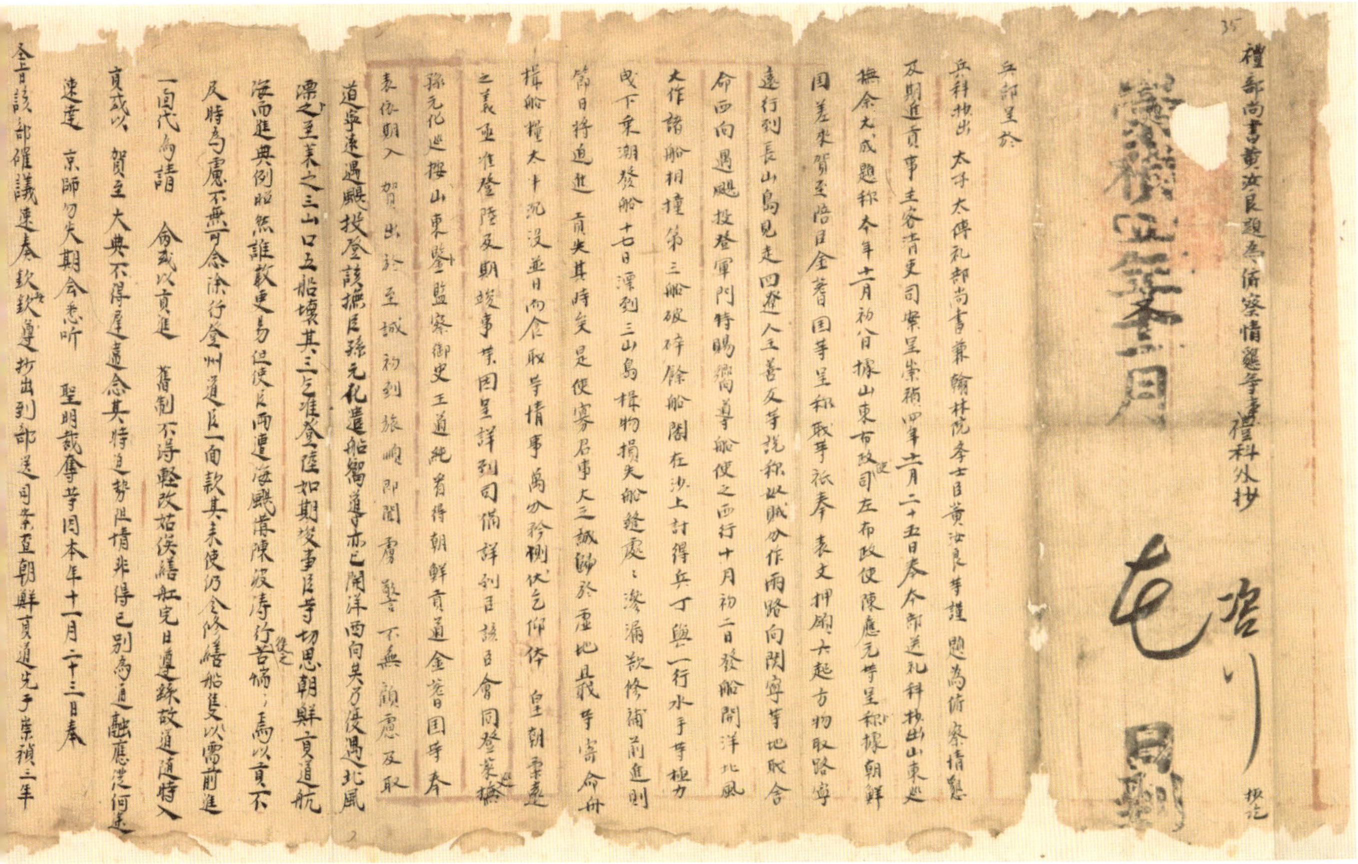

礼部尚书黄汝良等题本（崇祯四年十一月二十五日）

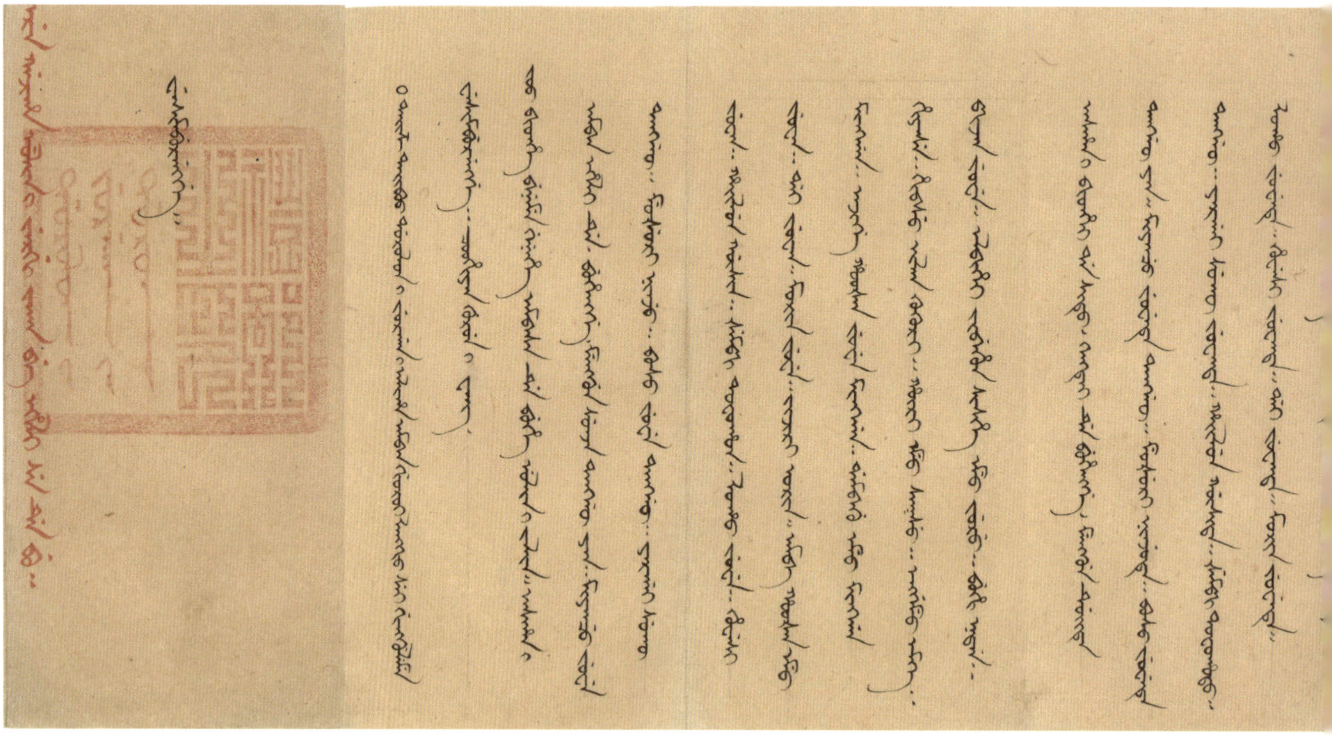

礼部尚书郎球等题本：

为朝鲜馈送清朝诏使财物仍给发事

顺治十一年十一月二十四日（1655 年 1 月 1 日）

明清时期中朝两国使臣往来频繁，中国皇帝与朝鲜国王根据本国相关制度，给予使臣们不同的赏赐和馈送。该满文题本为礼部尚书郎球等为朝鲜国王馈送清朝赍诏使臣额赫礼、希图、铿特三人财物分发一事，包括：银 500 至 400 两不等，绵布各 200 匹，高丽夏布各 60 匹，豹皮各 10 张，水獭皮各 30 张，绿斜皮各 15 张，腰刀各 2 把，小刀各 10 把，带各 10 条，马各 2 匹，竹席各 20 张，大纸各 1000 张，小纸各 2000 张，烟草各 1000 匣，蜂蜜 3 桶，松子 1 篓，皮箱 2 只，貉皮被褥 1 套，鹿皮 7 张。该题本开面批红意为：财物着额赫礼等人领去。

礼部尚书郎球等题本（顺治十一年十一月二十四日）

朝鲜刀（故宫博物院藏）

乾隆帝谕旨：

着朝鲜国王馈送清使臣白金仪物等减半

雍正十三年十二月二十四日（1736年2月5日）

明清时期的中朝关系，既有一脉相承之处，也经历了动荡和变化。因为明清鼎革易代的影响，清朝与朝鲜的封贡关系，起初是建立在武力征服和外交强制基础上的，清初对朝鲜贡使、贡物等都带有政治压迫、经济掠夺的性质，规定严苛。但在清朝统治稳固之后，中朝关系逐渐趋于正常并逐渐回归传统封贡关系的轨道：朝鲜依然是中国最为典型的藩国，即上谕所谓“朝鲜国久列藩封，最为恭顺”的内涵；而清朝也不断通过各项措施，成功地消除了朝鲜的抵触情绪。其中一个重要措施即不断削减贡物，减轻朝鲜负担。乾隆帝的这条上谕，不仅考虑到在减免朝鲜负担的同时维系藩国感情，而且细致到要照顾朝鲜“国王有歉于心”的想法，谕令此后“凡馈送白金仪物等项，悉按旧例裁减一半，永着为令”，是清朝怀柔首要藩国的一项具体措施。

雍正十三年十二月二十四日總理事務王
大臣奉
上諭朝鮮國感戴我朝之恩虔修職貢甚為恭敬
凡大臣官員之差往彼國者向有餽送儀物之
舊例朕以厚往薄来為念若令使臣照例收受
恐該國不免繁費若槩不收受又恐該國王以
使臣遠涉缺餽贐之禮有歉於心著從此次詔
使始凡餽送白金儀物等項悉按舊例裁減一
半永著為令該部即行文該國王遵行欽此

乾隆帝谕旨（雍正十三年十二月二十四日）

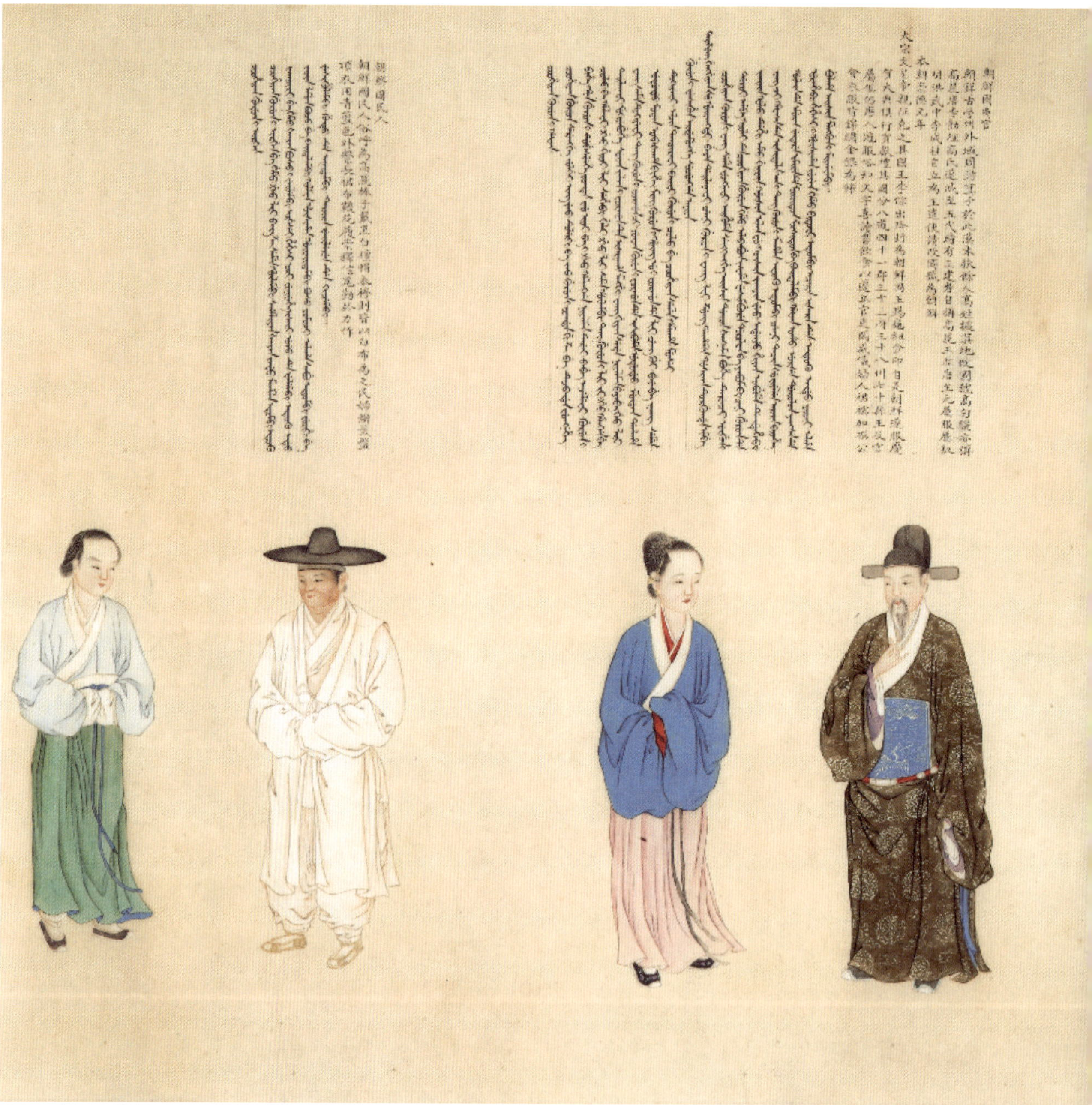

《皇清职贡图》

乾隆朝

《皇清职贡图》是乾隆帝命丁观鹏、金廷标等人所绘的四卷纸本画卷，纵 33.6 厘米，横 1941.3 厘米，上钤皇帝宝玺，首尾各缀以刘统勋、董邦达、于敏中等十余大臣的和

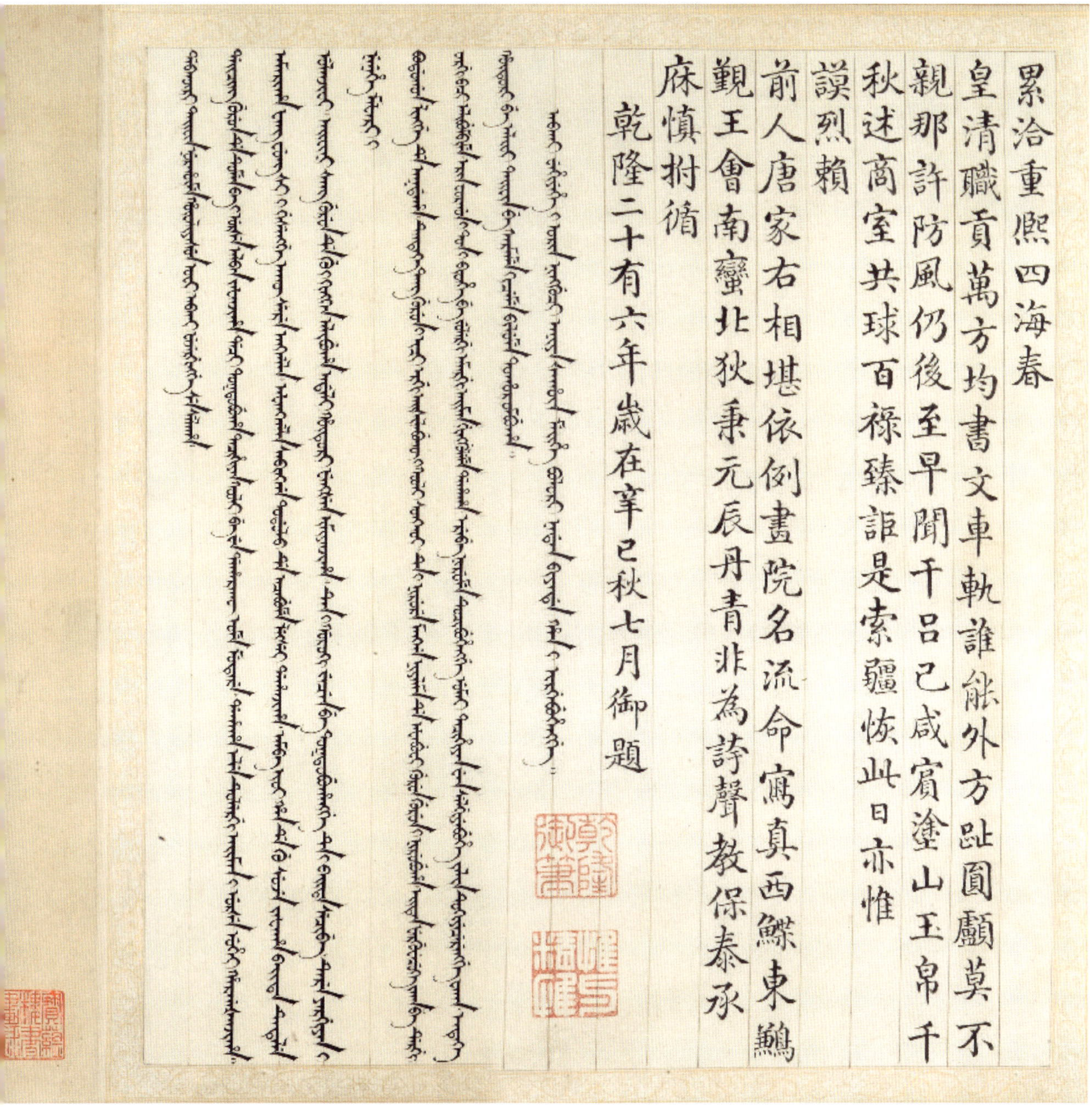
累洽重熙四海春
皇清職貢萬方均書文車軌誰能外方趾圓顱莫不
親那許防風仍後至早聞千呂已咸賓塗山玉帛千
秋述商室共球百祿臻詎是索疆恢此日亦惟
謨烈賴
前人唐家右相堪依例畫院名流命寫真西鰈東鶼
覲王會南蠻北狄秉元辰丹青非為誇聲教保泰承
庥慎拊循
乾隆二十有六年歲在辛巳秋七月御題

《皇清职贡图》（故宫博物院藏）

诗及傅恒、来保所撰跋语，全图共有工笔重彩画面290段，描绘外国及边疆少数民族人物形象。每段都有满汉合璧的简要题记，介绍图绘民族的地理方位、历史沿革、衣食住行、婚丧风俗、宗教信仰、文学艺术、习俗禁忌等内容，并绘有朝鲜官民，具有极高的历史价值和艺术价值。

管理礼部事务和硕履亲王允裪等题本：

为朝鲜国进香致祭世宗宪皇帝事

乾隆元年二月初八日（1736年3月19日）

礼部尚书德明等题本：

为颁赏朝鲜国王李祘差遣来京进香正副使臣事

嘉庆四年五月二十一日（1799年6月23日）

进香，始于周人点火生烟以祭天的烟祀，后成为祭祀亡故之人的代称。

在清代档案中，也可以看到朝鲜致祭康熙、雍正、乾隆三帝的情况及清廷对来使赏赐的情况:(1)祭悼康熙帝。雍正元年(1723)三月，朝鲜国王李昀派陪臣祭悼康熙帝，所进香烛、白银、果品、清蜜等物交内务府，并备办连饭桌、羊只、烧黄酒及苎布、绵绸、纸张等交工部。(2)祭悼雍正帝。乾隆元年（1736）二月，朝鲜国王李昑遣陪臣李樘恭捧祭文、礼物致祭。祭文交内阁翻译，礼物有沉速香、芙蓉香、银香盒、画龙烛、大烛台、白银、白细苎布、白细绵绸、白绵纸、白纸、果品、清蜜等分别交内务府、工部，同时备办连饭桌、羊只、烧黄酒等，亦交工部。由钦天监择日，朝鲜国使臣行礼并读内阁所译祭文。(3)祭悼乾隆帝。嘉庆四年(1799)五月，朝鲜国王李祘差具敏和、金履翼为正副使共48人到京师祭悼乾隆帝，分别受赐大缎、帽缎、彭缎、绸、纺丝、白银、毡袜、皮靴、漆鞍、马匹不等，在午门前颁给。

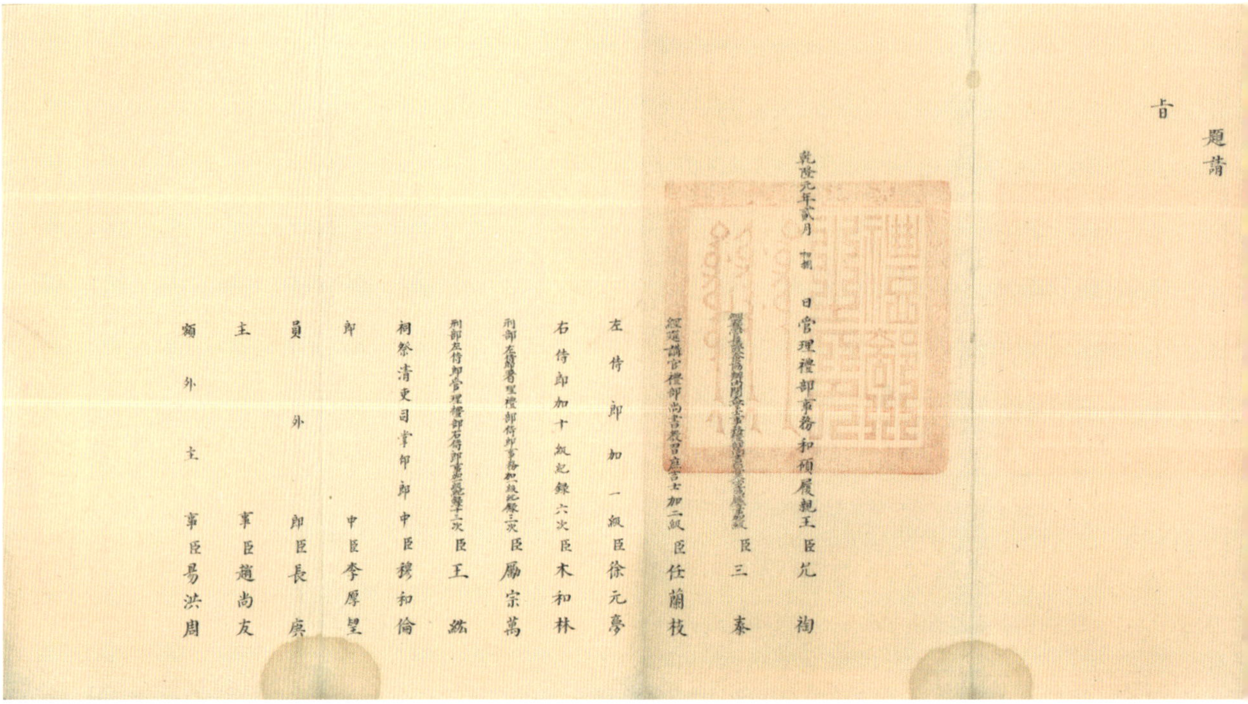
請
題
旨
乾隆元年貳月初八日管理禮部事務和碩履親王臣允祹
[illegible]臣三泰
經筵講官禮部尚書教習庶吉士加二級臣任蘭枝
左侍郎加一級臣徐元夢
右侍郎加十級紀錄六次臣木和林
刑部左侍郎署理禮部侍郎事務加一級紀錄三次臣勵宗萬
刑部左侍郎管理禮部右侍郎事務[illegible]紀錄十三次臣王紘
祠祭清吏司掌印郎中臣穆和倫
郎中臣李厚望
員外郎臣長庚
主事臣趙尚友
額外主事臣易洪周

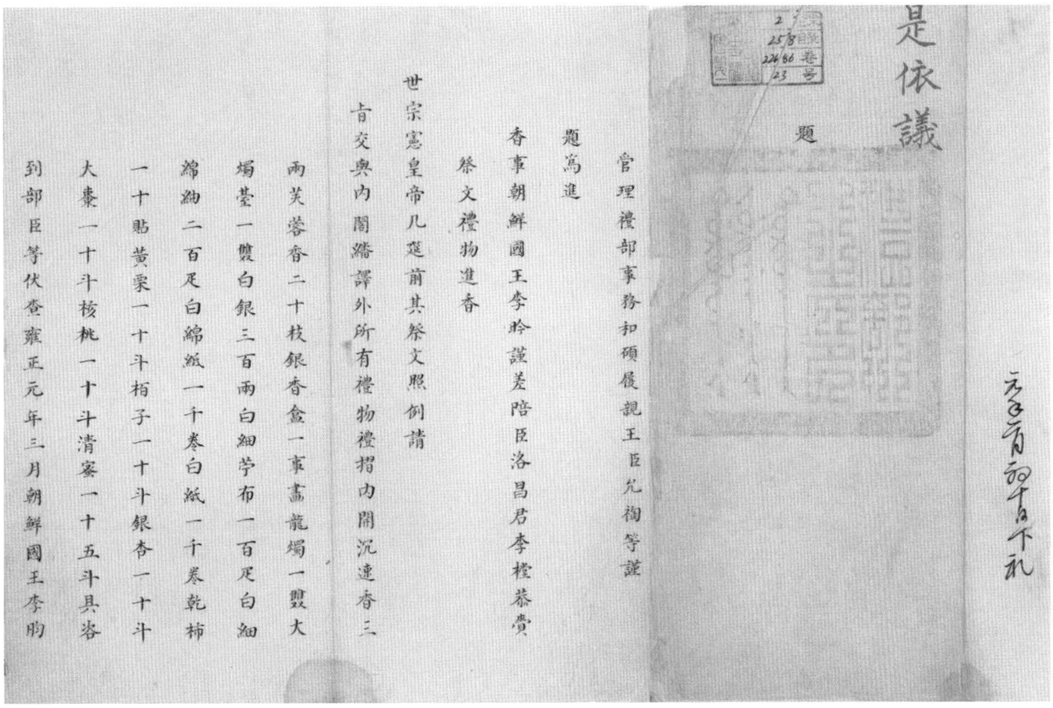

元年二月初十日下礼
是依議
題
管理禮部事務和碩履親王臣允祹等謹
題爲進
香事朝鮮國王李昑謹差陪臣洛昌君李樘恭賫
祭文禮物進香
世宗憲皇帝几筵前其祭文照例請
旨交與内閣繙譯外所有禮物禮摺内開沉速香三
兩芙蓉香二十枝銀香盒一事畫龍燭一雙大
燭臺一雙白銀三百兩白細苧布一百疋白細
綿紬二百疋白綿紙一千卷白紙一千卷乾柿
一十貼黄栗一十斗栢子一十斗銀杏一十斗
大棗一十斗核桃一十斗清蜜一十五斗具咨
到部臣等伏查雍正元年三月朝鮮國王李昀

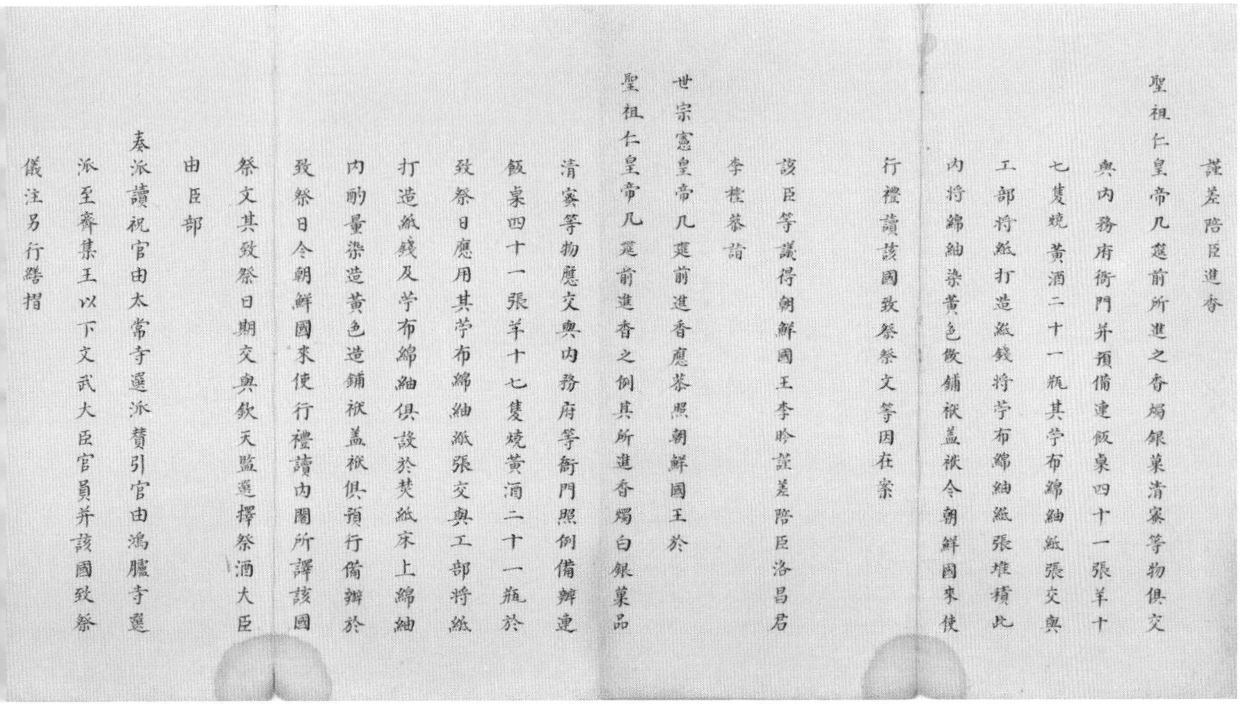

謹差陪臣進香
聖祖仁皇帝几筵前所進之香燭銀菓清蜜等物俱交
與内務府衙門并預備連飯桌四十一張羊十
七隻燒黄酒二十一瓶其苧布綿紬紙張交與
工部將紙打造紙錢將苧布綿紬紙張堆積此
内將綿紬染黄色做鋪袱蓋袱令朝鮮國來使
行禮讀該國致祭祭文等因在案
該臣等議得朝鮮國王李昑謹差陪臣洛昌君
李樘恭詣
世宗憲皇帝几筵前進香應恭照朝鮮國王於
聖祖仁皇帝几筵前進香之例其所進香燭白銀菓品
清蜜等物應交與内務府等衙門照例備辦連
飯桌四十一張羊十七隻燒黄酒二十一瓶於
致祭日應用其苧布綿紬紙張交與工部將紙
打造紙錢及苧布綿紬俱設於焚紙床上綿紬
内酌量染造黄色造鋪袱蓋袱俱預行備辦於
致祭日令朝鮮國來使行禮讀内閣所譯該國
祭文其致祭日期交與欽天監選擇祭酒大臣
由臣部
奏派讀祝官由太常寺選派贊引官由鴻臚寺選
派至齊集王以下文武大臣官員并該國致祭
儀注另行繕摺

管理礼部事务和硕履亲王允祹等题本（乾隆元年二月初八日）

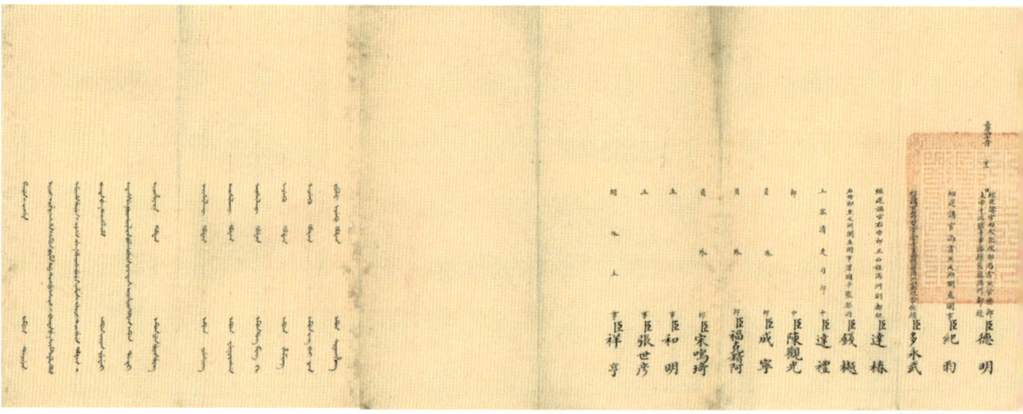
臣德明
臣紀昀
臣多永武
臣達椿
臣錢樾
臣達禮
臣陳觀光
臣成寧
臣福克精阿
臣宋鳴琦
臣和明
臣張世彦
臣祥亨

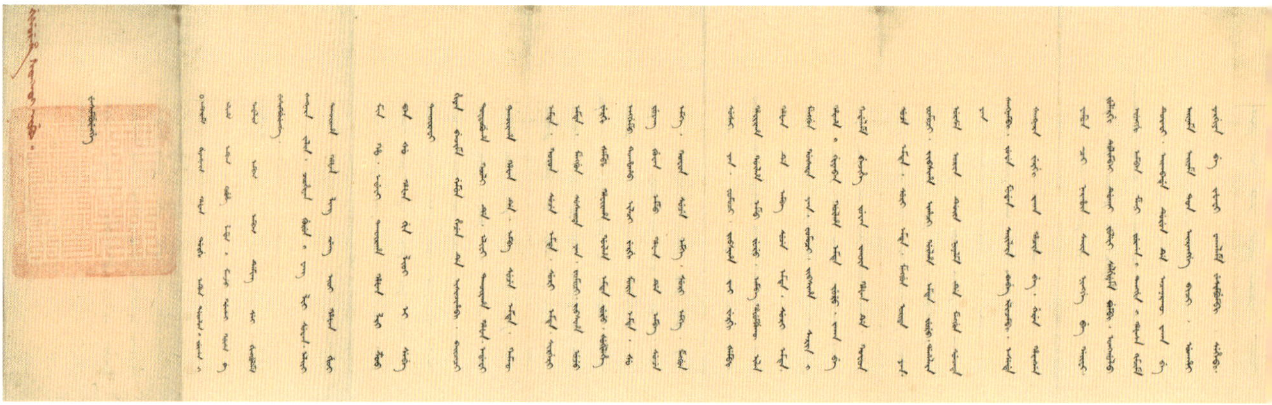

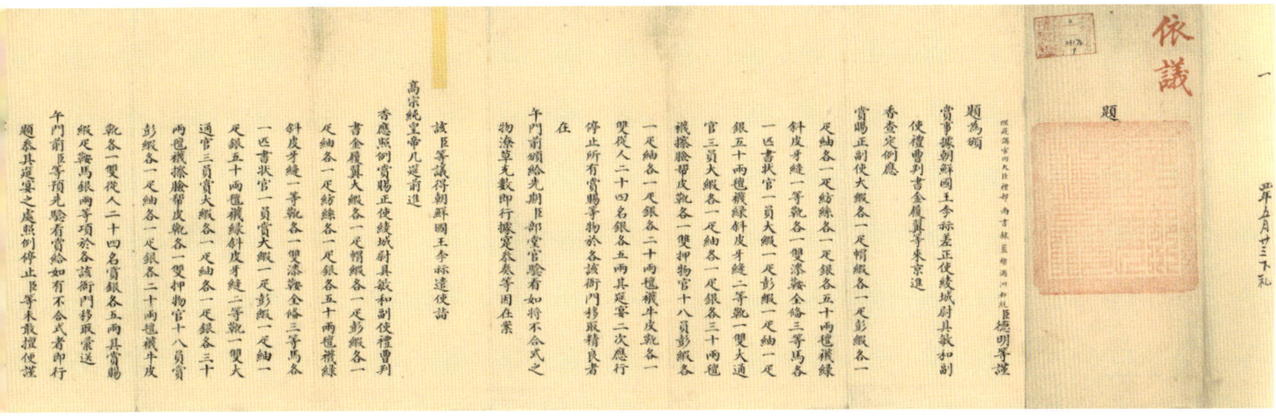
一
四年五月廿三下札
依議
題
經筵講官內大臣禮部尚書鑲藍旗滿洲都統臣德明等謹
題為頒
賞事據朝鮮國王李祘差正使綾城尉具敏和副
使禮曹判書金履翼等來京進
香查定例應
賞賜正副使大緞各一疋帽緞各一疋彭緞各一
疋紬各一疋紡絲各一疋銀各五十兩氈襪緑
斜皮牙縫一等靴各一雙漆鞍全緌三等馬各
一匹書狀官一員大緞一疋彭緞一疋紬一疋
銀五十兩氈襪緑斜皮牙縫二等靴一雙大通
官三員大緞各一疋紬各一疋銀各三十兩氈
襪搽臉帮皮靴各一雙押物官十八員彭緞各
一疋紬各一疋銀各二十兩氈襪牛皮靴各一
雙從人二十四名銀各五兩其筵宴二次應行
停止所有賞賜等物於各該衙門移取精良者
在
午門前頒給先期臣部堂官驗看如將不合式之
物潦草充數即行據實參奏等因在案
該臣等議得朝鮮國王李祘遣使詣
高宗純皇帝几筵前進
香應照例賞賜正使綾城尉具敏和副使禮曹判
書金履翼大緞各一疋帽緞各一疋彭緞各一
疋紬各一疋紡絲各一疋銀各五十兩氈襪緑
斜皮牙縫一等靴各一雙漆鞍全緌三等馬各
一匹書狀官一員賞大緞一疋彭緞一疋紬一
疋銀五十兩氈襪緑斜皮牙縫二等靴一雙大
通官三員賞大緞各一疋紬各一疋銀各三十
兩氈襪搽臉帮皮靴各一雙押物官十八員賞
彭緞各一疋紬各一疋銀各二十兩氈襪牛皮
靴各一雙從人二十四名賞銀各五兩其賞賜
緞疋鞍馬銀兩等項於各該衙門移取彙送
午門前臣等預先驗看賞給如有不合式者即行
題參其筵宴之處照例停止臣等未敢擅便謹

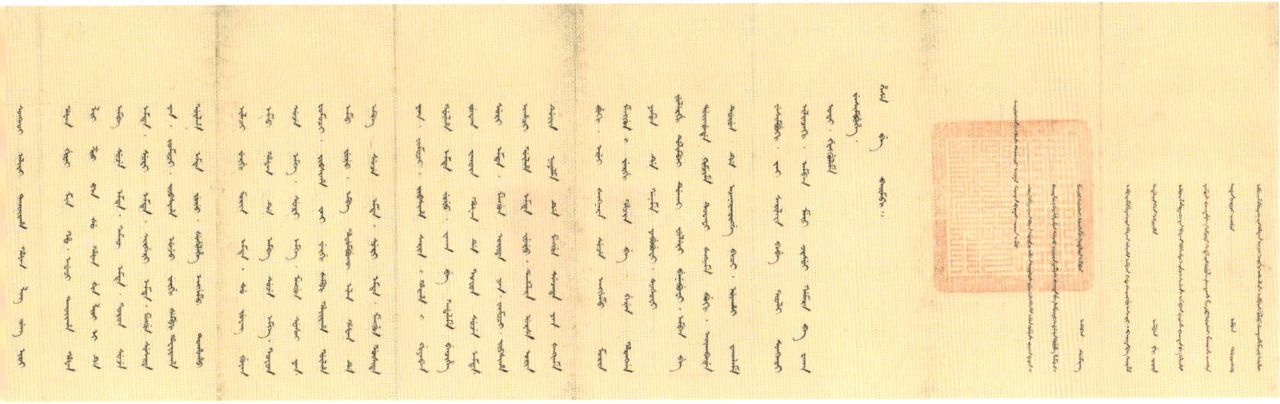

礼部尚书德明等题本（嘉庆四年五月二十一日）

乾隆帝谕旨：

着中江税官实力稽查内地商民与朝鲜人贸易均平

乾隆元年十二月初七日（1737年1月7日）

中江是清代中朝边境互市的三个地点之一，为朝鲜义州与中国凤凰城（今辽宁省丹东市凤城市）之间的鸭绿江中的小岛，其开市贸易始于后金天聪元年（1627）皇太极向朝鲜国王要求粮食交易的信函："两国相好若不交相开市，似乎疏远，吾所以有开市之议也……我国粮石若止供本国民人，原自充裕。……因归附之国多，概加赡养，所以米粟不敷"，要求进行粮食贸易。因此，次年，以粮食交易为主的中江贸易拉开了序幕。清入关后，驻守凤凰城附近"出则为兵、入则为民"的八旗官兵农具、粮食等生活物资奇缺，朝鲜再次"从清人之请"，开市于中江，解决了八旗官兵的部分供给问题，并逐渐扩大交易范围、交易人群，规范交易模式、税收制度。

清入关后，中方参与中江贸易的人员主要为凤凰城附近驻守的八旗官兵。乾隆元年（1736）中方参与中江贸易的人员中出现了内地商民的身影。这件上谕明确反映了当时贸易人群的变化情况和乾隆帝"均平交易"的理念。

乾隆元年十二月初七日總理事務王大臣奉
上諭朝鮮歸順我朝恪守藩封之職累世恭謹向來
八旗臺站官兵於每年二八月間攜帶貨物前往
中江與朝鮮貿易朕思旗人等俱有看守巡查之
責原無暇貿易且亦不諳貿易之事遠人到邊恐
致稽遲守候多有未便嗣後著内地商民與朝鮮
國人貿易即令中江稅官實力稽查務須均平交
易毋得勒掯滋擾以示朕加惠遠人之至意該
并將此傳諭朝鮮國王知之欽此

乾隆帝谕旨（乾隆元年十二月初七日）

皇上睿鑒交奉天府尹確估修理可也為此謹

奏請

旨

乾隆肆年肆月拾伍日 盛京禮部侍郎奴才德福

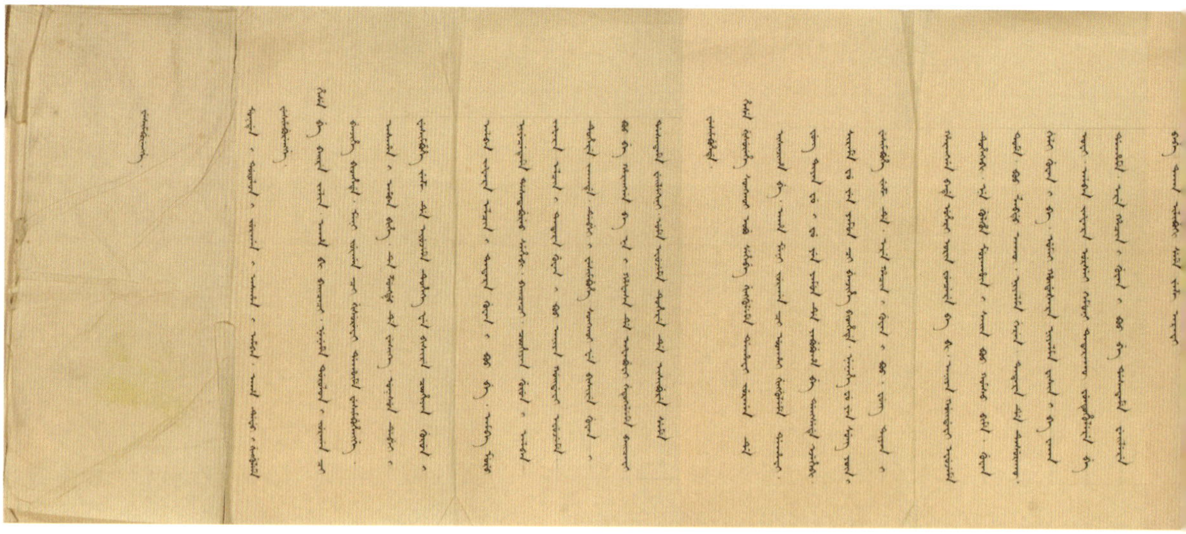

盛京礼部侍郎德福奏折：

为朝鲜贡使馆舍请交奉天府尹确估修理事

乾隆四年四月十五日（1739 年 5 月 22 日）

协理山东道事监察御史禄谦奏折：

为朝鲜贡使路途艰险宜在中江至凤凰城适中处修造公馆等事

乾隆六年十一月初七日（1741 年 12 月 14 日）

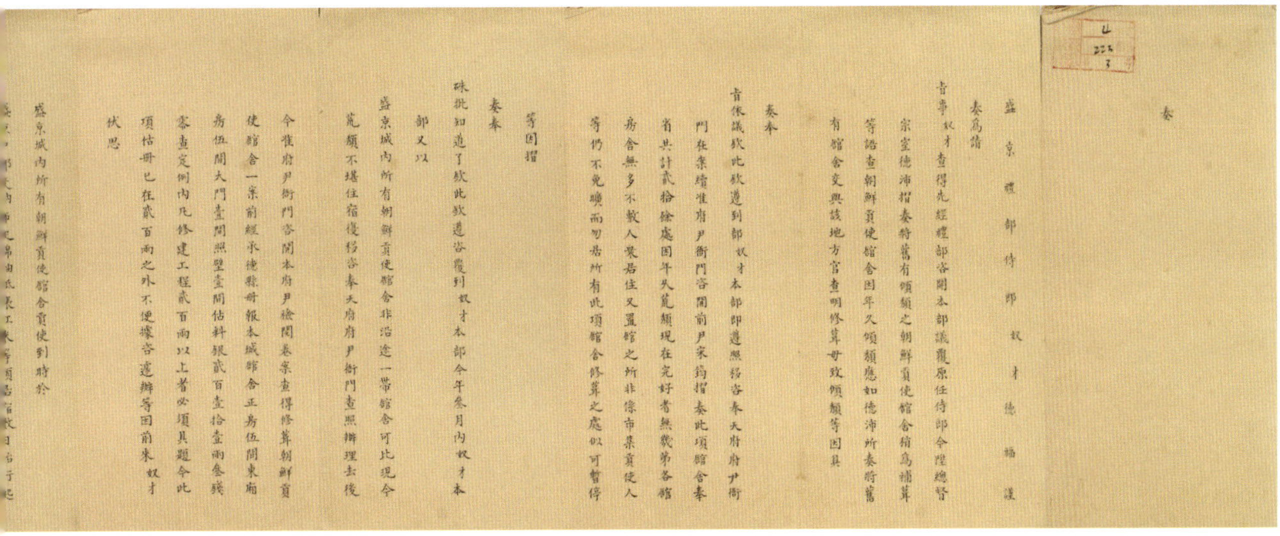

奏

盛京禮部侍郎奴才德福謹

奏為請

旨事。奴才查得先經禮部咨開本部議覆原任侍郎今陞總督

宗室德沛摺奏特舊有頹壞之朝鮮貢使館舍稍為補葺

等語查朝鮮貢使館舍因年久頹壞應如德沛所奏將舊

有館舍交與該地方官查明修葺毋致頹壞等因具

奏奉

旨依議欽此欽遵到部。奴才本部即遵照移咨奉天府府尹衙

門在案續准府尹衙門咨開前府尹宋筠摺奏此項館舍奉

省共計貳拾餘處因年久荒頹現在完好者無幾第各館

房舍無多不敷人衆居住又置館之所非係市集貢使人

等仍不免曠而勿居所有此項館舍修葺之處似可暫停

等因摺

奏奉

硃批知道了欽此欽遵咨覆到。奴才本部今年叁月內奴才本

部又以

盛京城內所有朝鮮貢使館舍非沿途一帶館舍可比現今

荒頹不堪住宿復移咨奉天府府尹衙門查照辦理去後

今准府尹衙門咨開本府尹檢閱卷案查得修葺朝鮮貢

使館舍一案前經承德縣冊報本城館舍正房伍間東廂

房伍間大門壹間照壁壹間估料銀貳百壹拾壹兩叁錢

零查定例內凡修建工程貳百兩以上者必須具題今此

項估冊已在貳百兩之外不便據咨遽辦等因前來。奴才

伏思

盛京城內所有朝鮮貢使到時於

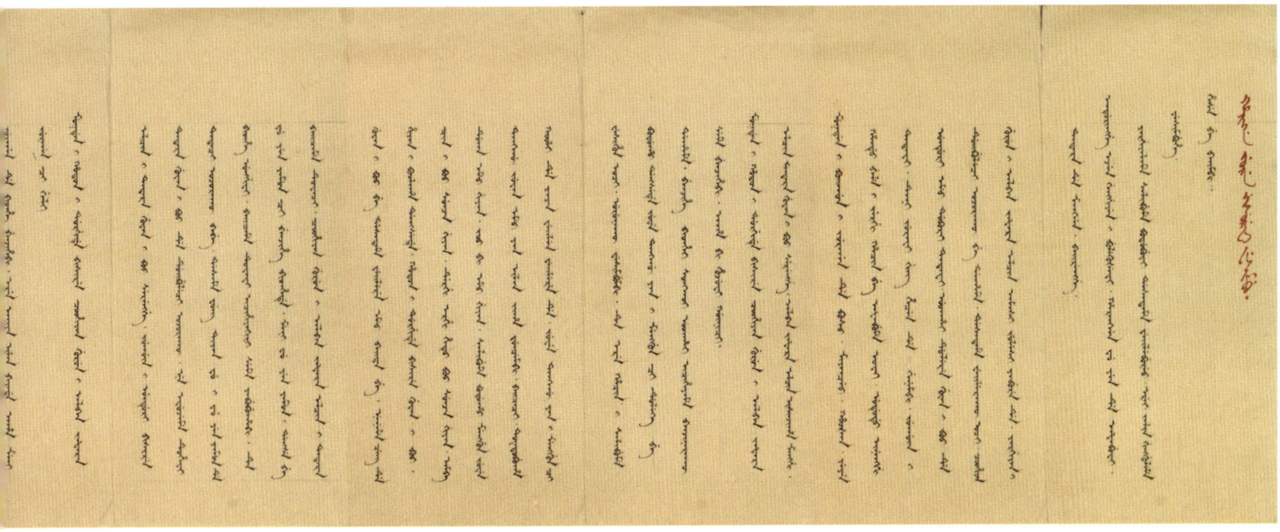

盛京礼部侍郎德福奏折（乾隆四年四月十五日）

崇德二年（1637），清朝与朝鲜建立封贡关系，规定朝鲜每年进贡一次，且与皇帝万寿圣节、元日、冬至三大节并为四贡同进，以减轻朝鲜使臣路途奔波的辛苦。雍正七年（1729）再度降旨：“朝鲜国世笃恭顺，虔修职贡。昔蒙世祖章皇帝轸念藩封，特颁敕谕，令圣节、元旦、冬至表仪，皆准与年贡同进，以彰柔远至意。近见该国王于领受赏赉等事，皆遣使臣赍表奏谢，朕念该国距京三千余里，贡使往来，未免劳费。嗣后凡属谢恩表章，皆着与三大节表，一同赍奏，不必特遣使臣。永着为例。”为减轻每年隆冬时节启程赴京的朝鲜使臣，特别是跟役人员路途之中旷野露宿或为风寒、野兽侵袭的问题，贡使馆舍的维修得到了清政府地方官员的重视。但由于贡使团队人数不等，馆舍闲置日多，修葺贡使馆舍一事悬而未决。后改为听任使团在人烟稠密村庄赁屋居住，由地方官代为预订，并加强沿途官兵护送。

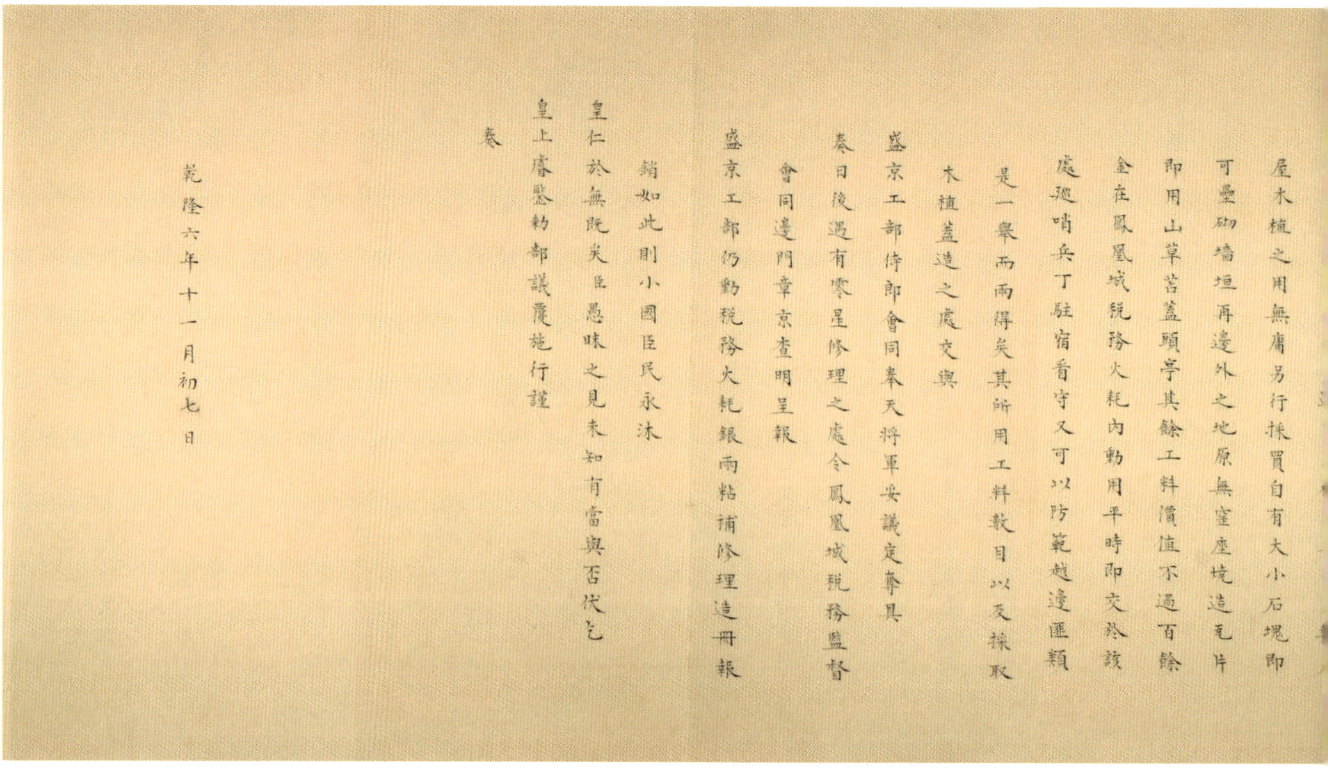

屋木植之用無庸另行採買自有大小石塊即
可壘砌墻垣再邊外之地原無室座燒造毛片
即用山草苫蓋頤亭其餘工料價值不過百餘
金在鳳凰城稅務火耗內動用平時即交於該
處巡哨兵丁駐宿看守又可以防範越邊匪類
是一舉而兩得矣其所用工料數目以及採取
木植蓋造之處交與
盛京工部侍郎會同奉天將軍安議定奪具
奏日後遇有零星修理之處令鳳凰城稅務監督
會同邊門章京查明呈報
盛京工部仍動稅務火耗銀兩粘補修理造冊報
銷如此則小國臣民永沐
皇仁於無既矣臣愚昧之見未知有當與否伏乞
皇上睿鑒勅部議覆施行謹
奏
乾隆六年十一月初七日

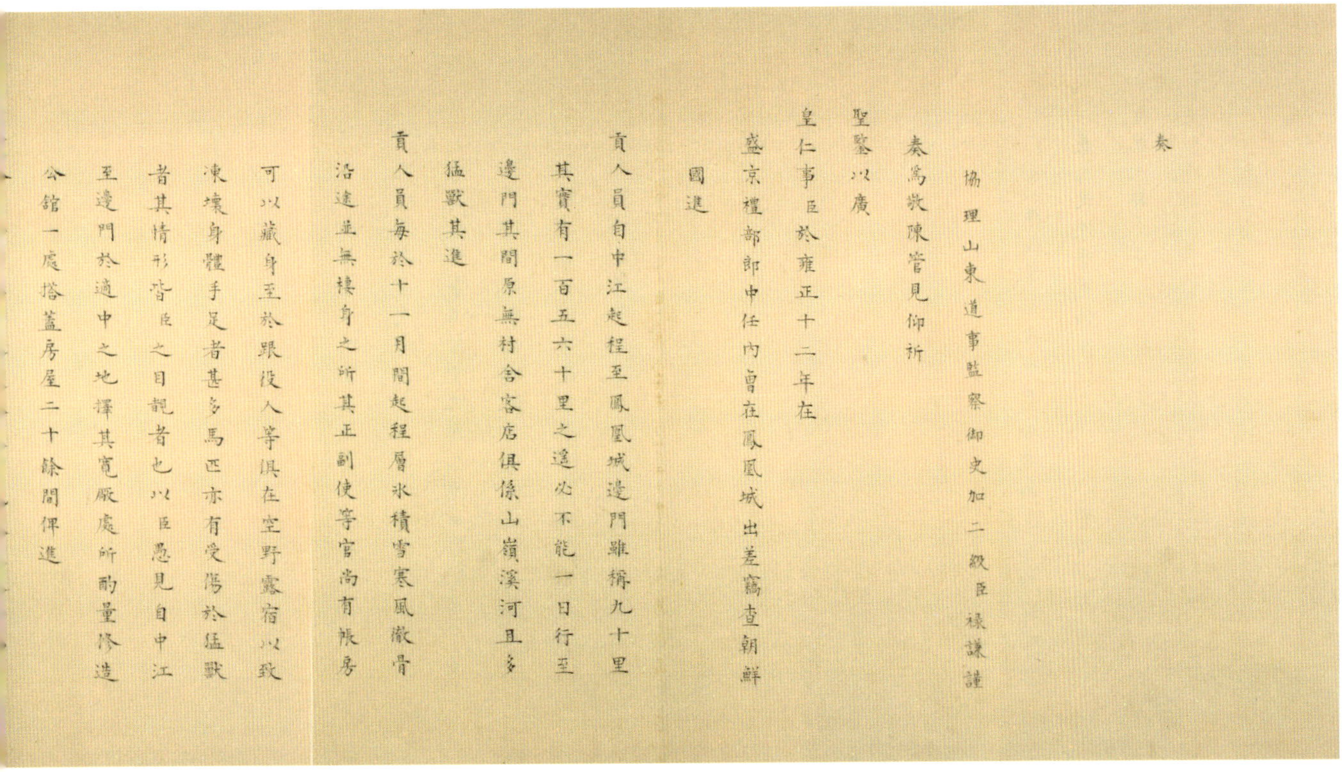
奏

協理山東道事監察御史加二級臣禄謙謹

奏為敬陳管見仰祈

聖鑒以廣

皇仁事臣於雍正十二年在

盛京禮部郎中任內曾在鳳凰城出差竊查朝鮮

國進

貢人員自中江起程至鳳凰城邊門雖稱九十里

其實有一百五六十里之遙必不能一日行至

邊門其間原無村舍客店俱係山嶺溪河且多

猛獸其進

貢人員每於十一月間起程層冰積雪寒風徹骨

沿途並無棲身之所其正副使等官尚有帳房

可以藏身至於跟役人等俱在空野露宿以致

凍壞身體手足者甚多馬匹亦有受傷於猛獸

者其情形皆臣之目覩者也以臣愚見自中江

至邊門於適中之地擇其寬敞處所酌量修造

公館一處搭蓋房屋二十餘間俾進

协理山东道事监察御史禄谦奏折（乾隆六年十一月初七日）

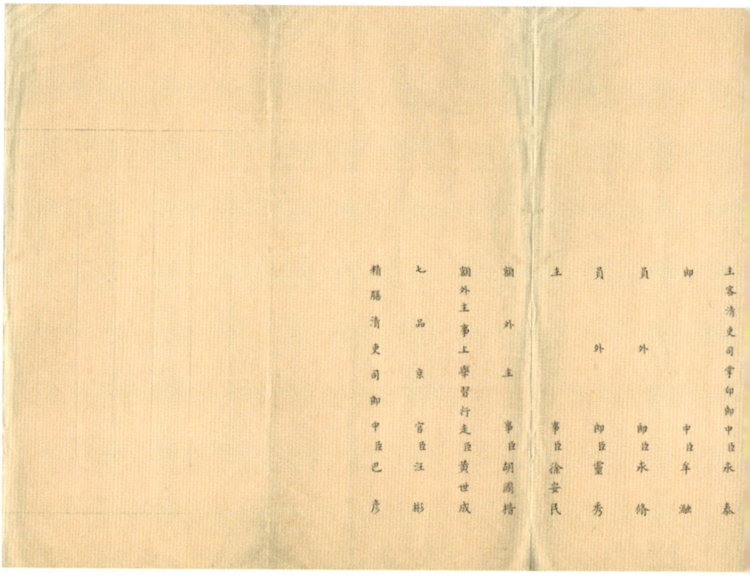

主客清吏司掌印郎中臣永泰
郎中臣年灝
員外郎臣永倚
員外郎臣靈秀
主事臣涂安民
額外主事臣胡國楷
額外主事上學習行走臣黄世成
七品京官臣汪彬
精膳清吏司郎中臣巴彥

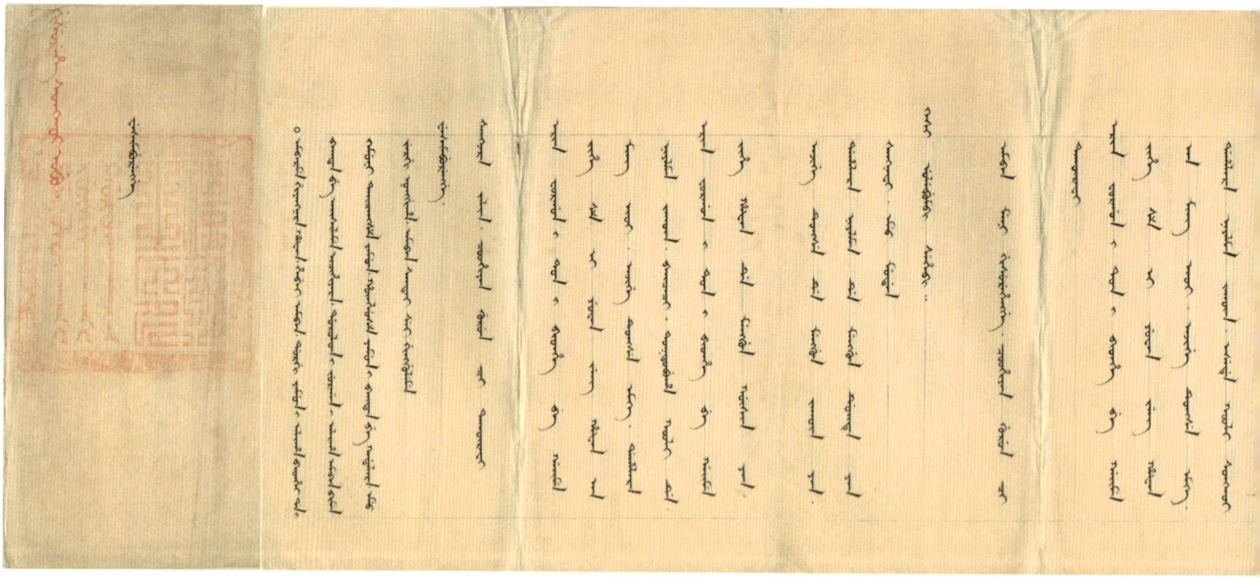

礼部尚书三泰等题本：

为朝鲜司译院院正安命禹等祇领时宪书照例赏银赐宴请旨事

乾隆五年十月十六日（1740 年 12 月 4 日）

明清时期，中朝在东亚长期的历史发展进程中达成共识，尊奉以和平共存为基础的华夷秩序，形成稳固的封贡关系。奉明清正朔，即是该秩序下中朝关系的具体表征之一。

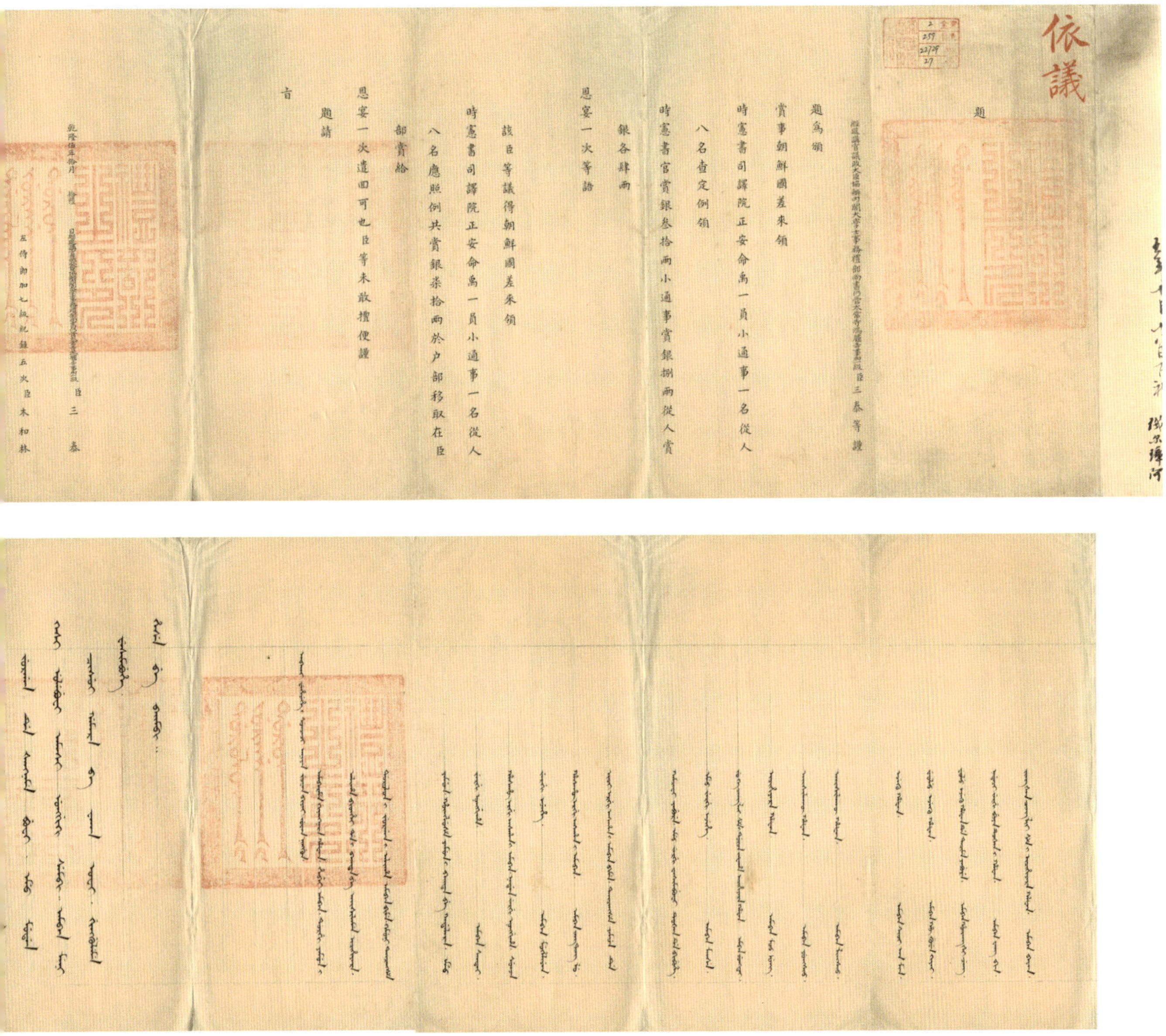

依議

題

經筵講官議政大臣協辦內閣大學士事務禮部尚書仍管太常寺鴻臚寺事加三級臣三泰等謹

題為領
賞事朝鮮國差來領
時憲書司譯院正安命禹一員小通事一名從人
八名查定例領
時憲書官賞銀叁拾兩小通事賞銀捌兩從人賞
銀各肆兩
恩宴一次等語
該臣等議得朝鮮國差來領
時憲書司譯院正安命禹一員小通事一名從人
八名應照例共賞銀柒拾兩於户部移取在臣
部賞給
恩宴一次遣回可也臣等未敢擅便謹
題請
旨

乾隆伍年拾月拾陸日 [illegible] 臣三泰
左侍郎加七級紀錄五次臣木和林

礼部尚书三泰等题本（乾隆五年十月十六日）

清制，每岁孟冬清廷颁朔，即按西洋历算法为基础编制时宪历（乾隆朝避弘历名讳改称“时宪书”），对国家典礼、民众生活和外交关系都具有重要的意义。届时朝鲜派出赍咨官一人、小通事一人及从人等官役赴京师（今北京）祇领《时宪书》，清廷颁赏一行人等，领时宪书赍咨官获赏银 30 两，小通事 8 两，从人各 4 两。所有赏银从户部领取，由礼部颁给，并于京师筵宴一次。这项规定从顺治十八年（1661）议准实行，直到光绪年间遵行不易。这件题本反映了乾隆五年朝鲜差来领时宪书司译院院正安命禹等 10 人受颁赏银共 70 两，并被赐宴 1 次的情况。

户部尚书海望等奏折：

为奏陈中江税务与朝鲜贸易情形等事

乾隆九年四月二十三日（1744年6月3日）

康熙四十一年（1702）确定由凤凰城（今辽宁省丹东市凤城）守尉征收中江贸易税银，年计4000两。其中，包括凤凰城内地商人每两纳税3分所收银2008两；还有官商胡嘉珮额交的朝鲜包税银2000两。包税银是包税制的产物，宋、元、明代实行由商人承包税收总数，自负盈亏。清朝建立后，在盐课、关税等项目征收包税银也成惯例。雍正元年（1723），官商胡嘉珮因“亏欠帑银，开出朝鲜国人赊欠银六万余两以抵公项”，其“揽头拉包”的行为被治罪后，包税银停征。但因朝鲜人买货尚多，仍可征收税银4000余两，另有新增的火耗银800两。

雍正五年十月十七日奉上谕：凤凰城中江税务改由盛京五部司官管理，征得税银4177两，火耗银835两。此后历任凤凰城税务监督俱由盛京户部照依正额加耗题核。但随着朝鲜买货量的逐渐减少，造成中江税务税额不足，每岁缺额数百两、一千数百两不等，凤凰城中江税务监督参赔亦无效果。为此，户部侍郎双喜奏改由京员试征定额后，再拣选盛京五部司官征收。征收盘费则由凤凰城监督支取奉天牛马税260两，后增至360两，自火耗银内支给。该奏折反映了中江边贸变化的细节，也是明清历史上现实促使制度变迁的实例。

太子少保内大臣戶部尚書兼管三庫事務内務府總管臣海望等謹
奏爲敬陳中江稅務情形等事内閣抄出
盛京戶部等部侍郎雙喜等奏稱據
盛京五部司員常雲等呈稱竊查中江一稅於康
熙肆拾壹年自京揀派員外郎鄧德前赴中江
與朝鮮人等春秋二季在中江貿易暨請領時
憲書進

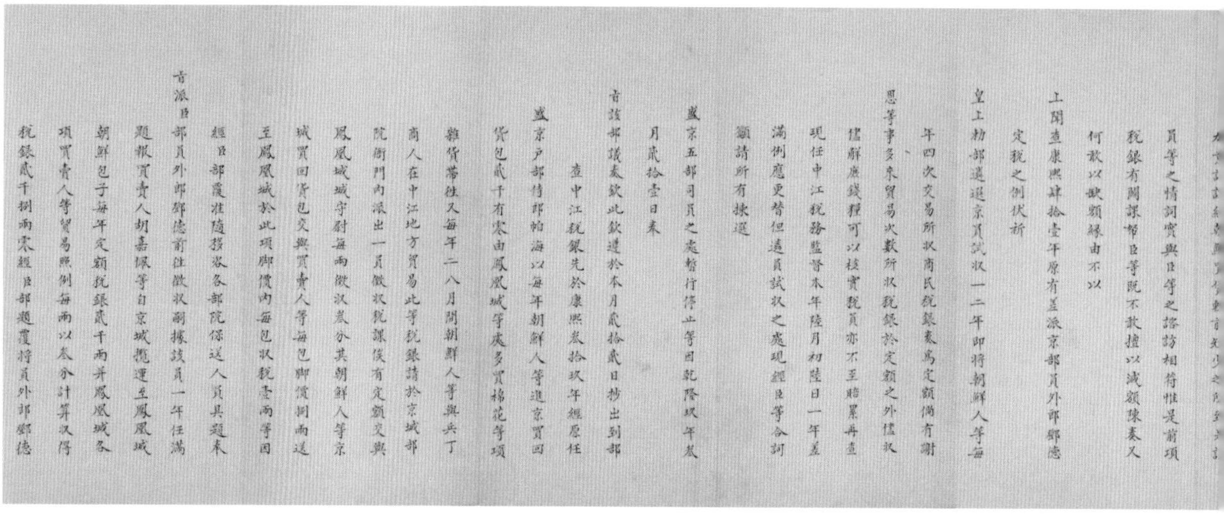

員等之情詞實與臣等之諮訪相符惟是前項
稅銀有關課帑臣等既不敢擅以減額陳奏又
何敢以缺額緣由不以
上聞查康熙肆拾壹年原有差派京部員外郎鄒德
定稅之例伏祈
皇上勅部遴選京員試收一二年即將朝鮮人等每
年四次交易所收商民稅銀奏爲定額倘有謝
恩等事多來貿易次數所收稅銀於定額之外儘收
儘解庶錢糧可以核實稅員亦不至賠累再查
現任中江稅務監督本年陸月初陸日一年差
滿例應更替但遴員試收之處現經臣等合詞
籲請所有揀選
盛京五部司員之處暫行停止等因乾隆玖年叁
月貳拾壹日奏
旨該部議奏欽此欽遵於本月貳拾貳日抄出到部
查中江稅銀先於康熙叁拾玖年經原任
盛京戶部侍郎帕海以每年朝鮮人等進京貿回
貨包貳千有零由鳳凰城等處多買棉花等項
雜貨帶往又每年二八月間朝鮮人等與兵丁
商人在中江地方貿易此等稅銀請於京城部
院衙門內派出一員徵收稅課俟有定額交與
鳳凰城城守尉每兩徵收叁分其朝鮮人等京
城買回貨包交與買責人等每包腳價捌兩送
至鳳凰城於此項腳價內每包收稅壹兩等因
經臣部覆准隨移咨各部院保送人員具題奉
旨派臣部員外郎鄒德前往徵收嗣據該員一年任滿
題報買責人胡嘉佩等自京城攬運至鳳凰城
朝鮮包子每年定額稅銀貳千兩并鳳凰城各
項買責人等貿易照例每兩以叁分計算收得
稅銀貳千捌兩零經臣部題覆將員外郎鄒德

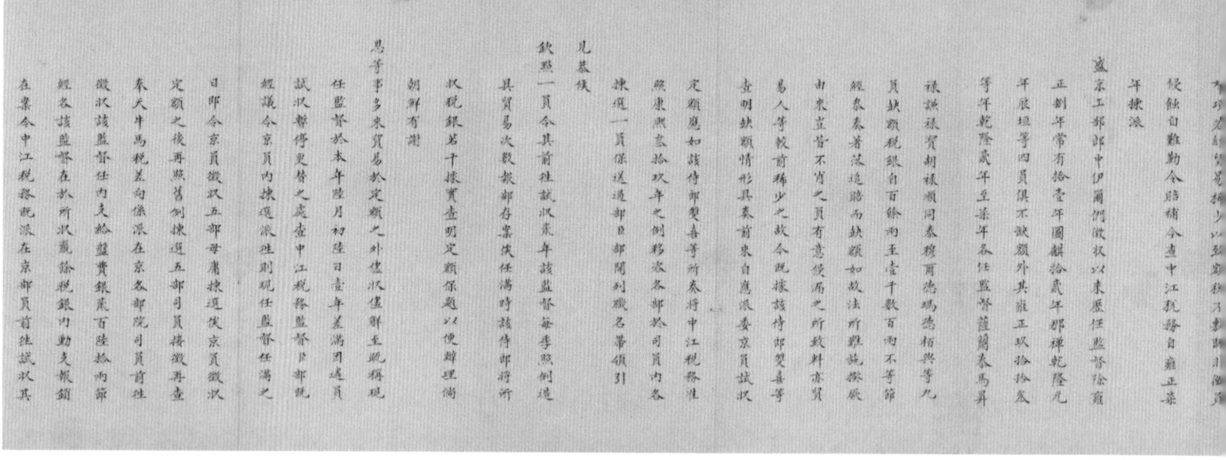

侵蝕自難勒令賠補今查中江稅務自雍正柒
年揀派
盛京工部郎中伊爾們徵收以來歷任監督除雍
正捌年常有拾壹年圖麟拾貳年那禪乾隆元
年辰垣等四員俱不缺額外其雍正玖拾拾叁
等年乾隆貳年至柒年各任監督薩爾泰馬昇
祿誠祿賓胡祿順同泰穆爾德瑪德柏興等九
員缺額稅銀自百餘兩至壹千數百兩不等節
經參奏著落追賠而缺額如故法所難施揆厥
由來豈皆不肖之員有意侵漁之所致料亦貿
易人等較前稀少之故今既據該侍郎雙喜等
查明缺額情形具奏前來自應派委京員試收
定額應如該侍郎雙喜等所奏將中江稅務往
照康熙叁拾玖年之例移咨各部於司員內各
揀選一員保送過部臣部開列職名帶領引
見恭候
欽點一員令其前往試收來年該監督每季照例造
具貿易次數報部存案俟任滿時該侍郎將所
收稅銀若干據實查明定額保題以便辦理倘
朝鮮有謝
恩等事多來貿易於定額之外儘收儘解至現稱現
任監督於本年陸月初陸日壹年差滿因遴員
試收暫停更替之處查中江稅務監督臣部既
經議令京員內揀選派往則現任監督任滿之
日即令京員徵收五部毋庸揀選俟京員徵收
定額之後再照舊例揀選五部司員接徵再查
奉天牛馬稅差向係派在京各部院司員前往
徵收該監督任內支給盤費銀貳百陸拾兩節
經各該監督在於所收羨餘稅銀內動支報銷
在案今中江稅務既派在京部員前往試收其

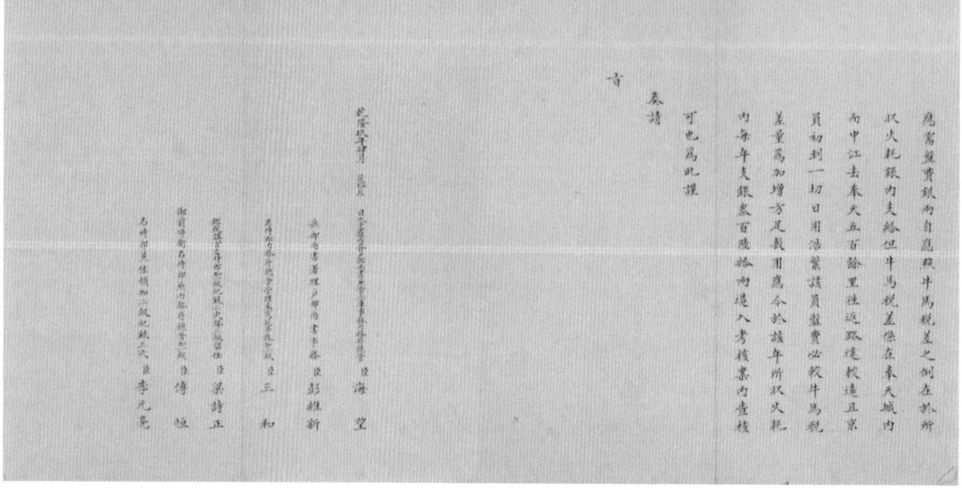

應需盤費銀兩自應照牛馬稅差之例在於所
收火耗銀內支給但牛馬稅差係在奉天城內
而中江去奉天五百餘里往返路途較遠且京
員初到一切日用諸繁該員盤費必較牛馬稅
差量爲加增方足敷用應令於該年所收火耗
內每年支銀叁百陸拾兩造入考核案內查核
可也爲此謹
奏請
旨
乾隆玖年肆月 [illegible] 日 [illegible] 臣 海望
兵部尚書署理戶部尚書事務 臣 彭維新
[illegible] 臣 三和
[illegible] 臣 梁詩正
[illegible] 臣 傅恒
[illegible] 臣 李元亮

户部尚书海望等奏折之一（乾隆九年四月二十三日）

奏

太子少保内大臣户部尚书兼管三库事务内务府总管臣海望等谨
奏为敬陈中江税务情形等事内阁抄出
盛京户部等部侍郎双喜等奏称据
盛京五部司员常云等呈称窃查中江一税於康
熙肆拾壹年自京拣派员外郎邓德前赴中江
与朝鲜人等春秋二季在中江贸易监请领时
宪书进
贡回还在边门置买货物除朝鲜人等不纳税课
外内地商人每两纳税叁分计收银贰千零捌
两零合之商人胡嘉珮等额交朝鲜包税银贰
千两二共银肆千两零经户部覆准作为定额
交与凤凰城守尉徵收在案至雍正元年将官
商胡嘉珮治罪後虽无额交包税银两而朝鲜
买货尚多税员尽收尽解仍交银肆千两零续
於雍正柒年改派五部满洲司员经郎中伊尔
们於肆千馀两正额之外增添火耗银捌百两
讵近年以来每岁缺额数百两壹千几百两不
等细考其原委然後知年来朝鲜之商贾人等
不来贸易惟贡使员役挟银前来置买货物且
朝鲜人等向在中江置买绸缎丝帛灰鼠等物
内地商民报税者今朝鲜则在京置买今虽在
中江仍买棉花毡帽等物不抵昔年之半监督
徵员既不敢强令使臣必在中江多买各货又
不敢勒商重价希多税羡搆怨朝鲜是中江税
额之足与不足惟在朝鲜买货之多寡监督莫
可如何为此公诉前情等因臣等查得中江税
务监督所徵税银足额者例应尽收尽解缺额

一年所徵税银肆千捌两零作为定额交与凤
凰城守尉等徵收在案後於雍正元年原任
侍部吴尔泰等以揽头拉包种种侵剥题准将
胡嘉珮等拉包课银贰千两停其徵收嗣於雍
正伍年拾月拾柒日奉
上谕凤凰城中江税务向来俱係城守尉等员管理但
此处係外国交易之地关係紧要现今盛京五部司
官俱係朕拣选补放之员嗣後著盛京五部堂官於
五部司官内拣选奏闻派出管理一年更换钦此钦
遵随咨称
盛京户部拣选
盛京工部郎中伊尔们前往徵收一年共收得税
银肆千壹百柒拾柒两零火耗银捌百叁拾伍
两零自该员徵收之後历任监督一年任满俱
由
盛京户部照依正额加耗核题亦在案今据该侍
郎双喜等奏称近年以来中江税务每岁缺额
数百两壹千数百两不等该监督历经奏赔臣
等细加諮访并据五部司员公诉皆缘朝鲜商
贾不来贸易惟贡使员役挟银前来置买货物
且朝鲜人等向在中江置买绸缎等物今在京
置货中江所买棉花等物不抵昔年之半该监
督既不敢强令使臣多买人不敢勒商重价多
收税羡搆怨朝鲜实属无可如何请照康熙肆
拾壹年之例遴选京员试收一二年奏为定额
倘有朝鲜删
恩等事多来贸易次数所收税银於定额之外尽收

中江税局旧址

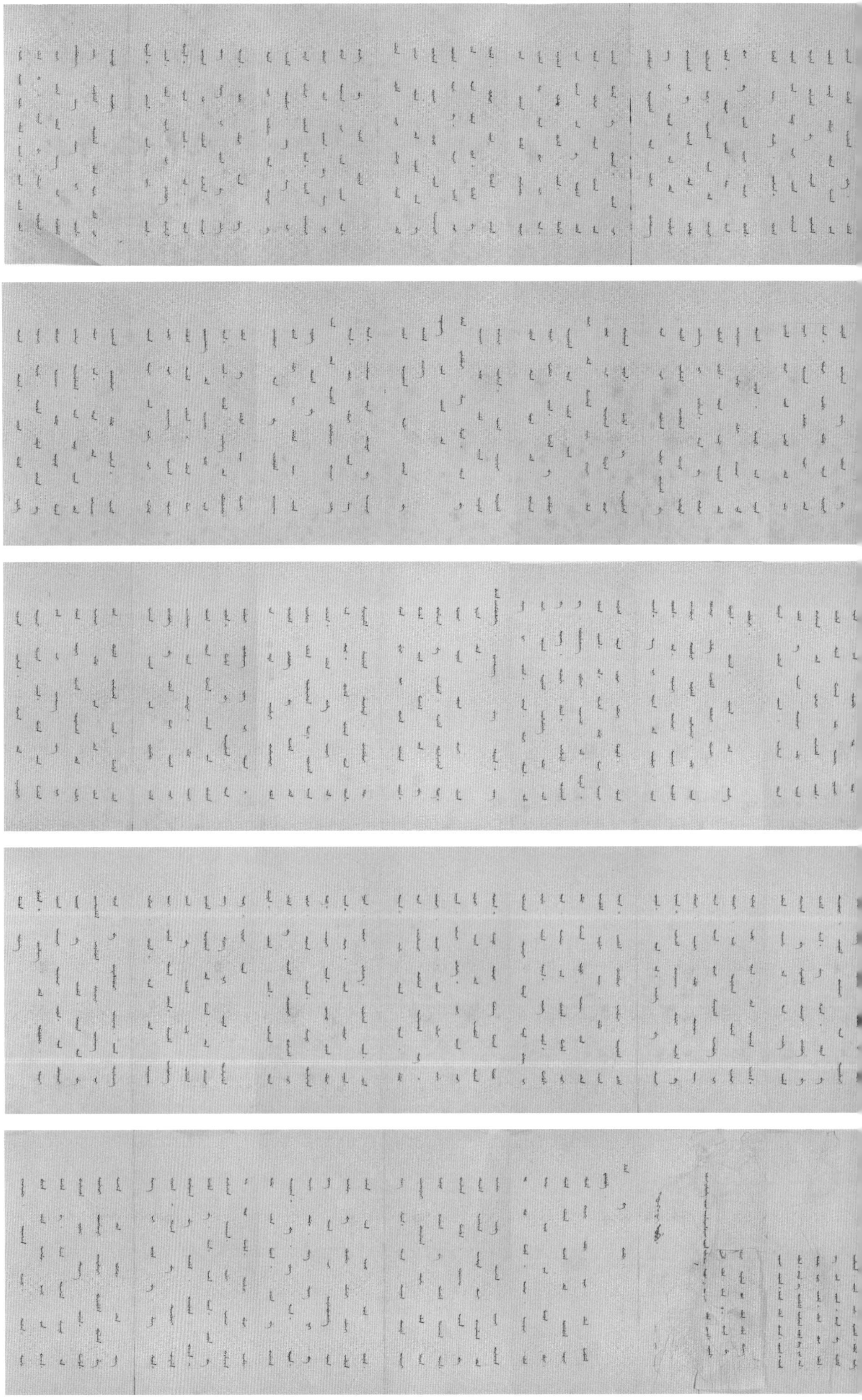

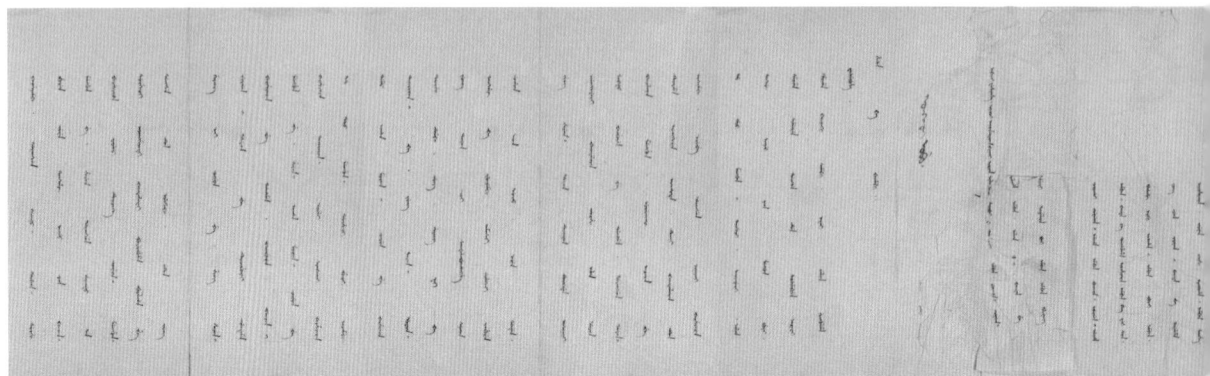

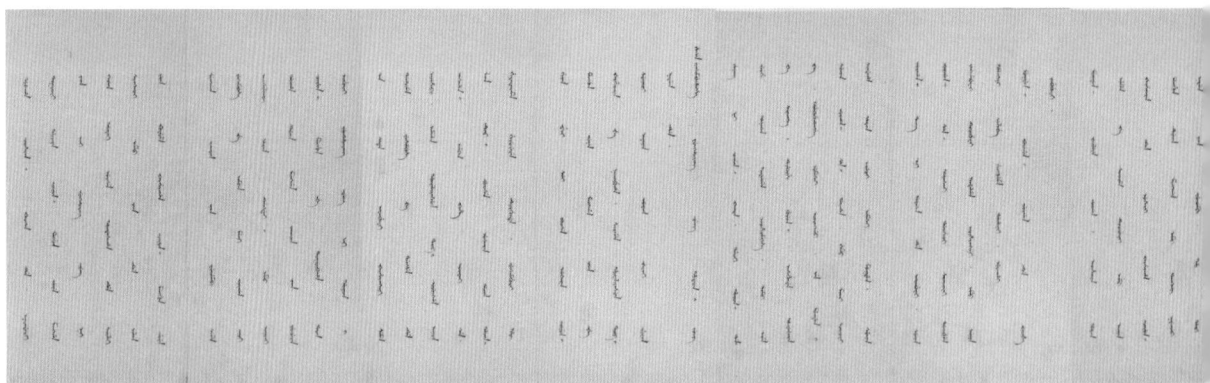

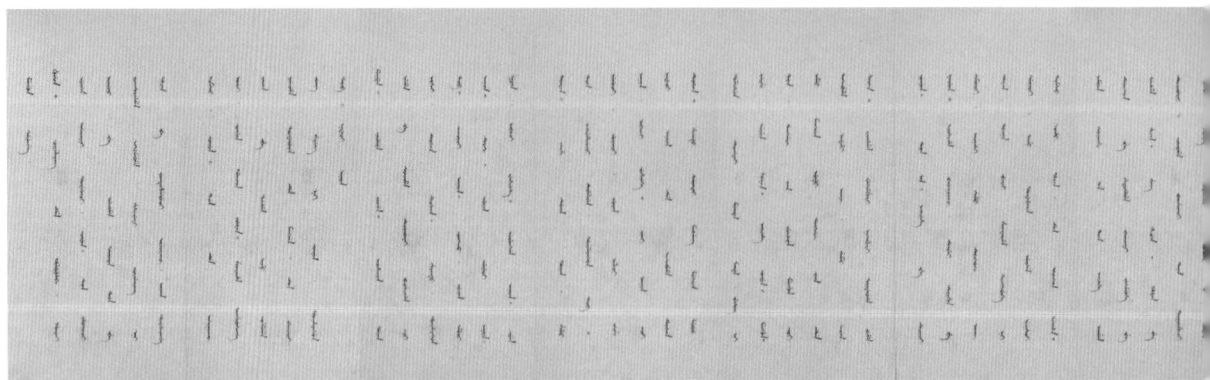

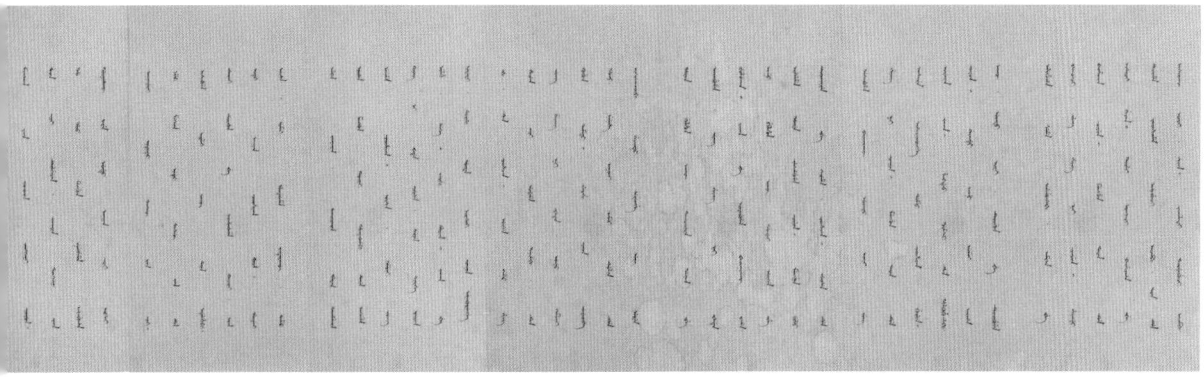
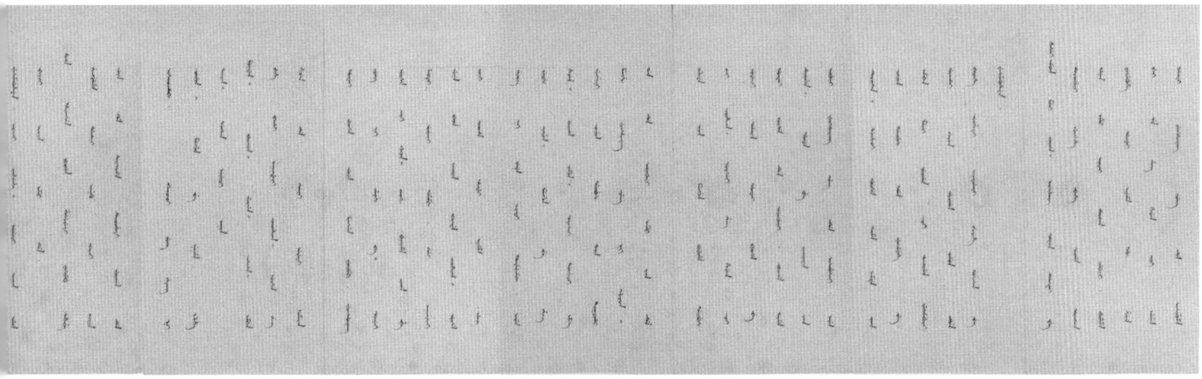
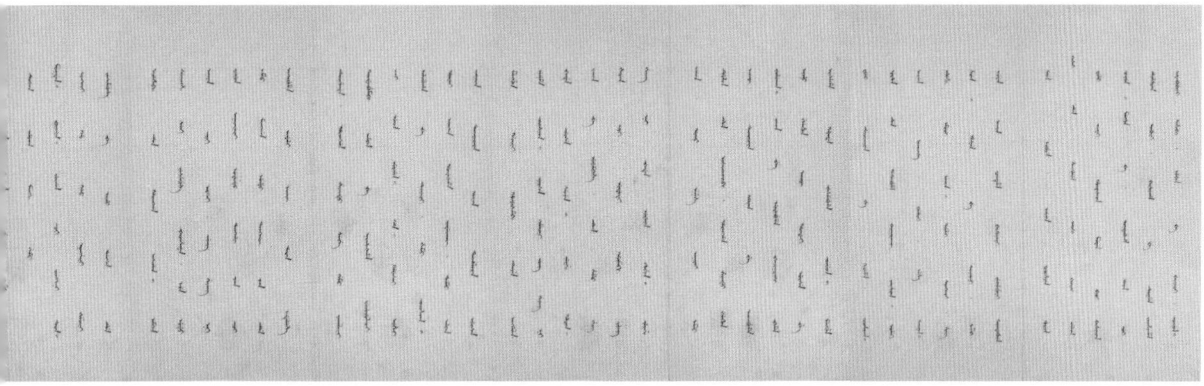
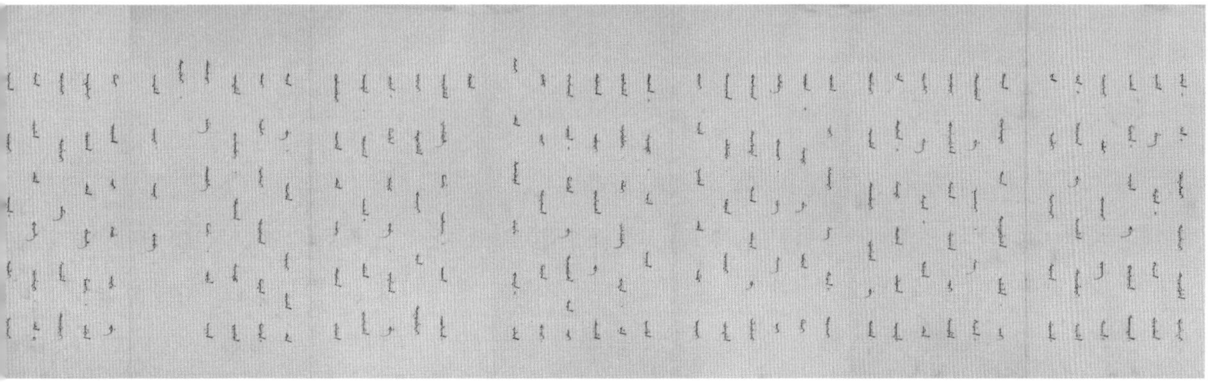
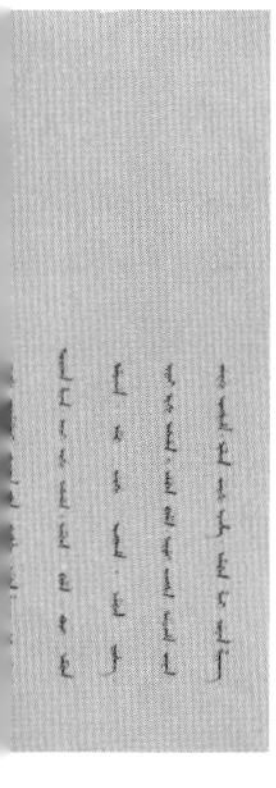

户部尚书海望等奏折之二
（乾隆九年四月二十三日）

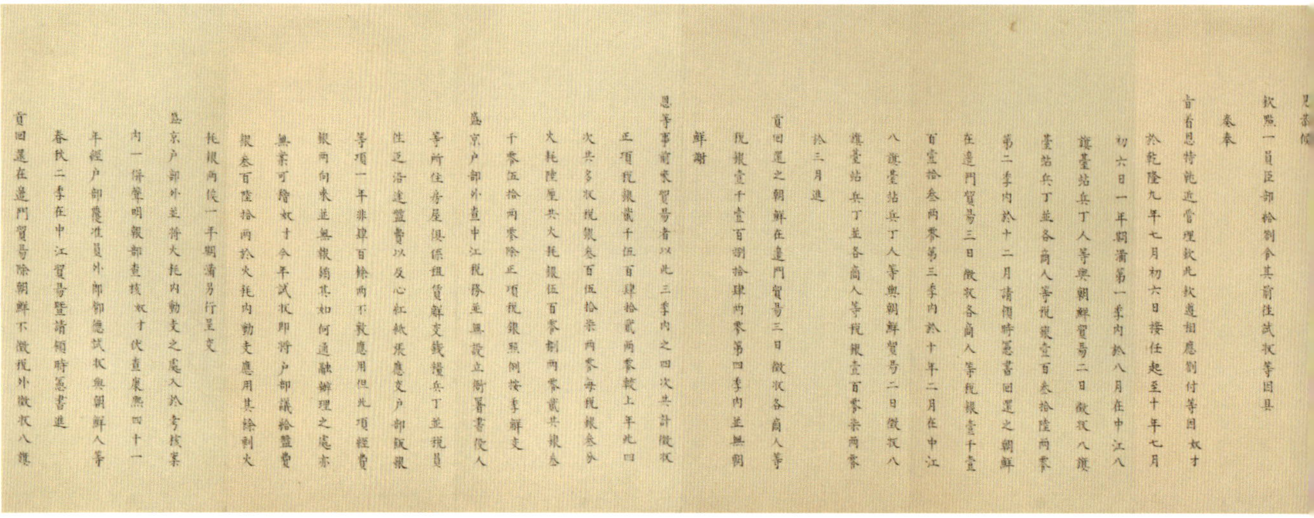

欽點一員臣部擬劄令其前往試收等因具
奏奉
旨着恩特就近管理欽此欽遵相應劄付等因奴才
於乾隆九年七月初六日接任起至十年七月
初六日一年期滿第一季内於八月在中江八
旗臺站兵丁人等與朝鮮貿易二日徵收八旗
臺站兵丁並各商人等稅銀壹百叁拾陸兩零
第二季内於十二月請領時憲書回還之朝鮮
在邊門貿易三日徵收各商人等稅銀壹千壹
百壹拾叁兩零第三季内於十年二月在中江
八旗臺站兵丁人等與朝鮮貿易二日徵收八
旗臺站兵丁並各商人等稅銀壹百零柒兩零
於三月進
貢回還之朝鮮在邊門貿易三日徵收各商人等
稅銀壹千壹百捌拾肆兩零第四季内並無朝
鮮謝
恩等事前來貿易者以此三季内之四次共計徵收
正項稅銀貳千伍百肆拾貳兩零較上年比四
次共多收稅銀叁百伍拾柒兩零每稅銀叁分
火耗陸厘共火耗銀伍百零捌兩零貳共銀叁
千零伍拾兩零除正項稅銀照例按季解交
盛京戶部外查中江稅務並無設立衙署書役人
等所住房屋俱係租賃解交錢糧兵丁並稅員
往返沿途盤費以及心紅紙張應交戶部飯銀
等項一年非肆百餘兩不敷應用但此項經費
銀兩向來並無報銷其如何通融辦理之處亦
無案可稽奴才今年試收即將戶部議給盤費
銀叁百陸拾兩於火耗內動支應用其餘剩火
耗銀兩俟一年期滿另行呈交
盛京戶部外並將火耗內動支之處入於考核案
內一併聲明報部查核奴才伏查康熙四十一
年經戶部覆准員外郎鄂德試收與朝鮮人等
春秋二季在中江貿易暨請領時憲書進
貢回還在邊門貿易除朝鮮不徵稅外徵收八旗

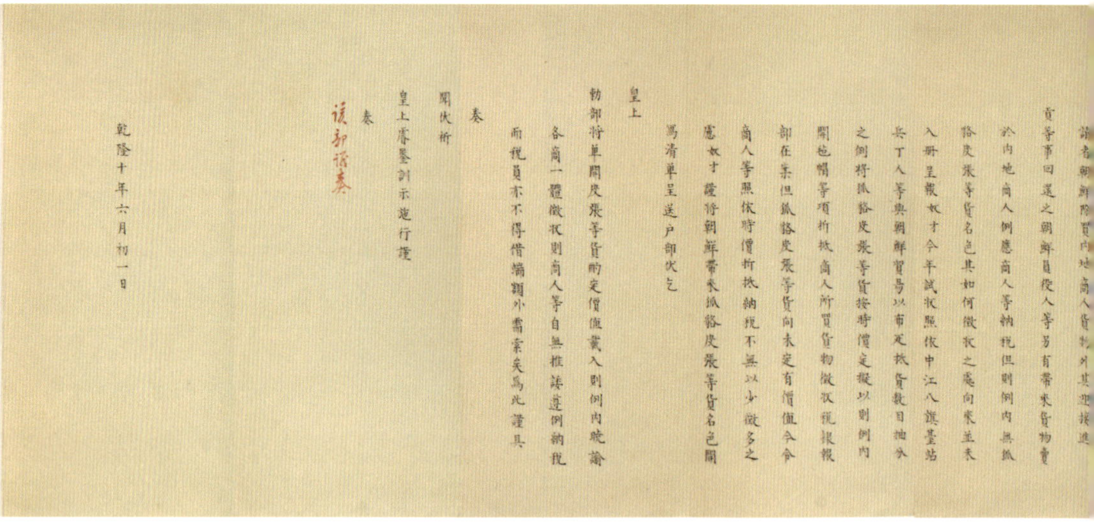

請旨朝鮮除貢內地商人貨物外其迎接進
貢等事回還之朝鮮員役人等另有帶來貨物賣
於內地商人例應商人等納稅但則例內無狐
貉皮張等貨名色其如何徵收之處向來並未
入冊呈報奴才今年試收照依中江八旗臺站
兵丁人等與朝鮮貿易以布疋抵貨數目抽分
之例將狐貉皮張等貨按時價定擬以則例內
閒他帽等項折抵商人所買貨物徵收稅銀報
部在案但狐貉皮張等貨向未定有價值今令
商人等照依時價折抵納稅不無以少徵多之
處奴才謹將朝鮮帶來狐貉皮張等貨名色開
寫清單呈送戶部伏乞
皇上
勅部將單開皮張等貨酌定價值載入則例內曉諭
各商一體徵收則商人等自無推諉違例納稅
而稅員亦不得借端額外需索矣為此謹具
奏
聞伏祈
皇上睿鑒訓示施行謹
奏
該部議奏
乾隆十年六月初一日

盛京佐领管理中江税务监督恩特奏折：

为敬陈中江与朝鲜贸易税务情形等事

乾隆十年六月初一日（1745 年 6 月 30 日）

雍正六年（1728）上谕：凤凰城中江税务，向系城守尉等官管理。因系外国交易之地，关系紧要，嗣后着盛京五部侍郎于五部司官内简选，一年更代。又题准：嗣后中江税差，一年差满更代，令盛京户部照例简选保举，送部引见，恭候钦差。到乾隆初，凤凰城中江税务改由京员试征定额，内务府郎中恩特就近管理。自乾隆九年（1744）七月初六日到乾隆十年七月初六日

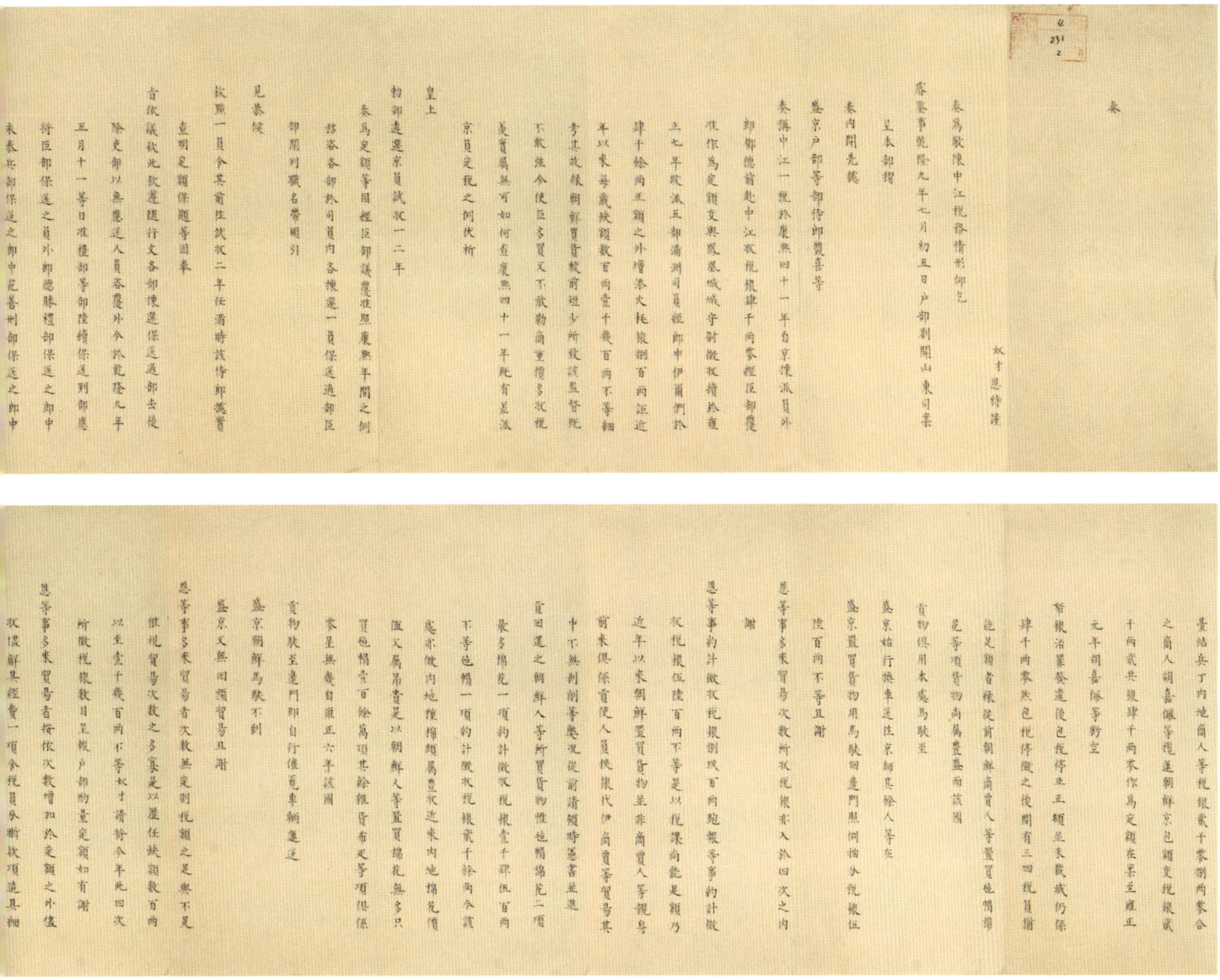

盛京佐领管理中江税务监督恩特奏折（乾隆十年六月初一日）

一年，三季四次，共收税银 2542 两，火耗 508 两，此 3050 两为正项税银，按季解交盛京户部；一年 400 余两的征收经费，则令税员明确款项，造册报核，于火耗内动支应用。针对朝鲜迎接、进贡等员役另带货物卖与内地商人交易狐貉皮张等货的税收问题，解决方案是“以布匹抵货数目抽分之例，将狐貉皮张等货，按时价定拟，以则例内开毡帽等项折抵商人所买货物，征收税银，报部在案”。但因“狐貉皮张等货，向未定有价值”，今令商人等“照依时价折抵纳税，不无以少征多之虑”，故请将朝鲜带来狐貉皮张等货物，“开写清单，呈送户部，酌定价值，载入则例，晓谕各商，一体征收”。时任中江税务监督恩特的这件奏折，呈现了更加灵活客观的税收方式和规则。

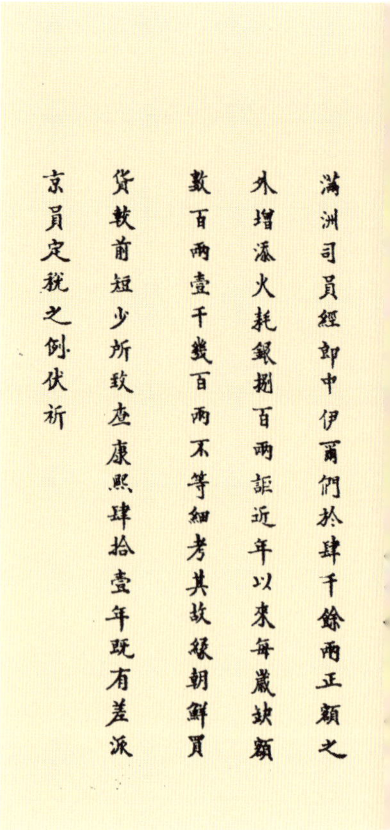

滿洲司員經郎中伊爾們於肆千餘兩正額之
外增添火耗銀捌百兩詎近年以來每歲缺額
數百兩壹千數百兩不等細考其故緣朝鮮買
貨較前短少所致查康熙肆拾壹年既有差派
京員定稅之例伏祈

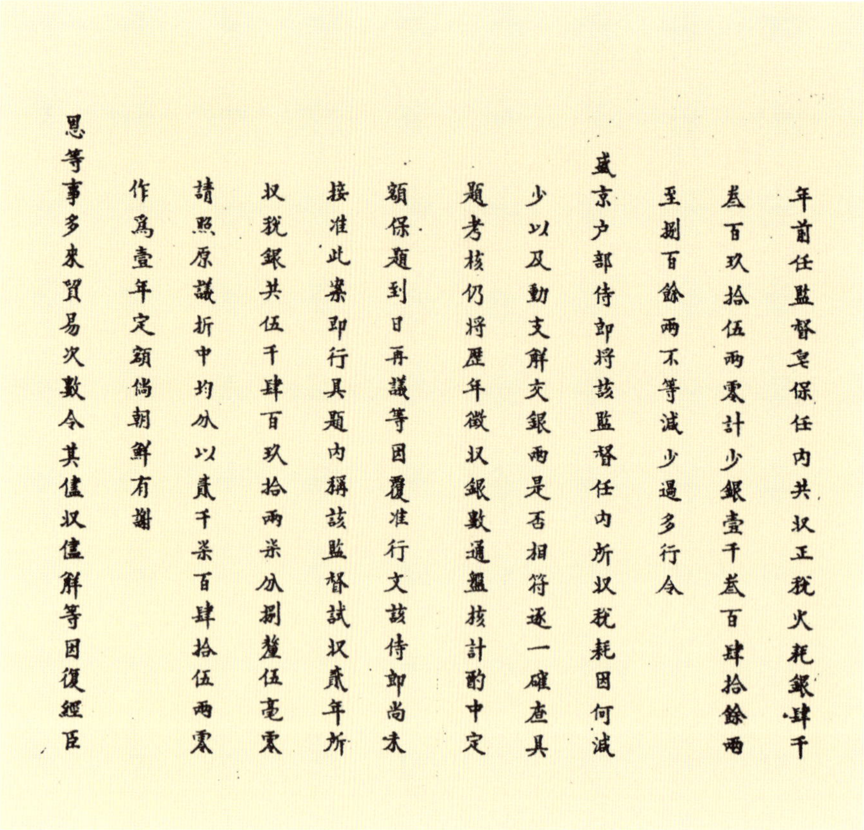

年前任監督㒒保任內共收正稅火耗銀肆千
叁百玖拾伍兩零計少銀壹千叁百肆拾餘兩
至捌百餘兩不等減少過多行令
盛京户部侍郎將該監督任內所收稅耗因何減
少以及動支解交銀兩是否相符逐一確查具
題考核仍將歷年徵收銀數通盤核計酌中定
額保題到日再議等因覆准行文該侍郎尚未
接准此案即行具題內稱該監督試收貳年所
收稅銀共伍千肆百玖拾兩柒分捌釐伍毫零
請照原議折中均分以貳千柒百肆拾伍兩零
作爲壹年定額倘朝鮮有謝
恩等事多來貿易次數今其儘收儘解等因復經臣

户部尚书傅恒等题本：为遵旨议定中江税额数请旨事

乾隆十二年四月十四日（1747 年 5 月 22 日）

中江税务征收制度，经康、雍、乾时期的发展逐步趋向统一、规范。康熙四十一年（1702），差派京员额定中江税银 4000 两，由凤凰城守尉征收。到雍正七年（1729）改派盛京五部满洲司员，于 4000 两正额外增添火耗 800 两。后因朝鲜买货较前短少致每岁缺额。故乾隆十一年（1746），盛京佐领、中江税务监督恩特奏报乾隆九年至十一年中江贸易税试收两年情况，所收正项税银 5490 两，火耗银 1098 两，除动支部议火耗银 720 两外，尚剩火耗银 378 两，俱解交户部，由凤凰城守尉出具印结，保证无征多报少情弊。户部议题照原议，将试收两年税银折中均分，以 2745 两为一年定额，仍派五部司员内拣选征收；朝鲜因谢恩等事多来贸易的次数，

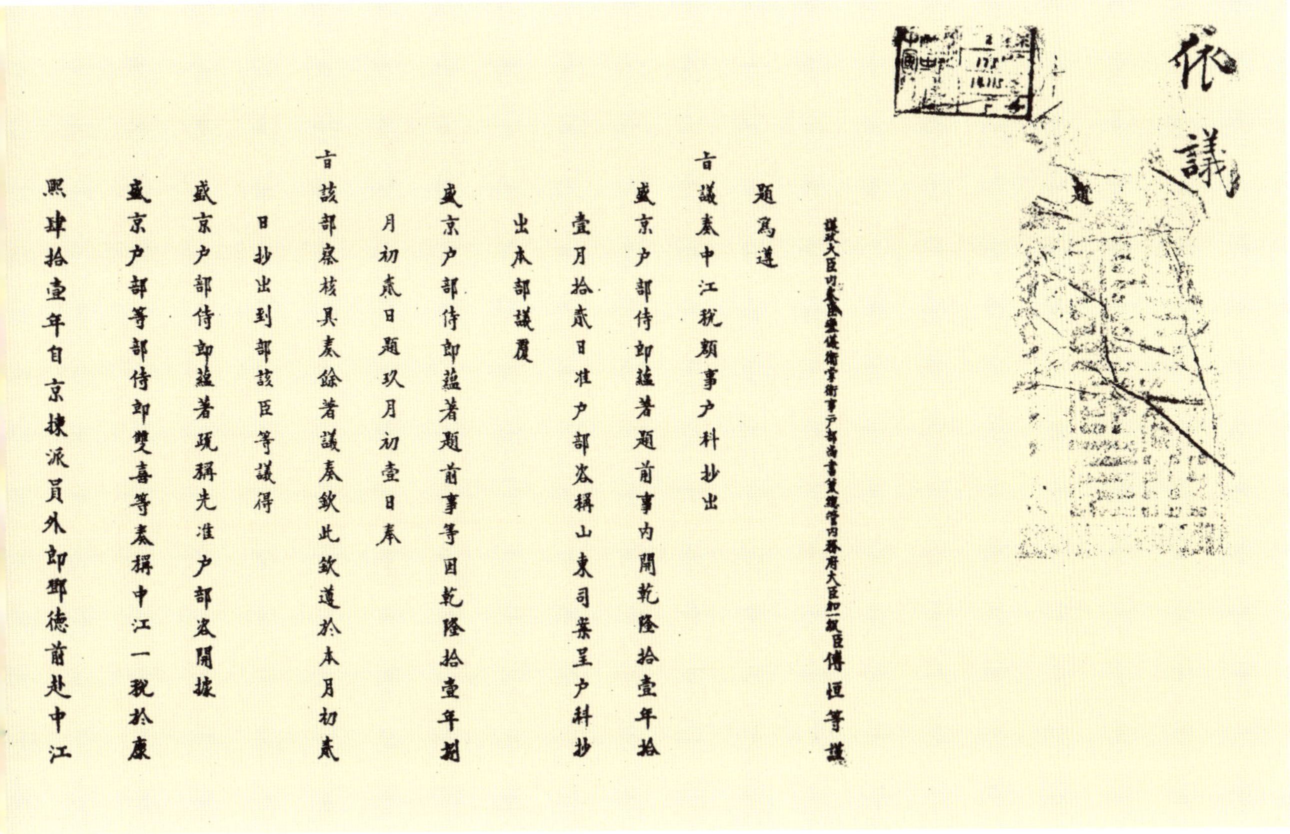
依議

議政大臣內大臣領侍衛內大臣戶部尚書兼總管內務府大臣加一級臣傅恒等謹

題為遵

旨議奏中江稅額事户科抄出

盛京户部侍郎蘊著題前事內開乾隆拾壹年拾

壹月拾貳日准户部咨稱山東司案呈户科抄

出本部議覆

盛京户部侍郎蘊著題前事等因乾隆拾壹年捌

月初貳日題玖月初壹日奉

旨該部察核具奏餘著議奏欽此欽遵於本月初貳

日抄出到部該臣等議得

盛京户部侍郎蘊著疏稱先准户部咨開據

盛京户部等部侍郎雙喜等奏稱中江一稅於康

熙肆拾壹年自京揀派員外郎鄭德前赴中江

户部尚书傅恒等题本之一（乾隆十二年四月十四日）

则于定额外尽收尽解；一年盘费银则于新收火耗银内予销 360 两。但户部查考恩特两年所收定额，比前任监督皂保任内的数额短少 1340 余两至 800 余两不等，令其查明“因何减少确故”。恩特回奏说税额足与不足，与贸易次数多寡相关。“今任内试收税课，是以朝鲜必来四次所收税银为定额，四次之外多来贸易者不入正项，尽收尽解”。在恩特试收两年内并无朝鲜外来税银，而皂保任内则有三次外来税银计入正项，若“惟以必来之四次所收数目较量”，则恩特任内的正税火耗银比皂保多出 442 两至 907 两，并无减少。凤凰城守尉、边门章京等出具印结也称并无多征少报之弊。最后议定将试收监督恩特两年任内合计酌中的正税火耗银共 3294 两，作为一年四次必征的定额；四次之外多来次数，尽收尽解，以凭查核。中江税务差议经费八款，二年共动支火耗银 720 余两。从此中江税银额数得以议定，并写入《大清会典则例》中。该题本展示了中江税银的议定过程，也体现了户部税务考核标准逐步趋向统一、规范的动态过程。

分捌釐伍毫零火耗銀壹千玖拾捌兩壹分伍
釐柒毫零內除動支每年鹽費銀叁百陸拾兩
貳年共動支火耗銀柒百貳拾兩外尚剩火耗
銀叁百柒拾捌兩壹分伍釐柒毫零再外有朝
鮮馬掛
恩等事來京貿易壹日共徵收正稅銀肆拾柒兩伍
分貳釐火耗銀玖兩肆錢壹分肆毫等語查該
監督恩特貳年任內所收正稅火耗銀兩該侍
郎既經核對數目相符並無徵多報少應毋庸
議其每年動支鹽費銀叁百陸拾兩查與臣部
從前議給之數相符亦毋庸議至奉天中江一
稅向額肆千餘兩并火耗銀捌百餘兩如有缺
額在於該監督名下著追並未分別貿易次數
之多寡其該監督恩特貳年所收稅耗銀數臣
部因查與乾隆捌年前任監督㫖保所收銀數
減少過多而
盛京戶部尚未考核具題該侍郎題請定額案內

百叁拾兩自應酌量給與公費以資辦公等語
查中江稅務一差從前原未設有經費銀兩續
因揀派京員前往經臣部援照牛馬稅差監督
支給鹽費銀貳百陸拾兩之例支給又因中江
稅差較牛馬稅差往返路途較遠且京員初到
一切日用浩繁必較牛馬稅差量為加增方足
敷用是以議令支給銀叁百陸拾兩今該處稅
務試收期滿自應照舊揀派
盛京部員就近徵收所有一切費用臣等伏查牛
馬稅差向係由京員內派往在彼居住壹年是
以給銀貳百陸拾兩今中江稅務監督仍就近
派
盛京部員徵收壹年祗須前往數次較之牛馬稅
差揀派京員往返遙遠在彼居住壹年者有間
所有一切費用自應再加酌減每年給銀貳百
兩在於所收火耗銀內動支再疏稱現今中江
稅務應仍照戶部前議劄令恩特暫行管理俟

户部尚书傅恒等题本之二（乾隆十二年四月十四日）

兩需是恩特四次徵交銀數較之皂保任內四
次徵交銀數又多銀肆百餘兩至玖百餘兩不
等再從前歷任監督內朝鮮人等貿易有四次
至九次不等若只將歷任徵交銀數通盤核計
酌中定額該監督壹年任內必來之四次外倘
有多來之次數多則儘可足額或至侵蝕如無
外來次數則缺額或致虧空著賠請仍照原奏
以試收監督恩特貳年任內之四次徵交正稅
火耗銀陸千伍百捌拾捌兩合計酌中以正稅
火耗銀叁千貳百玖拾肆兩作爲壹年必來四
次之定額若四次之外有多來次數儘收儘解
仍令該城守尉邊門章京將貿易貨物造冊報
部查核其該監督貳年任內徵交正稅火耗銀
數並本年伍月朝鮮爲謝
恩來一次徵交稅耗銀數並動支戶部議給鹽費銀
兩與該監督呈報冊檔核對數目均屬相符並
無徵多報少合將稽考等簿送部查核等語

又未將歷任監督徵收銀數確核計議酌中定
額是以議令該侍郎逐一考核酌中定額另行
具題今該侍郎既將歷任各員任內貿易次數
并所徵稅耗銀數聲明并將該監督恩特四次
內所收銀數較之前任監督皂保四次內所收
銀數並無減少查明保題應如該侍郎所請嗣
後中江稅額即以恩特貳年任內徵交銀陸千
伍百捌拾捌兩合計酌中以正稅火耗銀叁千
貳百玖拾肆兩作爲壹年必來四次之定額如
四次之外有多來貿易次數徵收稅銀儘收儘
解并令該城守尉等嚴查將貿易貨物造冊呈
報
盛京戶部查核仍將部頒稽考等簿隨本送部至
該侍郎疏稱中江稅務監督原未設有衙署向
係賃房居住其租房銀貳拾兩交送戶部飯銀
捌拾兩雇覓書寫文冊銷算人等工價銀陸拾
兩心紅紙張銀拾肆兩該監督前赴邊門中江

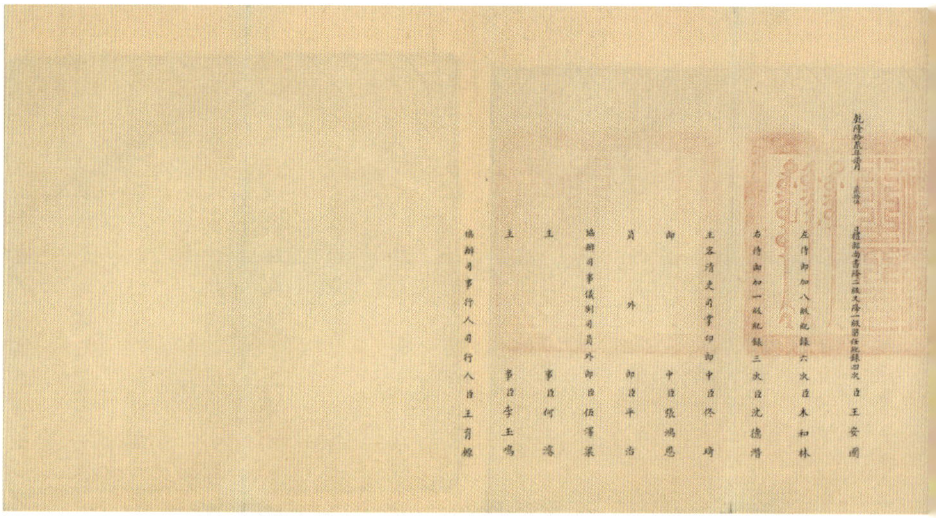

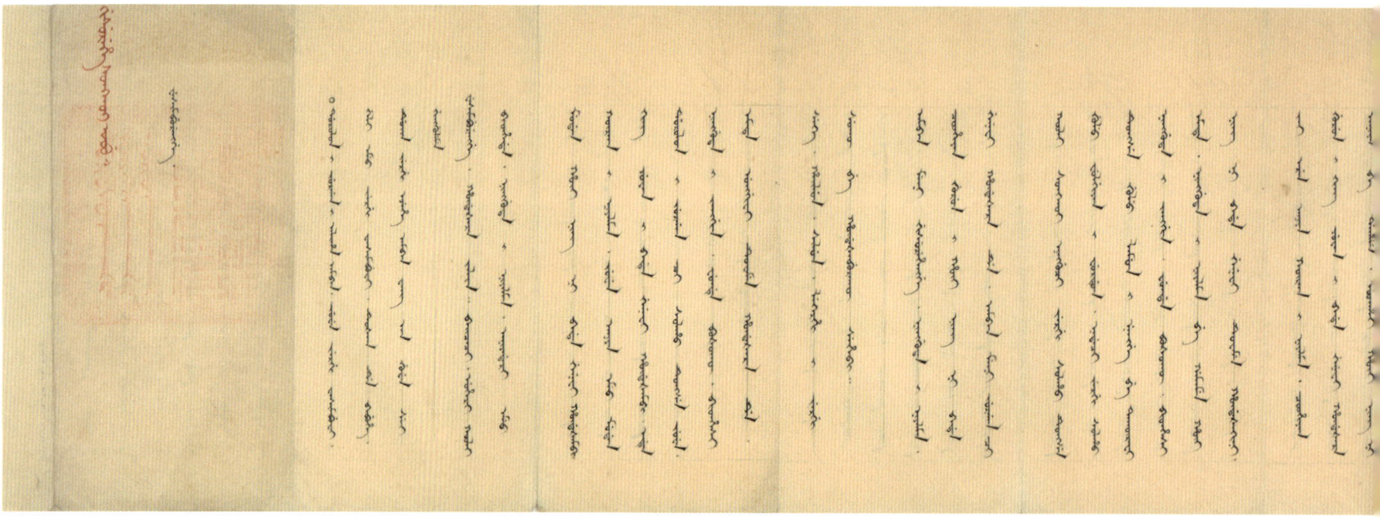

礼部尚书王安国等题本：

为遣官监视宁古塔人往朝鲜会宁地方交易请旨事

乾隆十二年七月二十五日（1747 年 8 月 30 日）

光绪八年（1882）前，中朝边境贸易即指中江、会宁、庆源（均位于今朝鲜咸镜北道）三地的互市，由于管理有序，中朝双方商业交往稳定而活跃。

其中，会宁贸易为宁古塔人每年一次的市易行为，庆源贸易为库尔喀人每两年一次的市易行为。顺治十六年（1659）规定，会宁市易时间定为每年的十二月举行，庆源市易时间为次年的正月。由

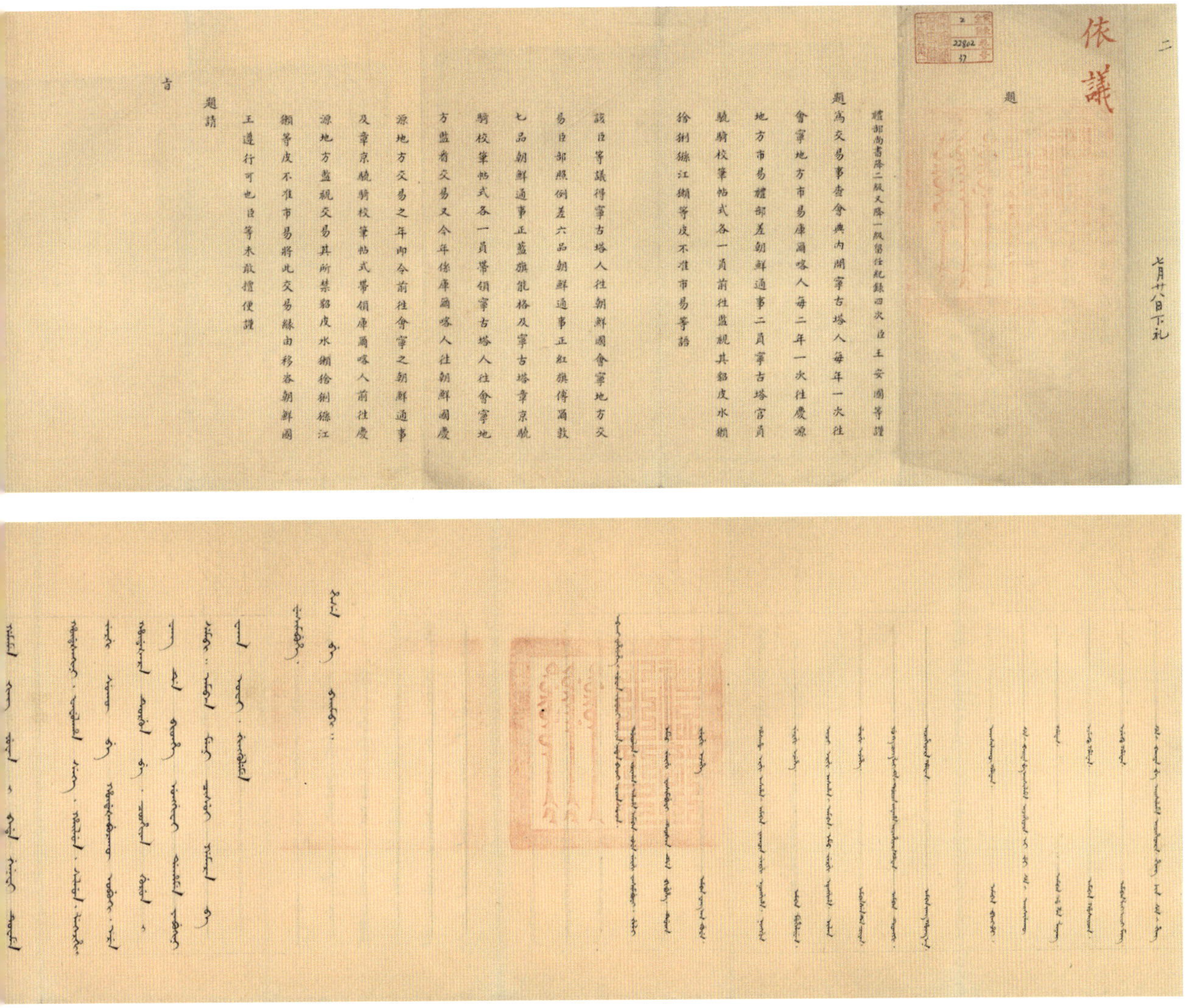

二
依議
題
七月廿八日下礼
禮部尚書降二級又降一級留任紀錄四次臣王安國等謹
題爲交易事查會典内開寧古塔人每年一次往
會寧地方市易庫爾喀人每二年一次往慶源
地方市易禮部差朝鮮通事二員寧古塔官員
驍騎校筆帖式各一員前往監視其貂皮水獺
猞猁猻江獺等皮不准市易等語
該臣等議得寧古塔人往朝鮮國會寧地方交
易臣部照例差六品朝鮮通事正紅旗傅爾敦
七品朝鮮通事正藍旗能格及寧古塔章京驍
騎校筆帖式各一員帶領寧古塔人往會寧地
方監看交易又今年係庫爾喀人往朝鮮國慶
源地方交易之年即今前往會寧之朝鮮通事
及章京驍騎校筆帖式帶領庫爾喀人前往慶
源地方監視交易其所禁貂皮水獺猞猁猻江
獺等皮不准市易將此交易緣由移咨朝鮮國
王遵行可也臣等未敢擅便謹
題請
旨

礼部尚书王安国等题本（乾隆十二年七月二十五日）

此，形成单双市制度，子寅辰午申戌年只开会宁市，称单市；丑卯巳未酉亥年会宁和庆源皆开，为双市。互市期间，逢单市，京师礼部派遣朝鲜通事二员，吉林将军派宁古塔章京、骁骑校、笔帖式各一员，前往会宁，共同监看交易，禁止进行貂皮、水獭、猞猁狲、江獭等皮毛的交易；逢双市，前述人员于会宁交易事竣，即带领库尔喀人前往庆源交易。该题本反映了乾隆十二年（1747）丁卯双市年的情况：宁古塔人往朝鲜会宁交易，礼部差六品朝鲜通事正红旗傅尔敦，七品朝鲜通事、正蓝旗能格，宁古塔章京、骁骑校、笔帖式各一员，带领宁古塔人往会宁地方监看交易。至库尔喀人将往朝鲜庆源交易时，礼部仍题请往会宁的朝鲜通事及章京、骁骑校、笔帖式等，带领库尔喀人往庆源监视交易。

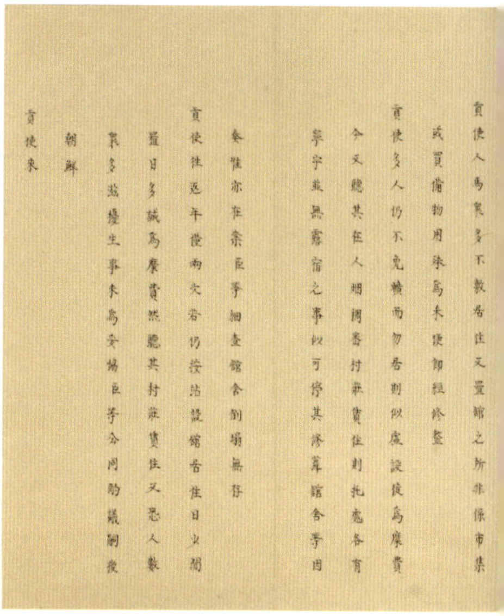

貢使人馬衆多不敷居住又量館之所非係市集
或買備物用殊為未便卸經修蓋
貢使多人仍不免轉而勿居則似應設法為糜費
今又總其住人烟稠密村莊賃住則托處各有
寧宇並無露宿之事似可停其修葺館舍等因
奏惟亦在案臣等細查館舍倒塌無存
貢使往返年復兩次若仍按站設館居住日少閒
置日多誠為靡費然聽其村莊賃住又恐人數
衆多滋擾生事未為妥協臣等公同酌議嗣後
朝鮮
貢使來

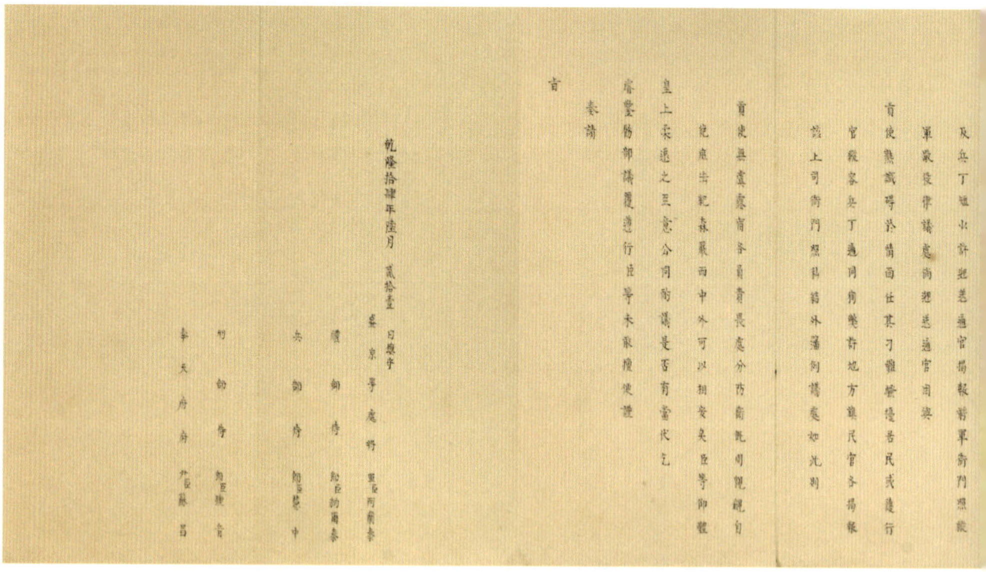

及兵丁俱不許泄差遣官揭報將軍衙門照依
軍政從律議處將泄差遣官周與
貢使熟識礙於情面任其刁難擾害民或違行
官役客兵丁通同徇縱許地方旗民官各揭報
該上司衙門照私納外藩例議處如此則
貢使無虞露宿各員責長處分亦俱既周觀自
能庶出紀森嚴而中外可以相安矣臣等仰體
皇上柔遠之至意公同酌議是否有當伏乞
睿鑒飭部議覆遵行臣等未敢擅便謹
奏請
旨

乾隆拾肆年陸月 貳拾壹 日總字
盛京將軍 臣阿蘭泰
禮部侍郎 臣納爾泰
兵部侍郎 臣慧中
刑部侍郎 臣煉音
奉天府府尹臣蘇昌

盛京将军阿兰泰等奏折：

为遵旨议复朝鲜贡使入关住宿及官兵护送事

乾隆十四年六月二十一日（1749 年 8 月 3 日）

朝鲜贡使前往京师朝贡，向例过江至凤凰城，由该城守尉率官兵、主客迎送通事到边门迎接使团，收取使团人马、车辆、物品数目报单，然后打开边门，照单点放进入。各驿站接力护送，白天行进，按站入住馆舍后，看守门户，防止滥行出入，夜间

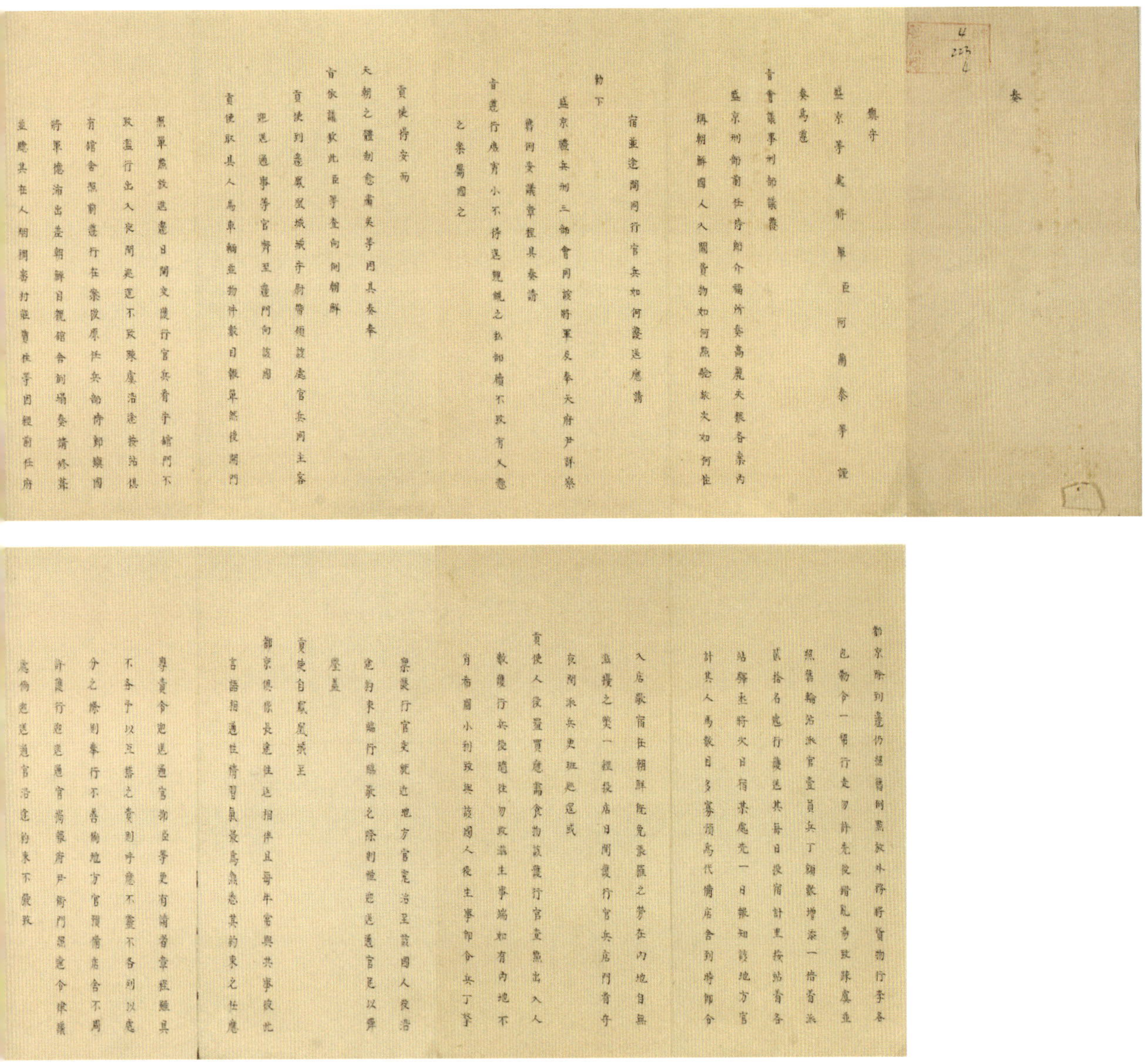

盛京将军阿兰泰等奏折之一（乾隆十四年六月二十一日）

巡逻，保卫馆舍安全。馆舍为瓦房或草房，5-8间不等，远离人烟稠密之处，贡使每年使用两次，维修靡费，其自行赁住村庄又恐人多生事。盛京将军阿兰泰等建议，护行官一名不变，护送兵丁增加一倍至20人，保证使团秩序和安全。每日计里按站投宿，提前一日告知投宿地地方官人马数目，由其代备店舍。并提出了地方官、迎送通事、护行官、地方旗民官等互相监督以利使团、居民的办法。奉到满文朱批："该部议奏。"礼部等部议准。

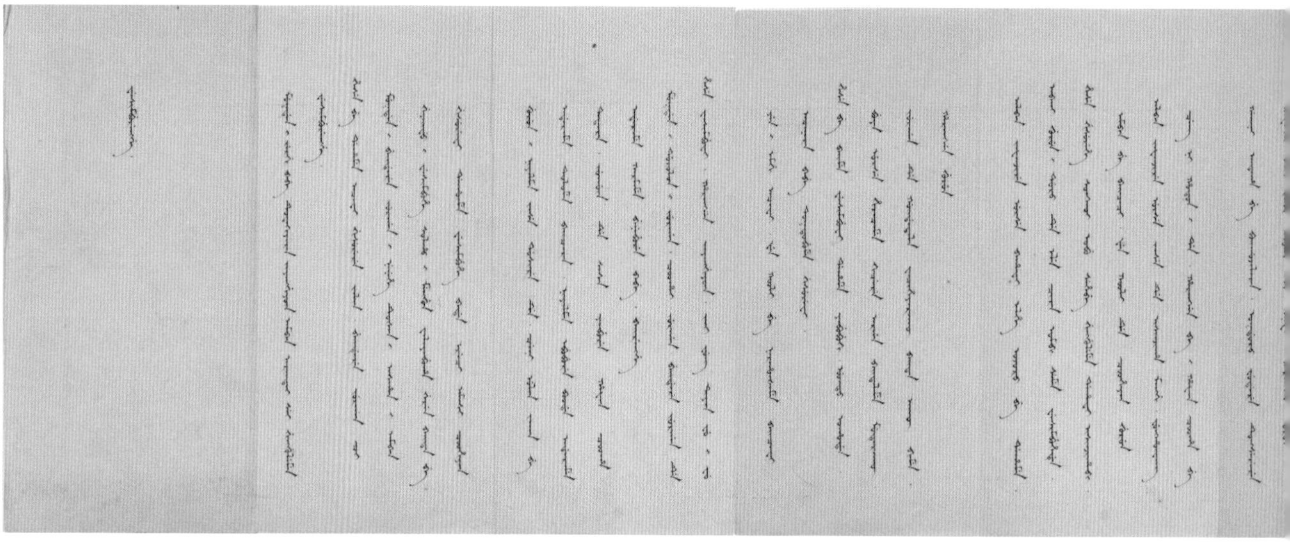

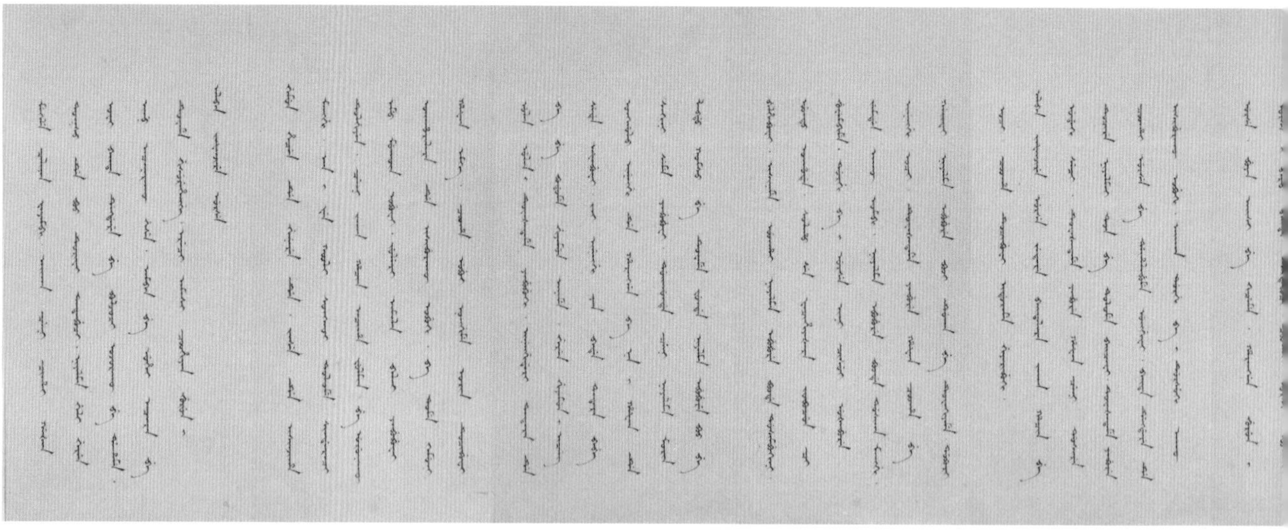

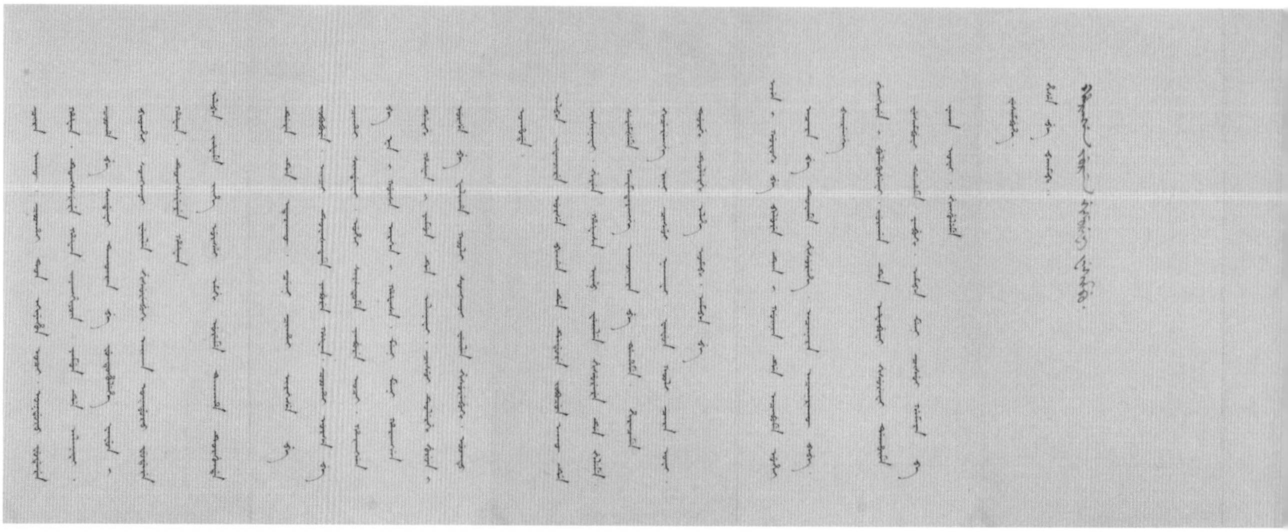

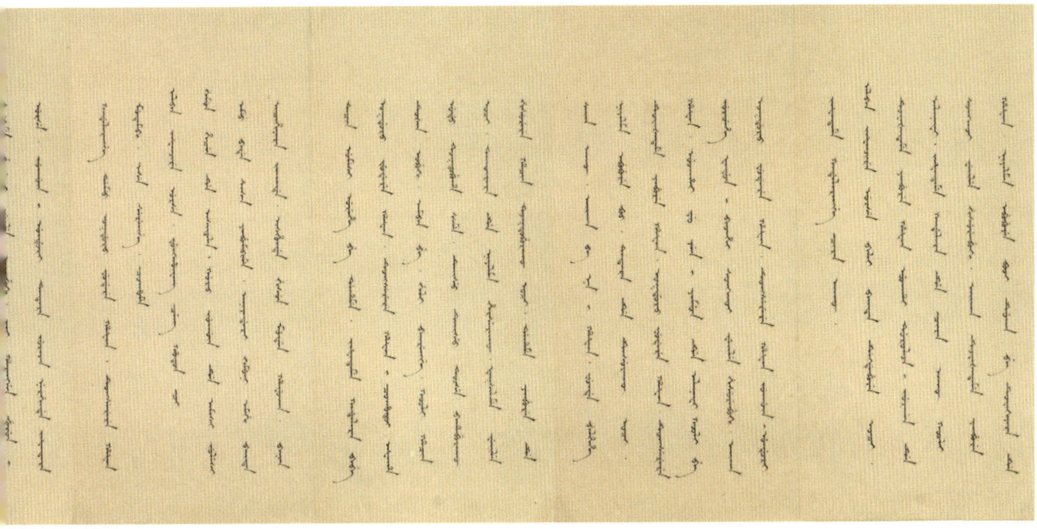

盛京将军阿兰泰等奏折之二
（乾隆十四年六月二十一日）

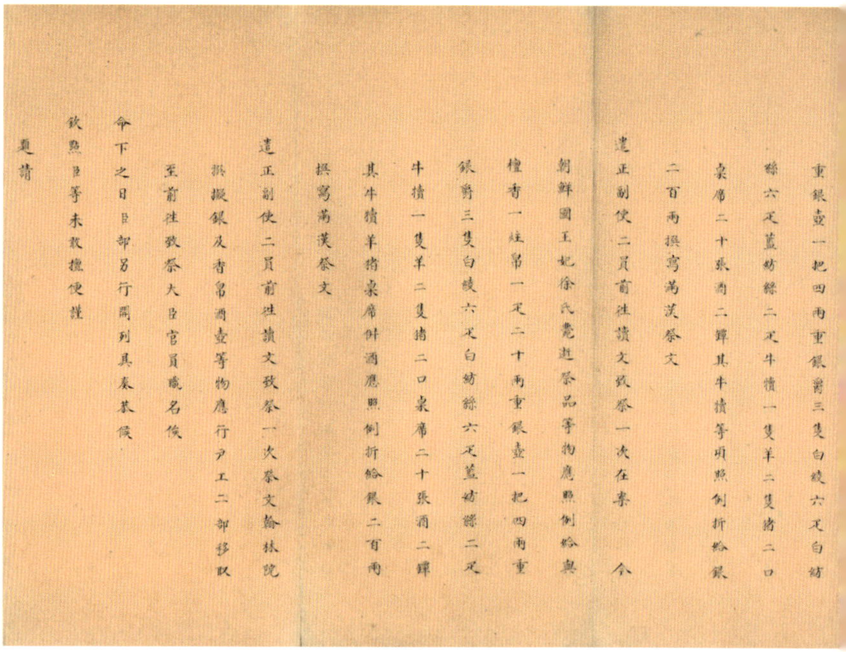
重銀壺一把四兩重銀爵三隻白綾六疋白紡
絲六疋藍紡絲二疋牛犢一隻羊二隻豬二口
桌席二十張酒二罈其牛犢等項照例折給銀
二百兩撰寫滿漢祭文
遣正副使二員前往讀文致祭一次在案　今
朝鮮國王妃徐氏薨逝祭品等物應照例給與
檀香一炷帛一疋二十兩重銀壺一把四兩重
銀爵三隻白綾六疋白紡絲六疋藍紡絲二疋
牛犢一隻羊二隻豬二口桌席二十張酒二罈
其牛犢羊豬桌席併酒應照例折給銀二百兩
撰寫滿漢祭文
遣正副使二員前往讀文致祭一次祭文翰林院
撰擬銀及香帛酒壺等物應行戶工二部移取
至前往致祭大臣官員職名俟
命下之日臣部另行開列具奏恭候
欽點臣等未敢擅便謹
題請

文渊阁大学士兼管礼部事务陈世倌等题本：

为赐恤朝鲜国王李昑王妃徐氏事

乾隆二十二年六月二十日（1757年8月4日）

乾隆二十二年（1757）二月十五日，朝鲜国王李昑王妃徐氏薨逝，派使臣奉表进京告讣，经礼部题奏，奉旨："览王奏，王妃薨逝，深可轸悼，应得恩恤，着查例具奏。"礼部查阅康熙四十年（1701）朝鲜国王李焞王妃闵氏病故赐恤之例，拟出照例应办事项：准备祭品，包括檀香、帛、银壶、银爵、白绫、白纺丝、蓝纺丝等物，牛犊、羊、猪、桌席、酒等折银200两。同时，由翰林院撰写满汉文祭文，选派正、副二使前往朝鲜读文致祭。

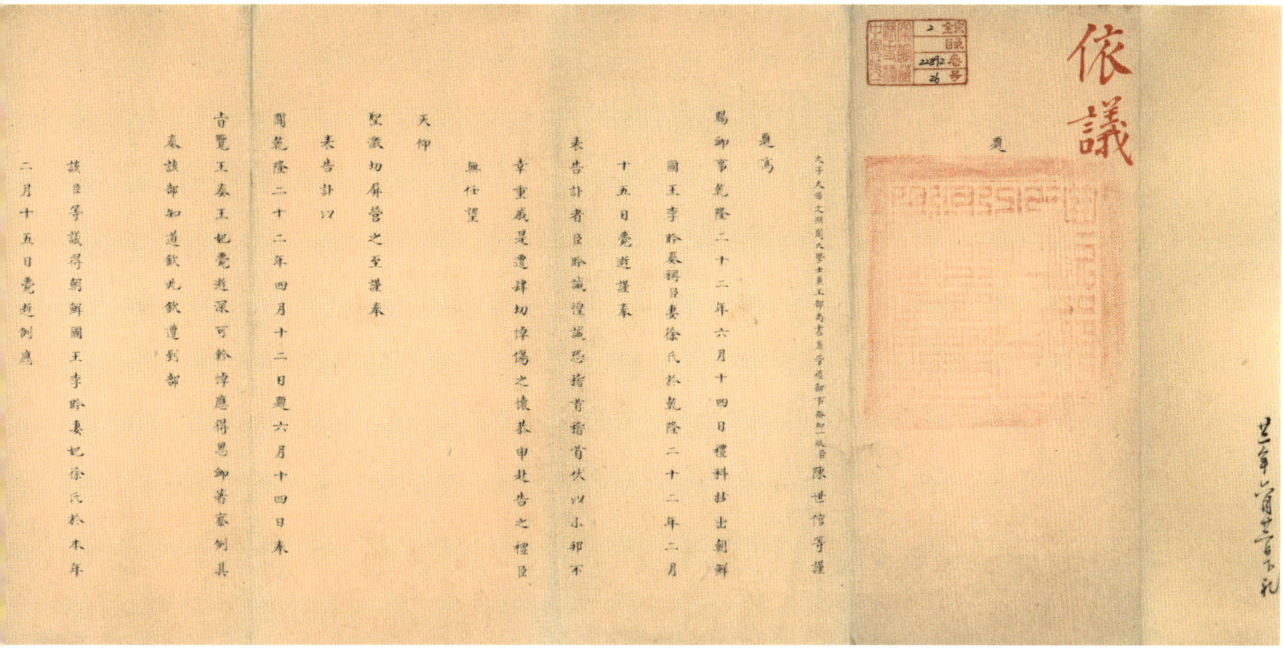

依議

題

太子太傅文淵閣大學士兼工部尚書兼管禮部事務加一級臣陳世倌等謹

題為

賜卹事乾隆二十二年六月十四日禮科抄出朝鮮

國王李昑奏稱臣妻徐氏於乾隆二十二年二月

十五日薨逝謹奏

奏告訃者臣昑誠惶誠恐稽首稽首伏以小邦不

幸重戚是遭肆切悼傷之懷恭申赴告之禮臣

無任望

天仰

聖激切屏營之至謹奏

奏告訃以

聞乾隆二十二年四月十二日題六月十四日奉

旨覽王奏王妃薨逝深可軫悼應得恩卹著察例具

奏該部知道欽此欽遵到部

該臣等議得朝鮮國王李昑妻妃徐氏於本年

二月十五日薨逝例應

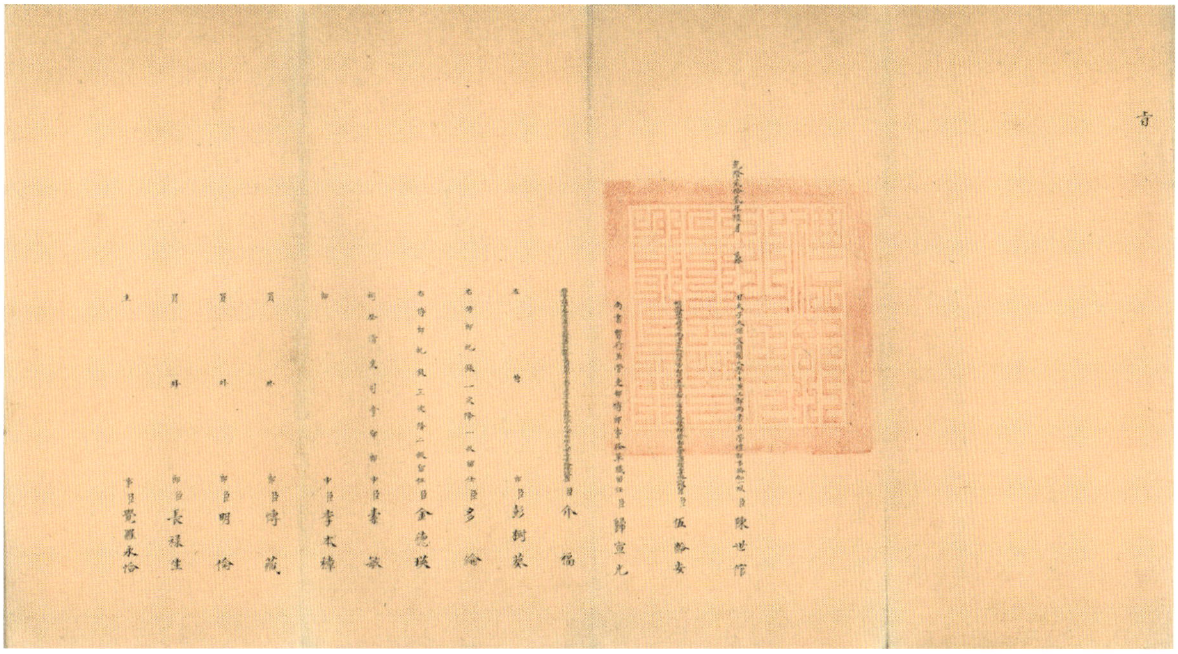

陳世倌

伍齡安

歸宣光

介福

彭樹葵

多綸

金德瑛

書敏

李本樟

博蘊

明倫

長祿生

覺羅永恰

文渊阁大学士兼管礼部事务陈世倌等题本之一（乾隆二十二年六月二十日）

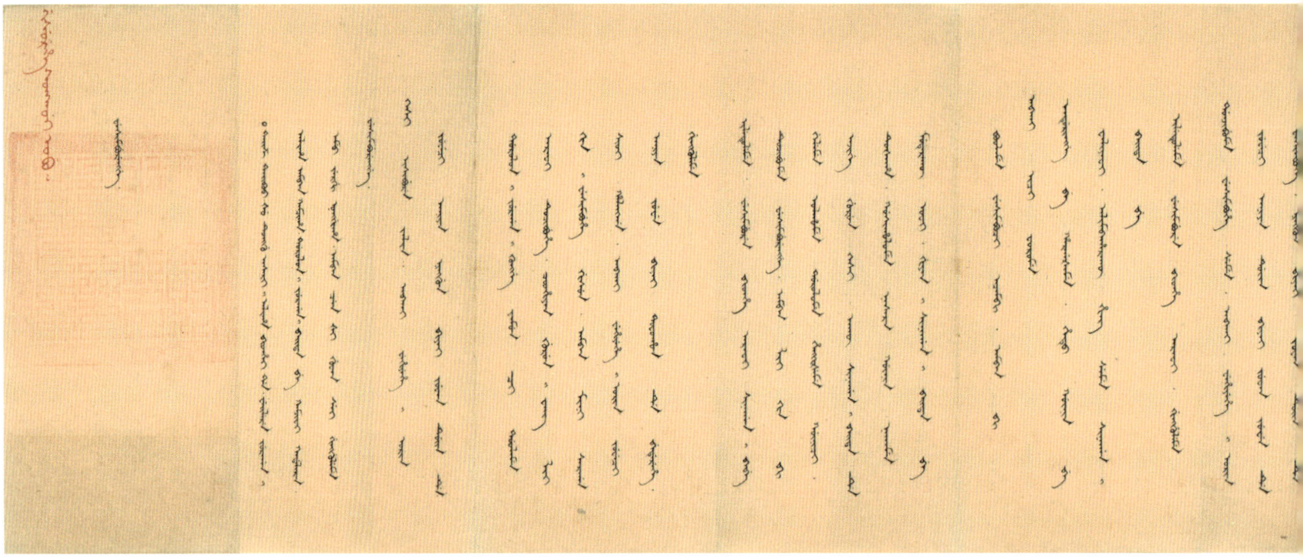

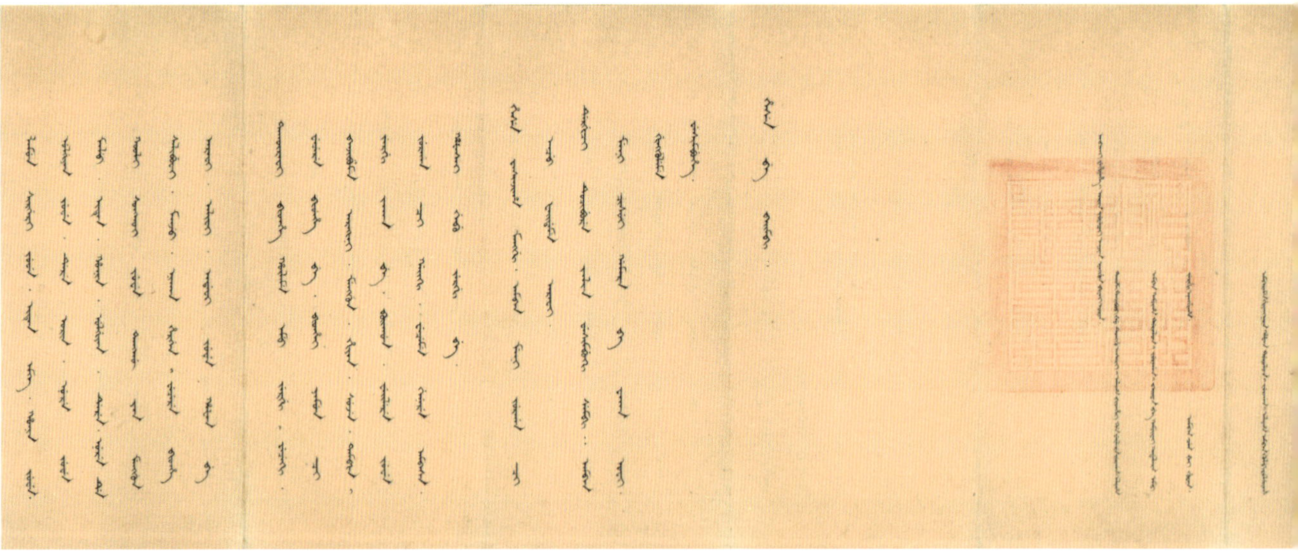

文渊阁大学士兼管礼部事务陈世倌等题本之二（乾隆二十二年六月二十日）

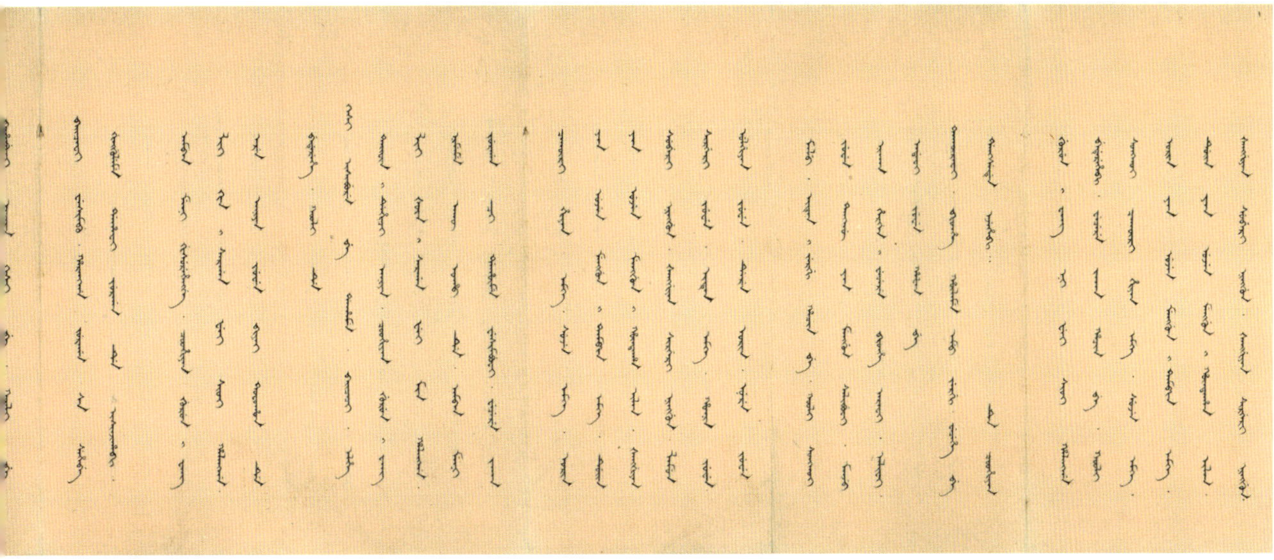

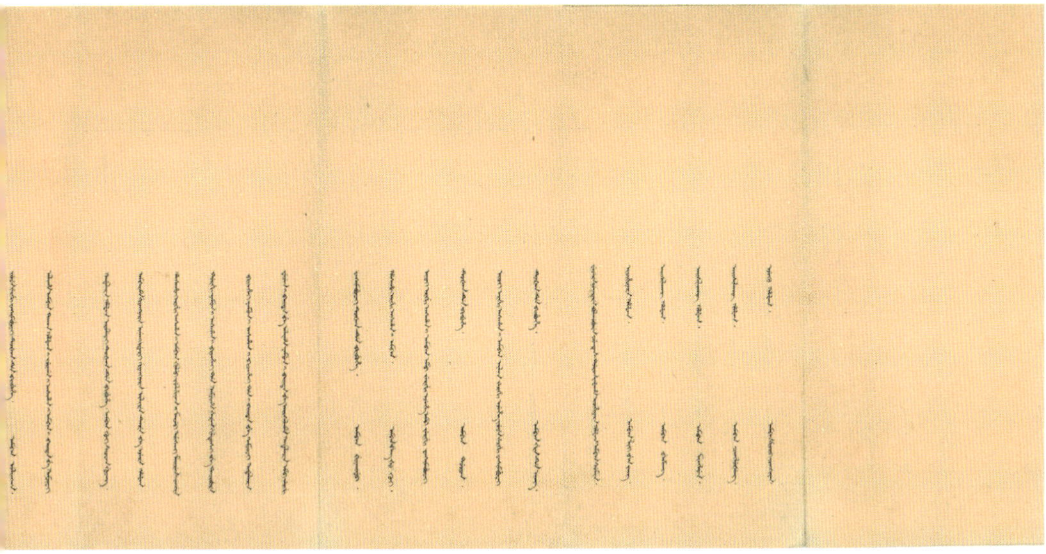

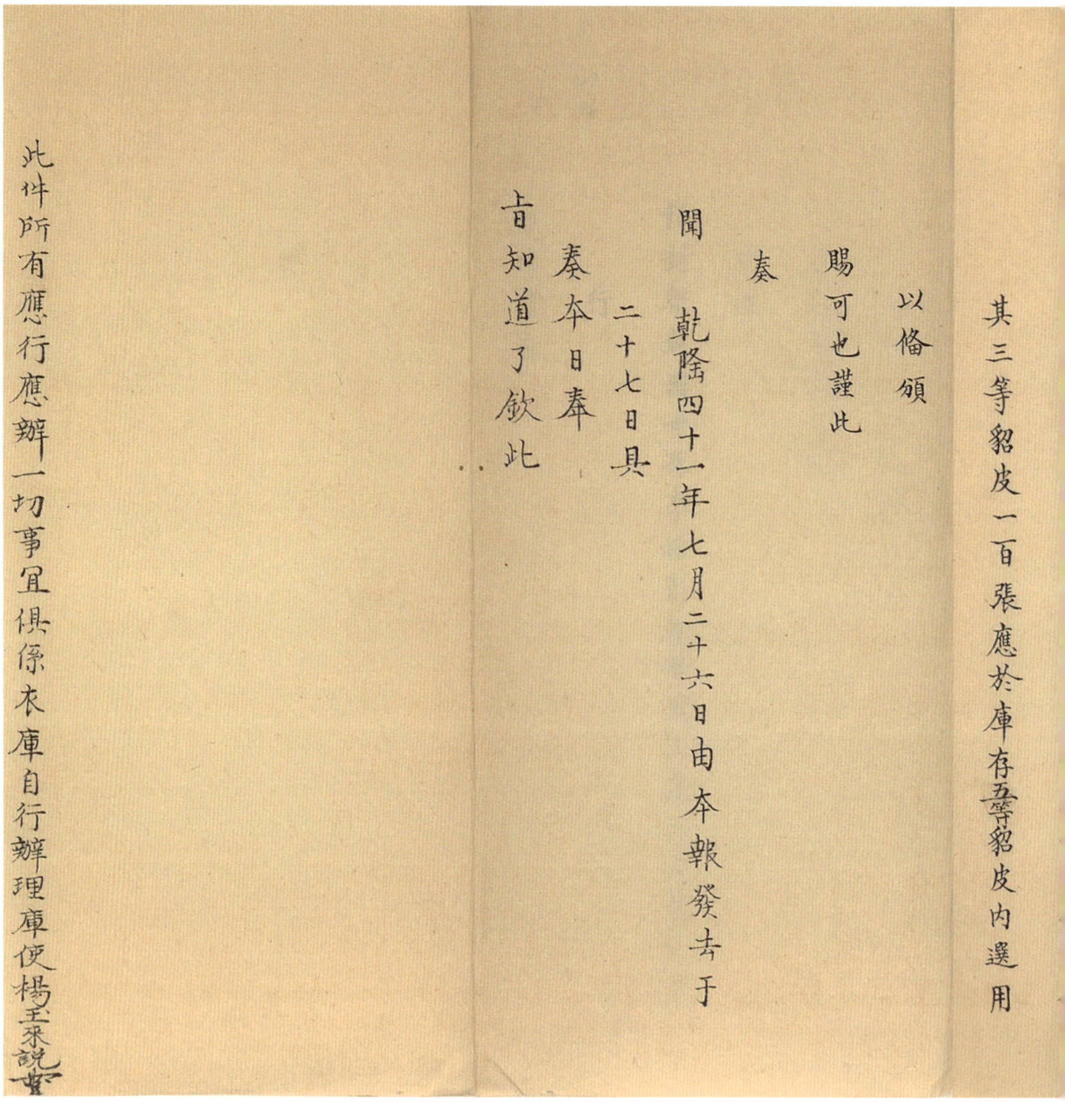
其三等貂皮一百張應於庫存五等貂皮內選用
以備頒
賜可也謹此
奏
聞
乾隆四十一年七月二十六日由本報發去于
二十七日具
奏本日奉
旨知道了欽此
此件所有應行應辦一切事宜俱係衣庫自行辦理庫使楊王來說

总管内务府奏折：

为新封朝鲜国王颁赐貂皮等项事

乾隆四十一年七月二十六日（1776 年 9 月 8 日）

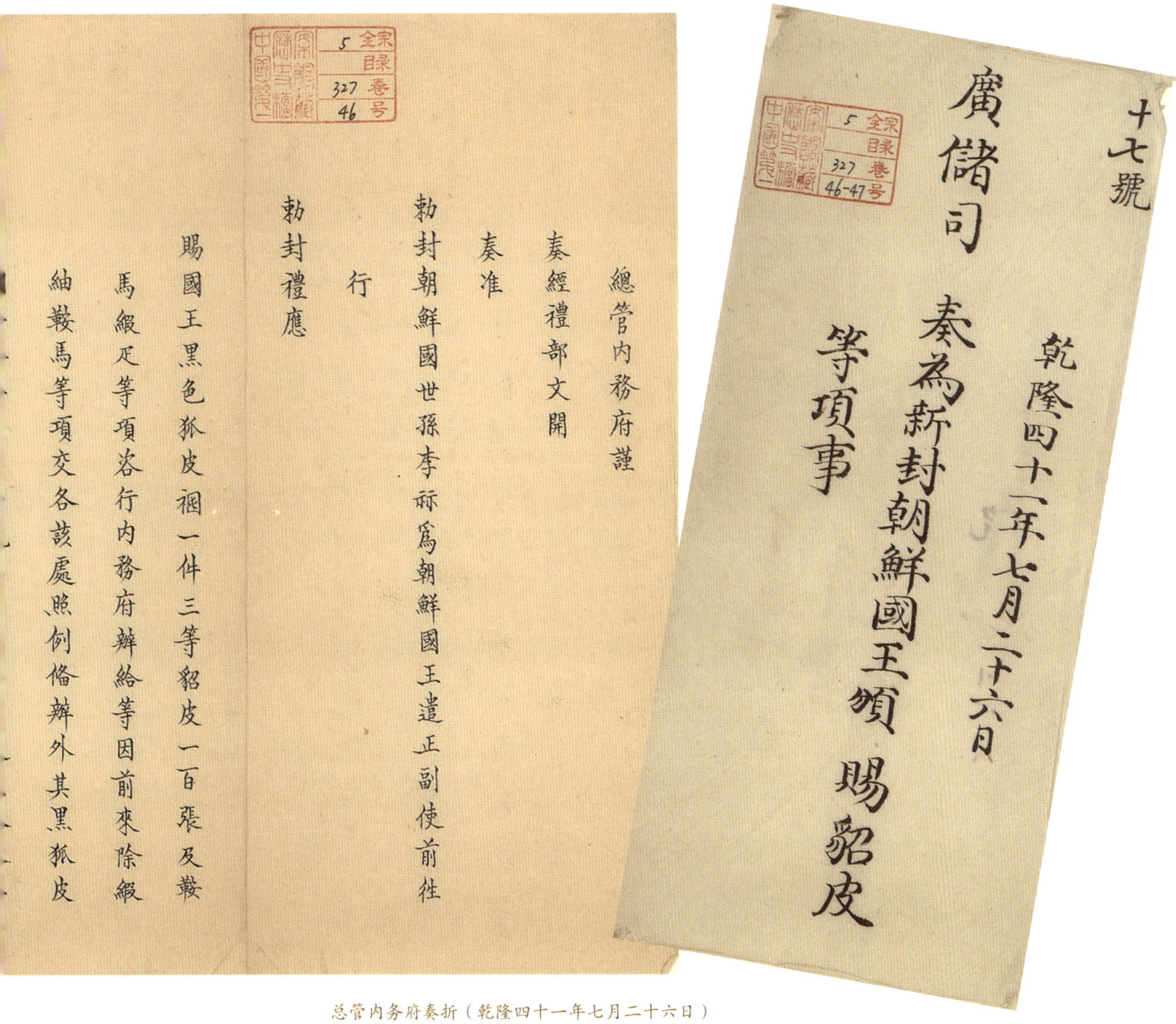
總管内務府謹
奏經禮部文開
奏准
勅封朝鮮國世孫李祘爲朝鮮國王遣正副使前往
行
勅封禮應
賜國王黑色狐皮褂一件三等貂皮一百張及鞍
馬緞疋等項咨行内務府辦給等因前來除緞
紬鞍馬等項交各該處照例備辦外其黑狐皮

十七號
廣儲司
乾隆四十一年七月二十六日
奏為新封朝鮮國王頒賜貂皮等項事

总管内务府奏折（乾隆四十一年七月二十六日）

乾隆四十一年（1776）三月初五日，朝鲜国王李昑薨逝，王妃金氏请以世孙李祘袭封国王，得到清廷认可，遣派正、副册封使前往朝鲜敕封李祘为新任朝鲜国王。清制，敕封礼应赐国王黑色狐皮褂一件，三等貂皮100张，并鞍马、缎匹等项。但当礼部向内务府行文办理时，内务府除绸缎、鞍马可满足使用外，其余物品则需要赶办或降等选用。反映了盛世之下的乾隆朝中期已出现了财政捉襟见肘的端倪。

乾隆帝谕旨：

着朝鲜国王遣六十以上耆年为贡使参与千叟宴给予赏赐

乾隆四十九年十一月十一日（1784 年 12 月 22 日）

千叟宴是清代康熙、乾隆两位皇帝为尊老而开办的筵宴，前后共四次，分别举行于康熙五十二年（1713）、康熙六十年、乾隆五十年（1785）、嘉庆元年（1796）。乾隆四十九年秋，75 岁的乾隆帝为效仿祖父康熙帝，开始酝酿清朝的第三次“千叟宴”。因朝鲜国王遵旨遴选年在 60 岁以上陪臣担任正、副贡使，到京师参加千叟宴，乾隆帝特赐朝鲜国王文房四宝砚、纸、笔、墨等。

乾隆四十九年十一月十一日内閣奉
上諭明歲舉行千叟宴盛典特命朝鮮國王酌派年在六十以上陪臣二三人充正副使來京預宴茲據禮部奏准朝鮮國王咨稱遵旨將陪臣年六十以上者專差進賀正副使即日登程進京入宴等語該國恪守藩封最稱恭順接奉前旨即行遴選耆年派充貢使觀光預宴其忱悃甚屬可嘉著加恩特賜該國王宋澄泥仿唐石渠硯一方梅花玉版箋二十張花箋二十張花絹二十張徽墨二十錠湖筆二十枝即交該國貢使祇領並著禮部行文該國王毋庸具表謝恩以示朕恩加無已體恤遠邦至意欽此

乾隆帝谕旨（乾隆四十九年十一月十一日）

军机大臣奏片：

为朝鲜贡使李徽之等来京并恭进千叟宴诗事

乾隆五十年正月初二日（1785年2月10日）

乾隆五十年（1785）正月初六日，“海宇乂安，天下富足”，又喜得五世玄孙，75岁的乾隆帝效仿祖父康熙帝，在乾清宫举行了清朝的第三次“千叟宴”。朝鲜贡使是唯一与宴的藩属国陪臣，与文武官员、士商兵民，蒙古、回部、西藏、西南土官年过60者共3000余人，齐聚一堂，饮酒赋诗。朝鲜贡使李徽之、姜世晃提前来京呈进千叟宴诗，并参与了千叟宴。

據朝鮮國使臣李徽之姜世晃恭進慶賀千叟宴詩各
一首理合抄録呈
覽並将原詩一併進
呈謹
奏

军机大臣奏片（乾隆五十年正月初二日）

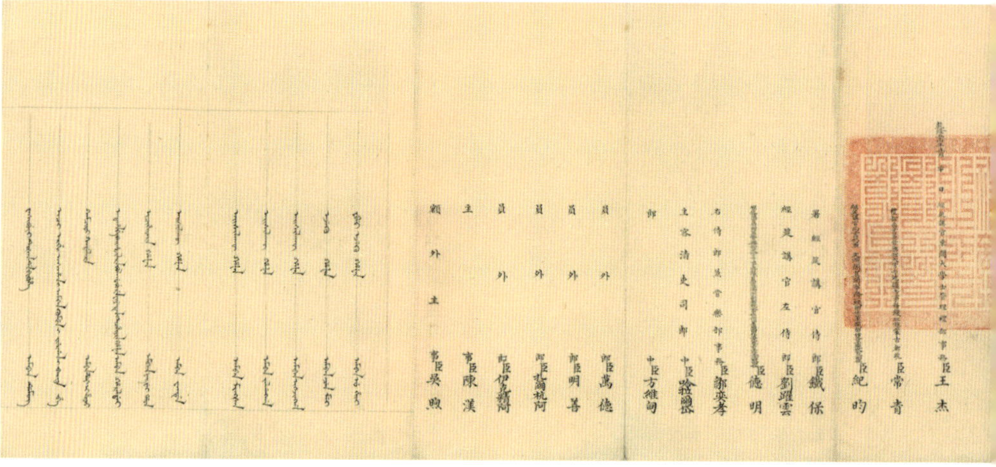

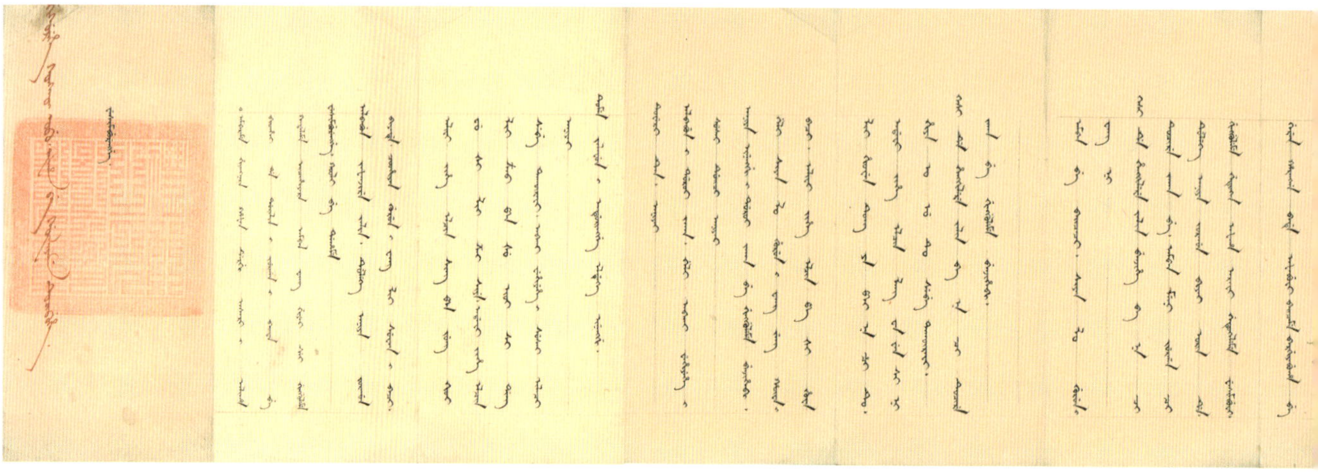

大学士管理礼部事务王杰等题本：

为朝鲜等国差使进贡请旨事

乾隆五十四年正月二十日（1789 年 2 月 14 日）

朝鲜进贡物品清单

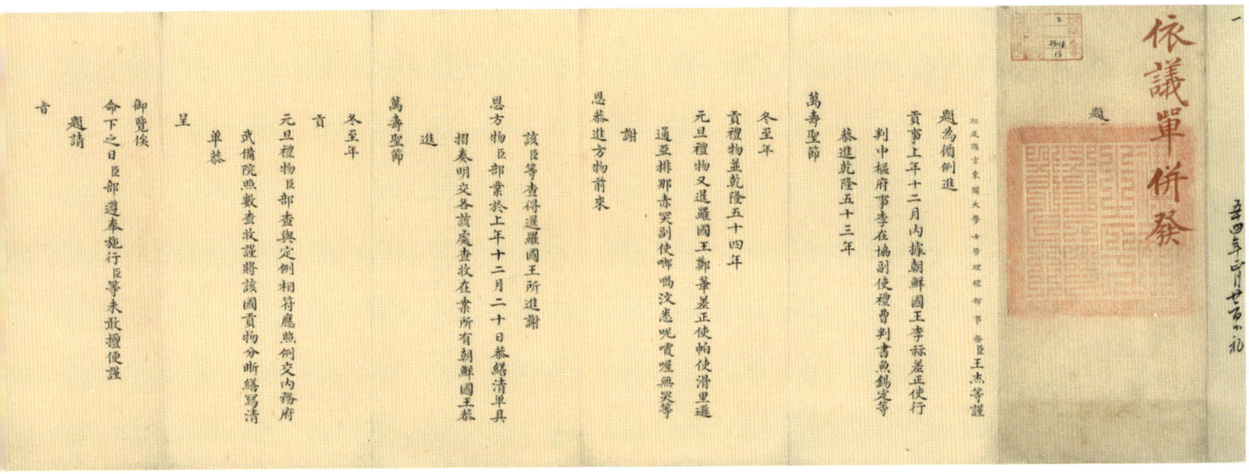

依議單併發

題

經筵講官東閣大學士管理禮部事務臣王杰等謹

題為循例進
貢事上年十二月內據朝鮮國王李祘差正使行
判中樞府事李在協副使禮曹判書魚錫定等
恭進乾隆五十三年
萬壽聖節
冬至年
貢禮物並乾隆五十四年
元旦禮物又暹羅國王鄭華差正使帕使滑里遜
通亞排那赤哭副使啷嗎汶悉呢嚏喔無哭等
謝
恩恭進方物前來
該臣等查得暹羅國王所進謝
恩方物臣部業於上年十二月二十日恭繕清單具
摺奏明交各該處查收在案所有朝鮮國王恭
進
萬壽聖節
冬至年
貢
元旦禮物臣部查與定例相符應照例交內務府
武備院照數查收謹將該國貢物分晰繕寫清
單恭
呈
御覽俟
命下之日臣部遵奉施行臣等未敢擅便謹
題請
旨

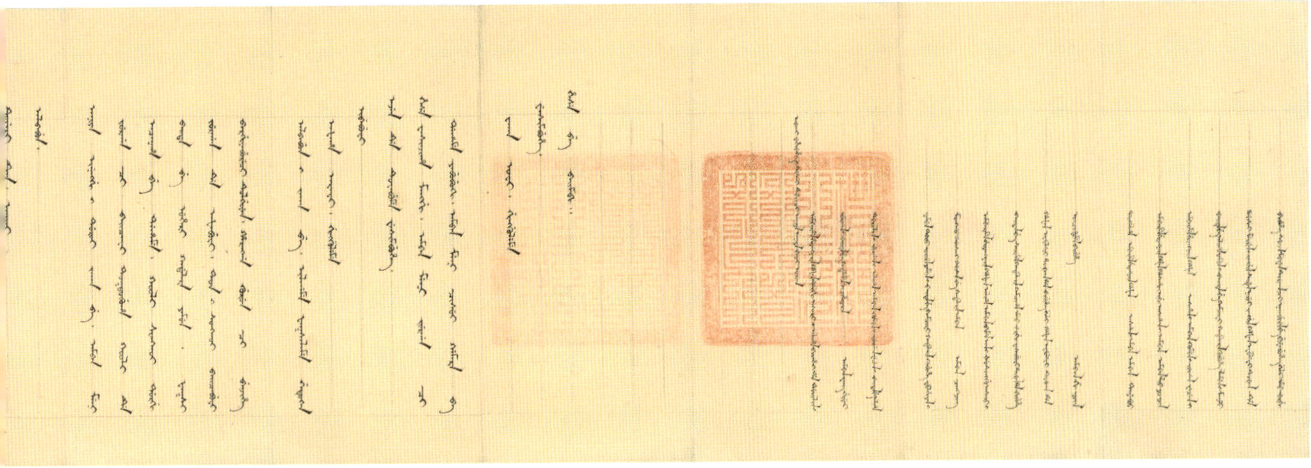

大学士管理礼部事务王杰等题本（乾隆五十四年正月二十日）

清制：朝鲜每年进贡一次，并万寿圣节、元旦、冬至三大节为四贡，同时进献。所有朝鲜国王恭进年贡、万寿圣节、冬至年贡、元旦礼物，均有定例，由内务府武备院照数查收，缮写清单，恭呈御览。乾隆五十三年（1788）朝鲜年贡有“白苎布二百匹、红绵绸一百匹、绿绵绸一百匹、白绵绸二百匹、白木绵一千匹、木绵二千匹、五爪龙席二张、各样花席二十张、鹿皮一百张、獭皮三百张、好腰刀十把、好大纸两千卷、好小纸三千卷、粘米四十石”。

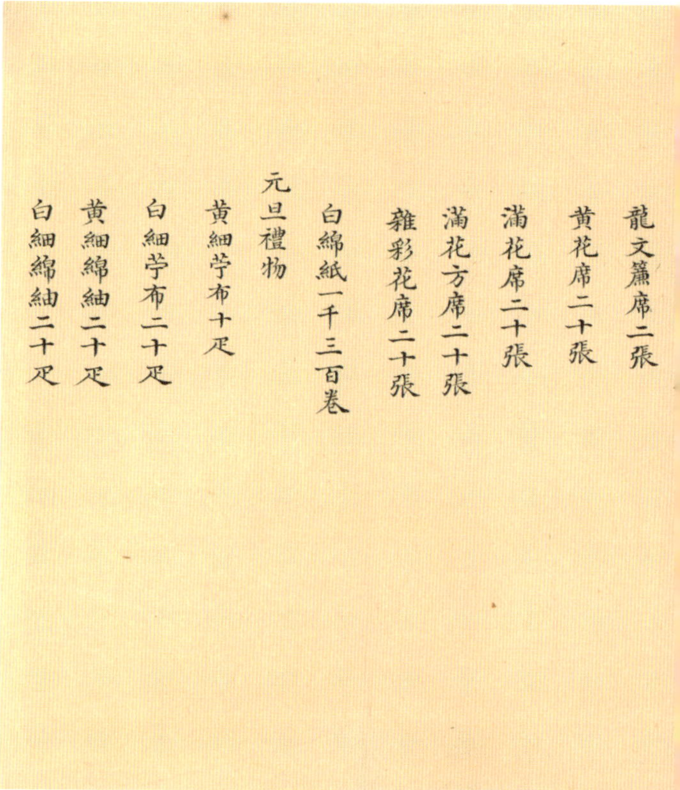

龍文簾席二張
黃花席二十張
滿花席二十張
滿花方席二十張
雜彩花席二十張
白綿紙一千三百卷
元旦禮物
黃細苧布十疋
白細苧布二十疋
黃細綿紬二十疋
白細綿紬二十疋

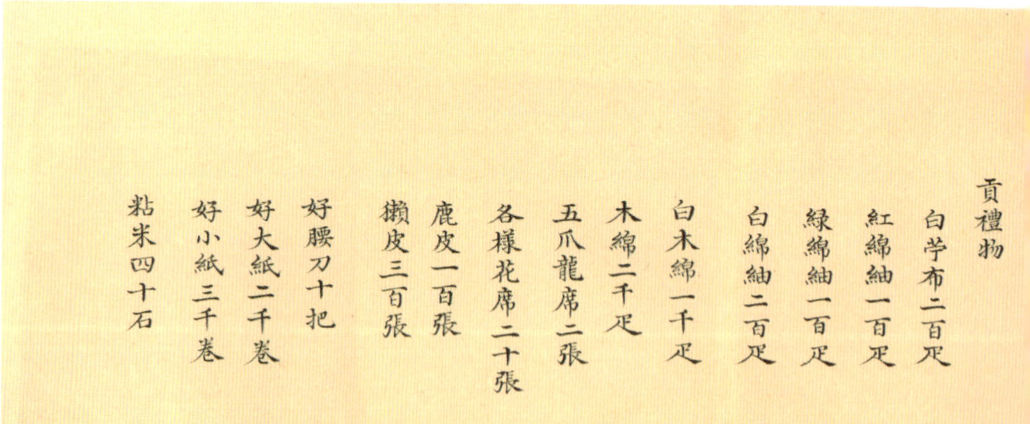

貢禮物
白苧布二百疋
紅綿紬一百疋
綠綿紬一百疋
白綿紬二百疋
白木綿一千疋
木綿二千疋
五爪龍席二張
各樣花席二十張
鹿皮一百張
獺皮三百張
好腰刀十把
好大紙二千卷
好小紙三千卷
粘米四十石

朝鲜进贡物品清单

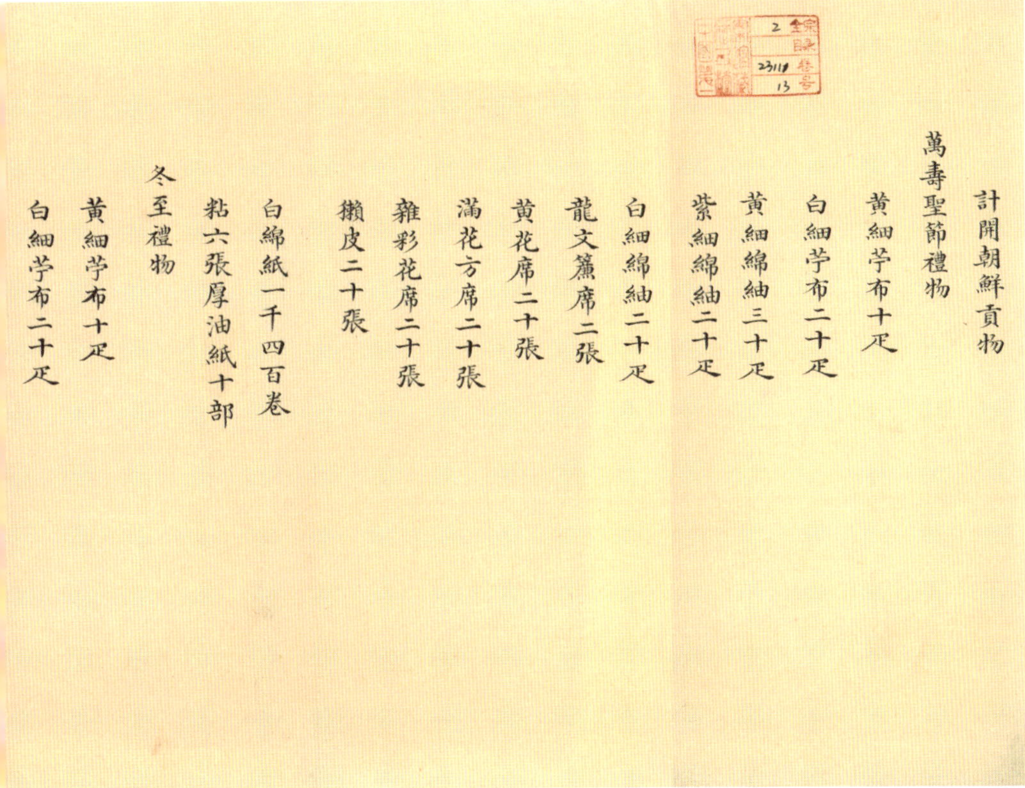

計開朝鮮貢物
萬壽聖節禮物
黃細苧布十疋
白細苧布二十疋
黃細綿紬三十疋
紫細綿紬二十疋
白細綿紬二十疋
龍文簾席二張
黃花席二十張
滿花方席二十張
雜彩花席二十張
獺皮二十張
白綿紙一千四百卷
粘六張厚油紙十部
冬至禮物
黃細苧布十疋
白細苧布二十疋

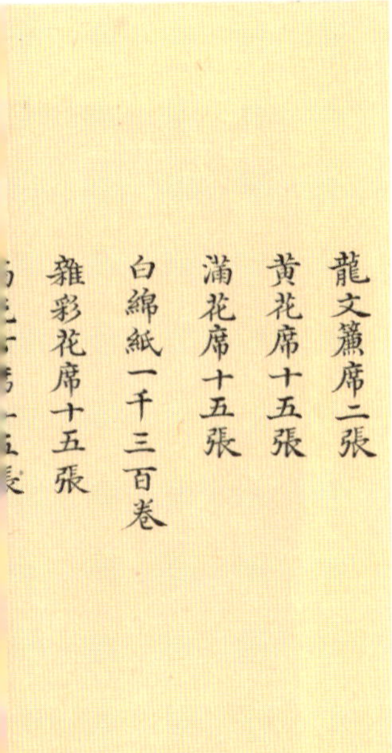

龍文簾席二張
黃花席十五張
滿花席十五張
白綿紙一千三百卷
雜彩花席十五張

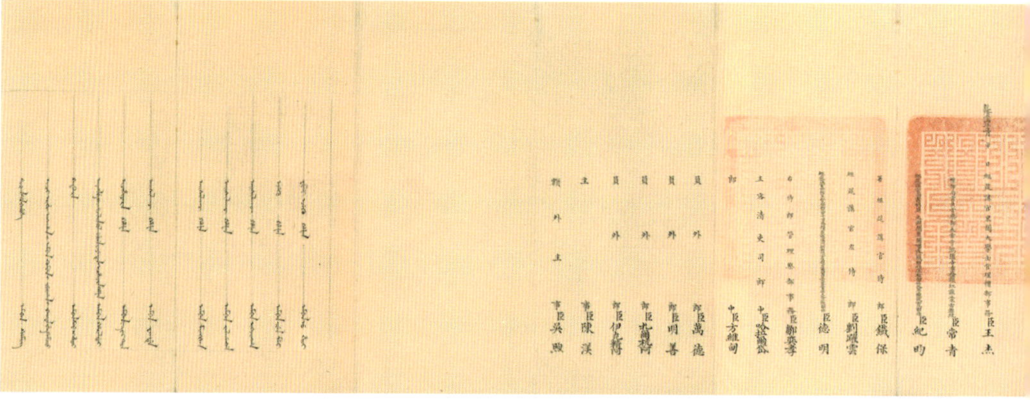

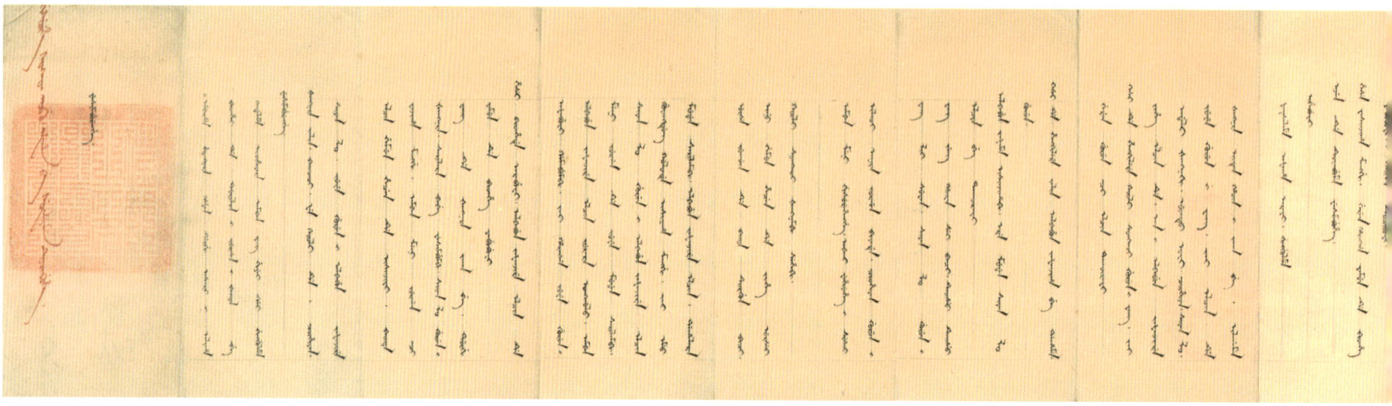

大学士管理礼部事务王杰等题本：

为赏赐朝鲜国王及贡使等事

乾隆五十四年正月二十日（1789年2月14日）

赏赐朝鲜国王及贡使等清单

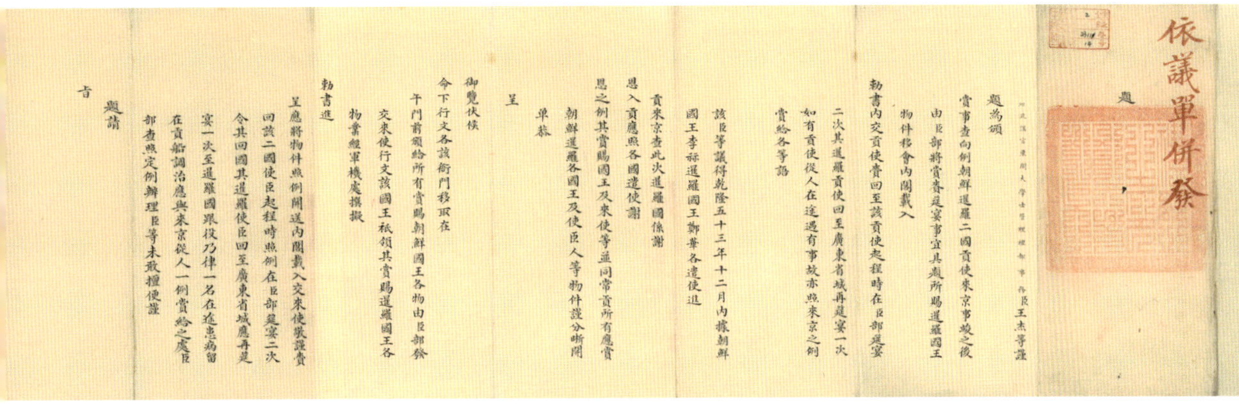

依議單併發

題

經筵講官東閣大學士管理禮部事務臣王杰等謹

題為頒

賞事查向例朝鮮暹羅二國貢使來京事竣之後

由臣部將賞賚筵宴事宜具題所賜暹羅國王

物件移會內閣載入

勅書內交貢使賫回至該貢使起程時在臣部筵宴

二次其暹羅貢使回至廣東省城再筵宴一次

如有貢使從人在途遇有事故亦照來京之例

賞給各等語

該臣等議得乾隆五十三年十二月內據朝鮮

國王李祘暹羅國王鄭華各遣使進

貢來京查此次暹羅國係謝

恩入貢應照各國遣使謝

恩之例其賞賜國王及來使等並同常貢所有應賞

朝鮮暹羅各國王及使臣人等物件謹分晰開

單恭

呈

御覽伏候

命下行文各該衙門移取在

午門前頒給所有賞賜朝鮮國王各物由臣部發

交來使行文該國王祇領其賞賜暹羅國王各

物業經軍機處擬撥

勅書進

呈應將物件照例開送內閣載入交來使敬謹賫

回該二國使臣起程時照例在臣部筵宴二次

令其回國其暹羅使臣回至廣東省城應再筵

宴一次至暹羅國跟役乃律一名在途患病留

在貢船調治應與來京從人一例賞給之處臣

部查照定例辦理臣等未敢擅便謹

題請

旨

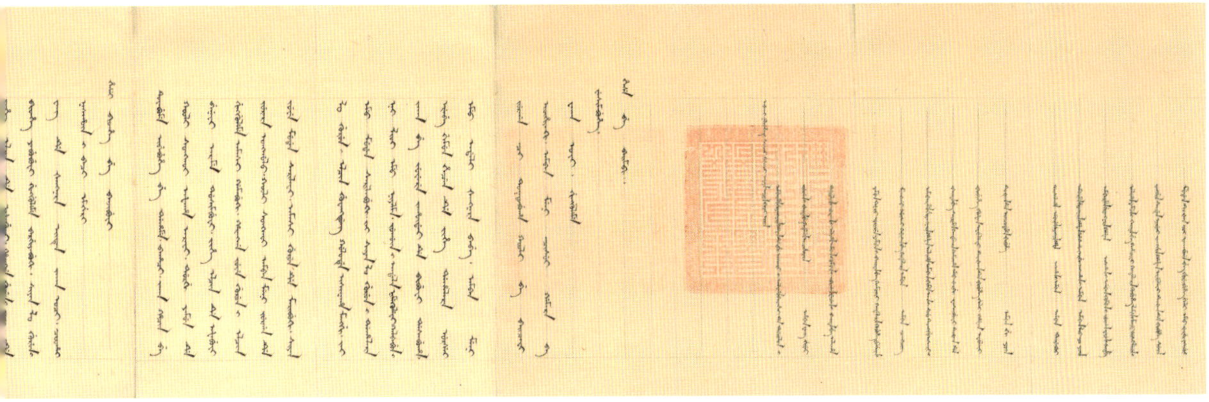

大学士管理礼部事务王杰等题本（乾隆五十四年正月二十日）

清朝皇帝接受了藩属国的朝贡后，依“厚往薄来”的上国之道，赏赐朝鲜国王各物由礼部交发来使，行文该国王祇领。在使臣启程归国前，还有礼部筵宴二次。年贡回赐国王“表缎五匹、里五匹、妆缎四匹、云缎四匹、貂皮一百张”；赏赐正、副贡使“大缎各一匹、帽缎各一匹、彭缎各一匹、绸各一匹、纺丝各一匹、绢各二匹、银各五十两”；赏赐书状官“大缎一匹、彭缎一匹、绢一匹、银四十两”；赏赐大通官“大缎各一匹、绢各一匹、银各二十两”；赏赐押物官“彭缎各一匹、布各二匹、银各十五两”；赏赐从人银各四两。

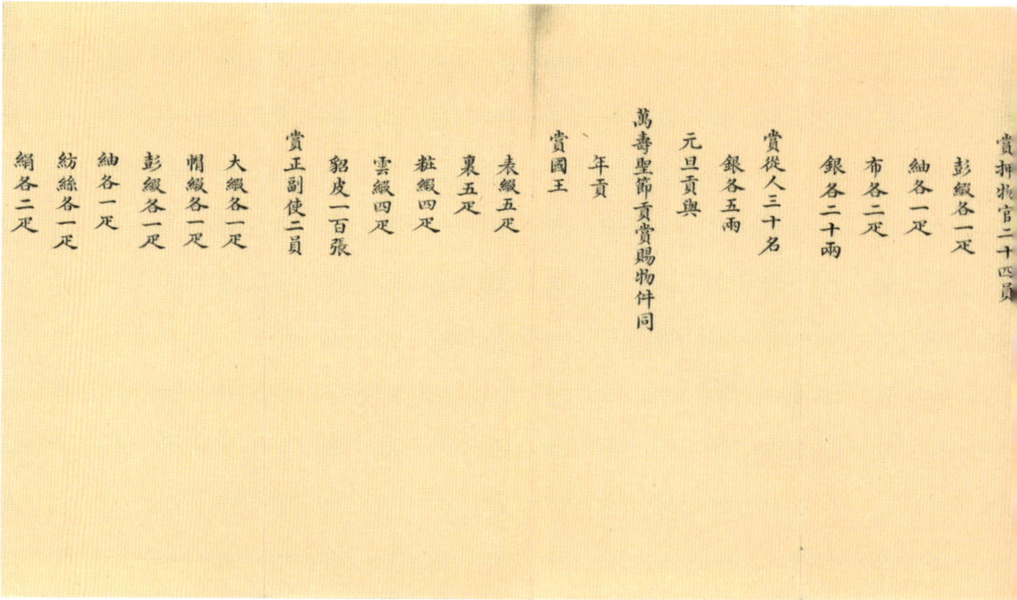
賞押物官二十四員
彭緞各一疋
紬各一疋
布各二疋
銀各二十兩
賞從人三十名
銀各五兩
元旦貢與
萬壽聖節貢賞賜物件同
年貢
賞國王
表緞五疋
裏五疋
粧緞四疋
雲緞四疋
貂皮一百張
賞正副使二員
大緞各一疋
帽緞各一疋
彭緞各一疋
紬各一疋
紡絲各一疋
絹各二疋

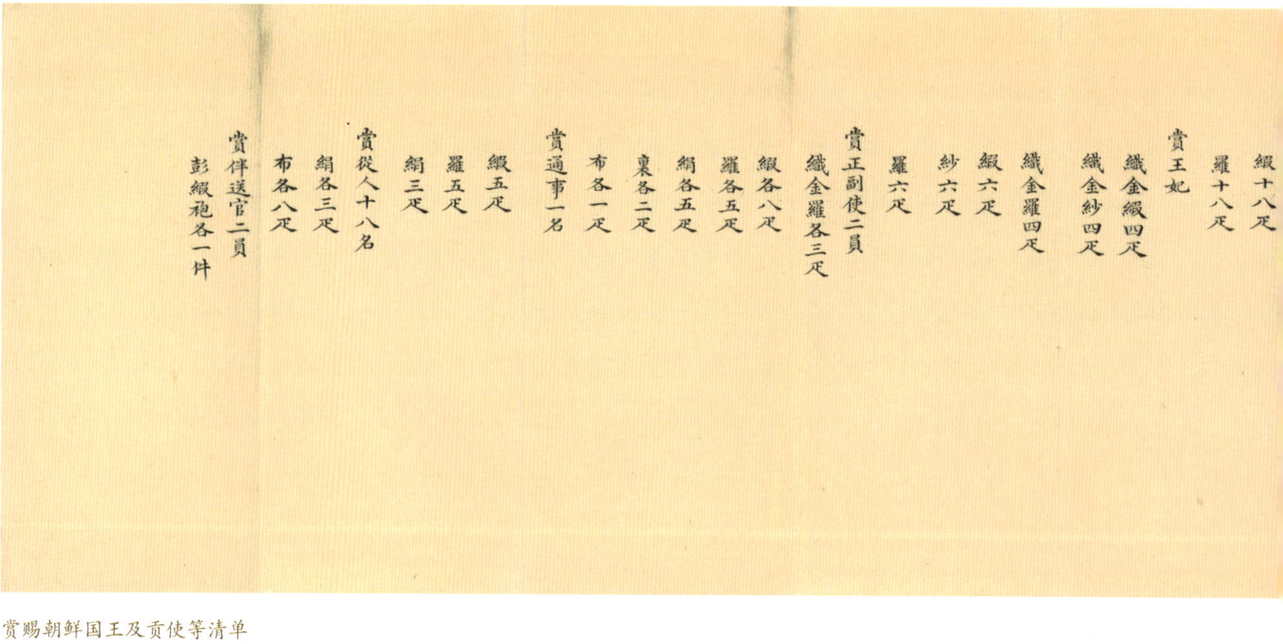
緞十八疋
羅十八疋
賞王妃
織金緞四疋
織金紗四疋
織金羅四疋
緞六疋
紗六疋
羅六疋
賞正副使二員
織金羅各三疋
緞各八疋
羅各五疋
絹各五疋
裏各二疋
布各一疋
賞通事一名
緞五疋
羅五疋
絹三疋
賞從人十八名
絹各三疋
布各八疋
賞伴送官二員
彭緞袍各一件

赏赐朝鲜国王及贡使等清单

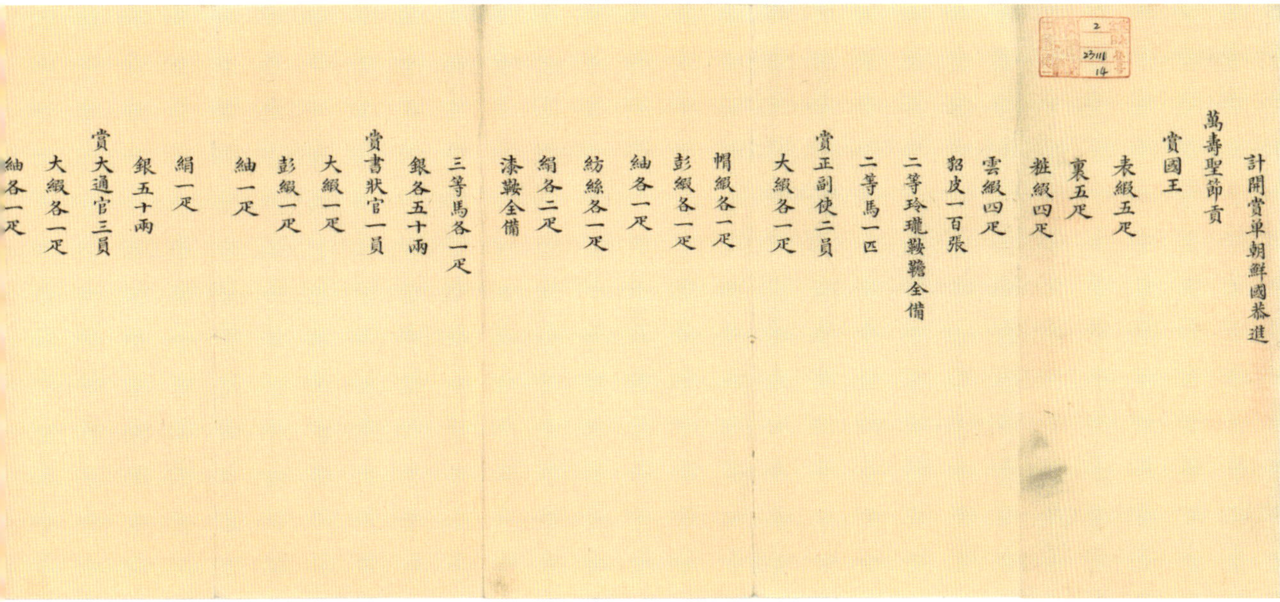

計開賞單朝鮮國恭進
萬壽聖節貢
賞國王
表緞五疋
裏五疋
粧緞四疋
雲緞四疋
貂皮一百張
二等玲瓏鞍轡全備
二等馬一匹
賞正副使二員
大緞各一疋
帽緞各一疋
彭緞各一疋
紬各一疋
紡絲各一疋
絹各二疋
漆鞍全備
三等馬各一疋
銀各五十兩
賞書狀官一員
大緞一疋
彭緞一疋
紬一疋
絹一疋
銀五十兩
賞大通官三員
大緞各一疋
紬各一疋

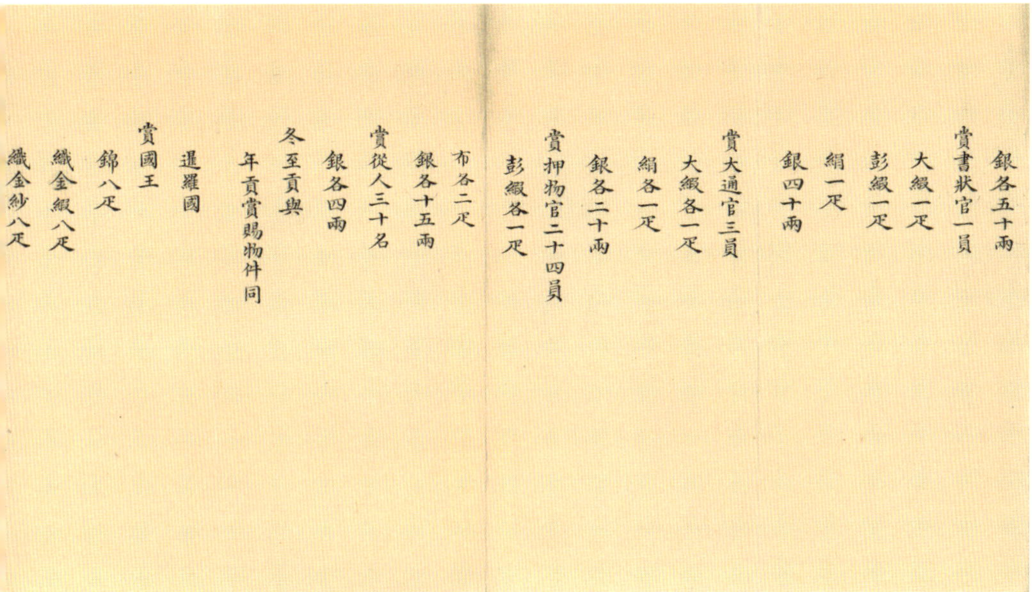

銀各五十兩
賞書狀官一員
大緞一疋
彭緞一疋
絹一疋
銀四十兩
賞大通官三員
大緞各一疋
絹各一疋
銀各二十兩
賞押物官二十四員
彭緞各一疋
布各二疋
銀各十五兩
賞從人三十名
銀各四兩
冬至貢與
年貢賞賜物件同
暹羅國
賞國王
錦八疋
織金緞八疋
織金紗八疋

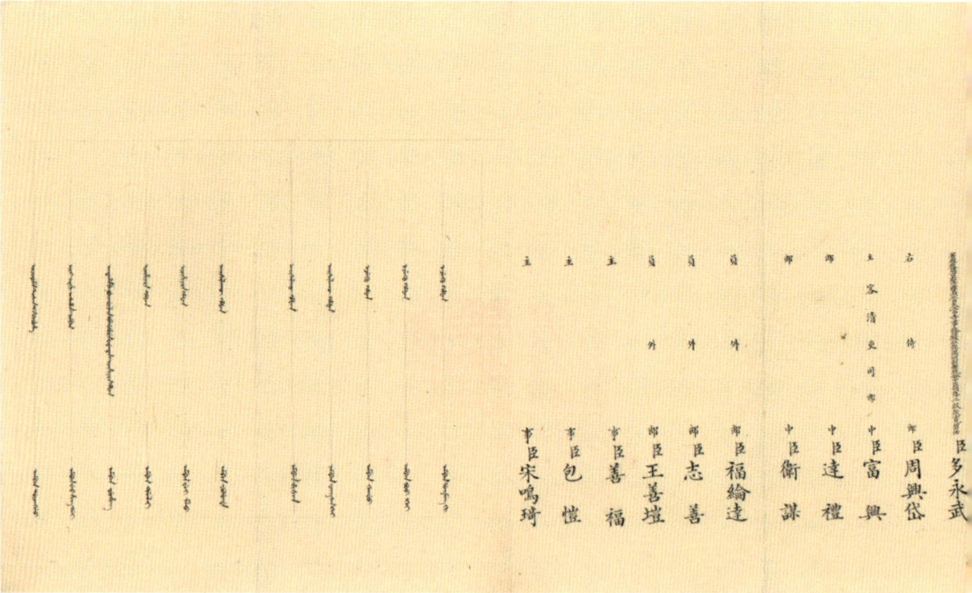

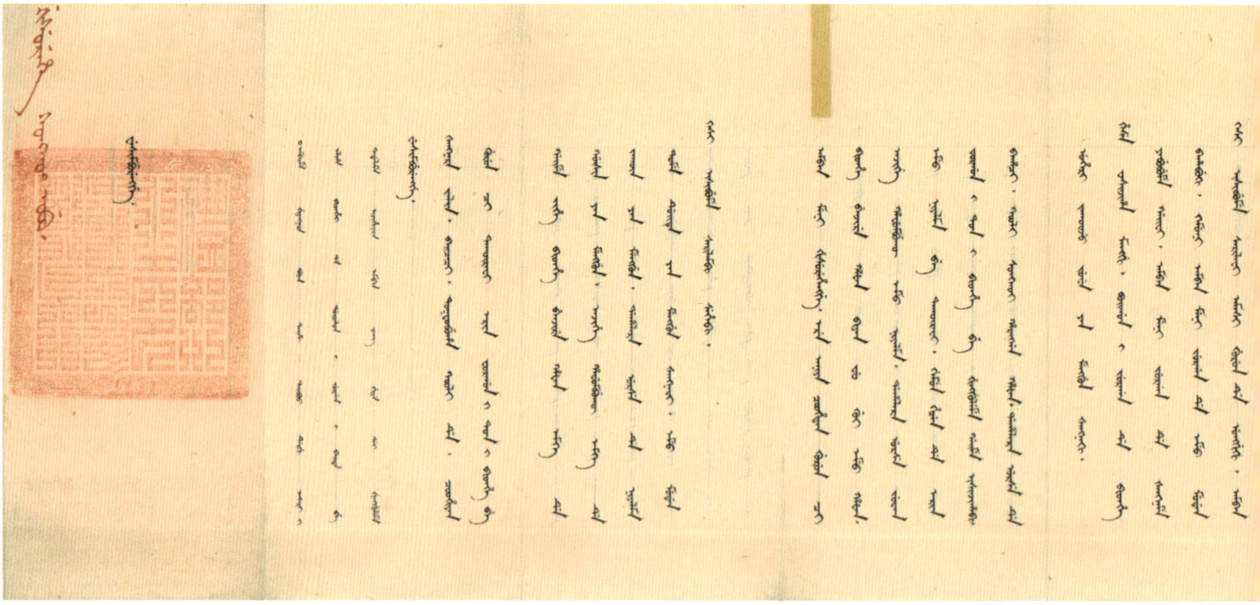

大学士管理礼部事务王杰等题本（乾隆六十年十月十一日）

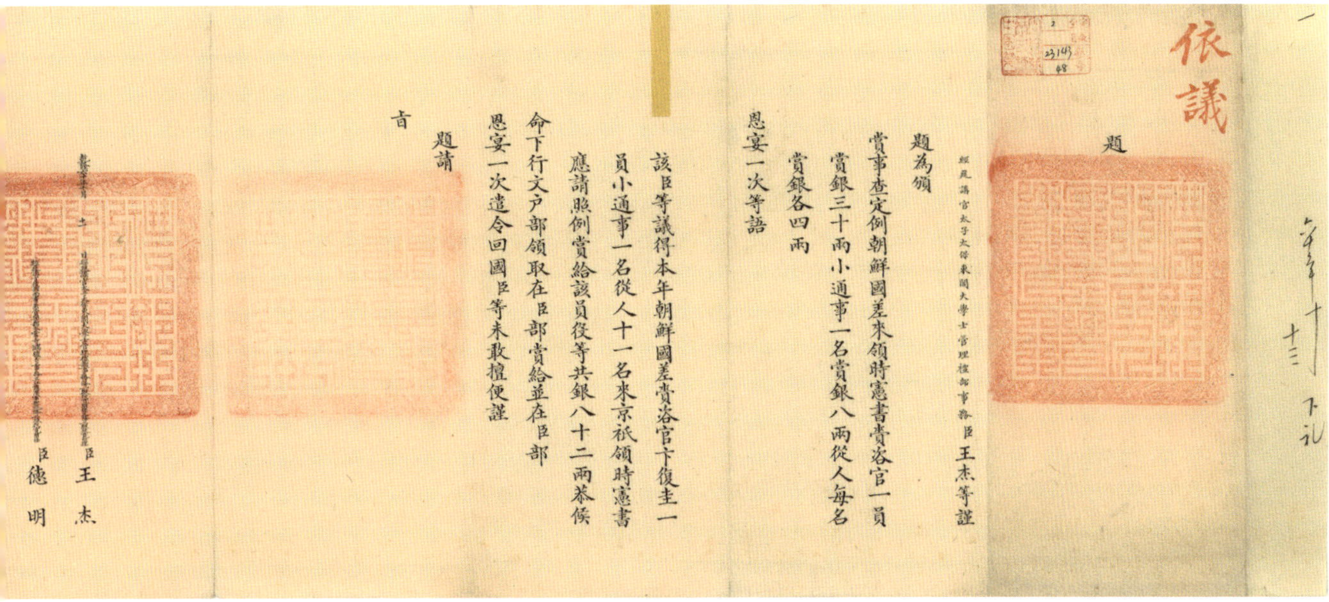
依議

題

經筵講官太子太保東閣大學士管理禮部事務臣王杰等謹

題為領

賞事查定例朝鮮國差來領時憲書賫咨官一員

賞銀三十兩小通事一名賞銀八兩從人每名

賞銀各四兩

恩宴一次等語

該臣等議得本年朝鮮國差賫咨官卞復圭一員小通事一名從人十一名來京祇領時憲書應請照例賞給該員役等共銀八十二兩恭候

命下行文戶部領取在臣部賞給並在臣部

恩宴一次遣令回國臣等未敢擅便謹

題請

旨

臣王杰

臣德明

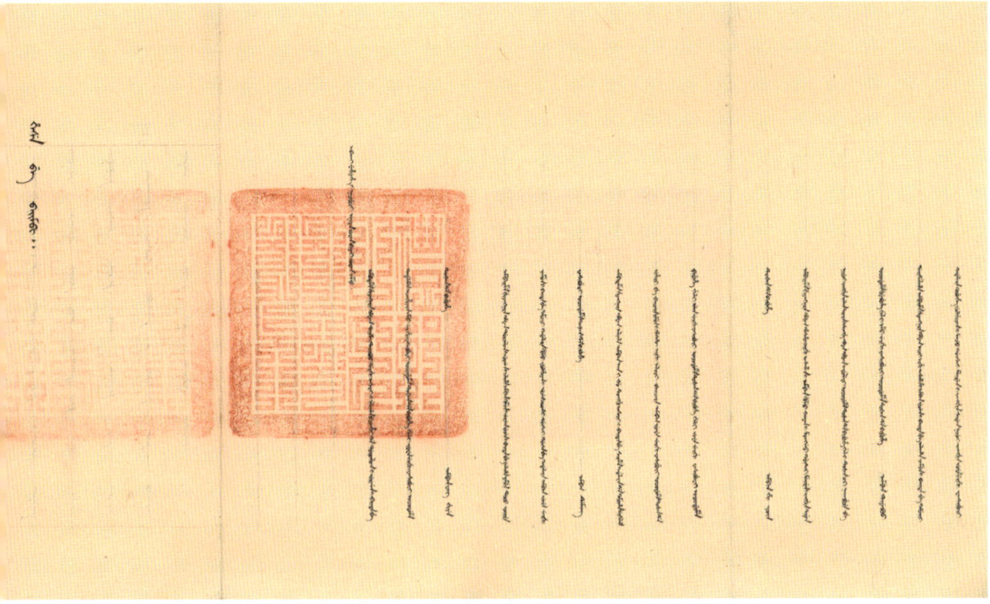

大学士管理礼部事务王杰等题本：

为朝鲜赍咨官卞复圭等祗领时宪书照例赏银赐宴请旨事

乾隆六十年十月十一日（1795 年 11 月 21 日）

该题本呈现了朝鲜差来领时宪书赍咨官卞复圭等 13 人，受颁赏银共 82 两，并被赐宴 1 次的情况。

礼部致军机处咨文：
为奉圣谕着朝鲜将庆贺万寿节随表贡物抵作下次正贡事

嘉庆二年正月二十六日（1797年2月22日）

该上谕点明了清朝与朝鲜关系的独特之处：明确“藩封”与“职方”具有同等涵义，双方就像父母子弟般相处，与其他“属国”不同。嘉庆二年正月二十六日，嘉庆帝奉太上皇乾隆帝的圣谕：“尔朝鲜国久隶职方，抒忱宾服，与凡为属国者不同。”故遇长至、元旦等节令和皇帝的寿辰，朝鲜国王都会派遣使节赍表庆贺并进献方物。逢高年逊位的太上皇乾隆帝与嘉庆帝寿辰，朝鲜准备两份礼物送呈，清廷除签收、颁赏外，还加赏朝鲜国王、使臣以彰显厚往薄来之意。至于例外所有随表贡物，“准其抵作下次正贡，届期毋庸再行备进，用示体恤”。反映了清朝追求父母之邦宽柔亲切的外交路线。

禮部為咨行事本年正月二十六日
皇帝敬奉
太上皇帝聖諭爾朝鮮國久隸職方抒忱賓服與凡為
屬國者不同每遇長至元旦令節及
萬壽聖節爾國王遣使賫表慶賀進獻方物具見恪恭
効順悃款可嘉此次以天朝疊慶重釐欣逢
太上皇帝萬萬壽聖節並皇帝壽辰均經備物呈進梯
航遠涉出自至誠允宜一律鑒收並須賞加賞國王
暨使臣等物件錫賚便蕃以昭厚往薄來之意至例
外所有隨表貢物著該部行知該國王准其抵作下
次正貢屆期毋庸再行備進用示體恤欽此為此合咨
貴國王欽遵查照辦理須至咨者

礼部致军机处咨文（嘉庆二年正月二十六日）

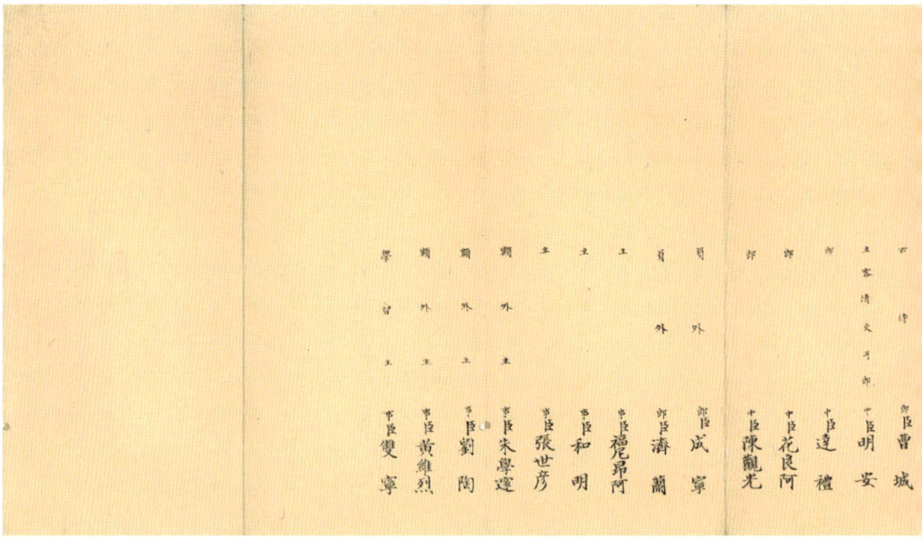

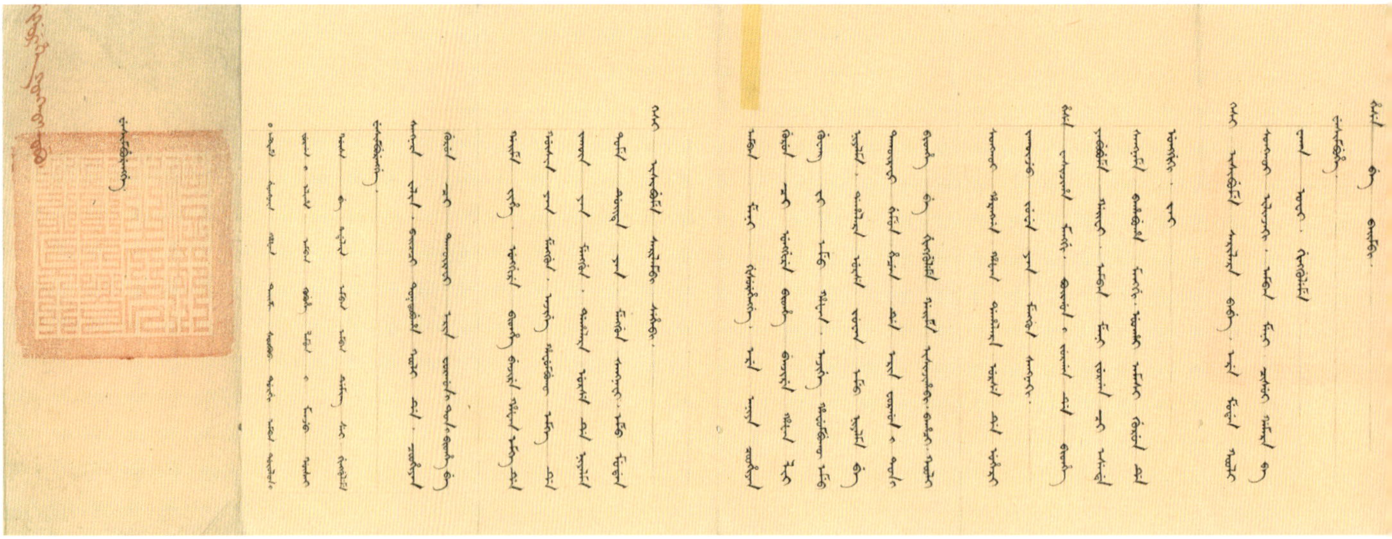

礼部尚书德明等题本：

为朝鲜赍咨官李光稷等祇领时宪书照例赏银赐宴请旨事

嘉庆四年十月十二日（1799 年 11 月 9 日）

该题本反映了嘉庆四年朝鲜差来领时宪书赍咨官李光稷等 13 人，受颁赏银共 82 两，并被赐宴 1 次的情况。

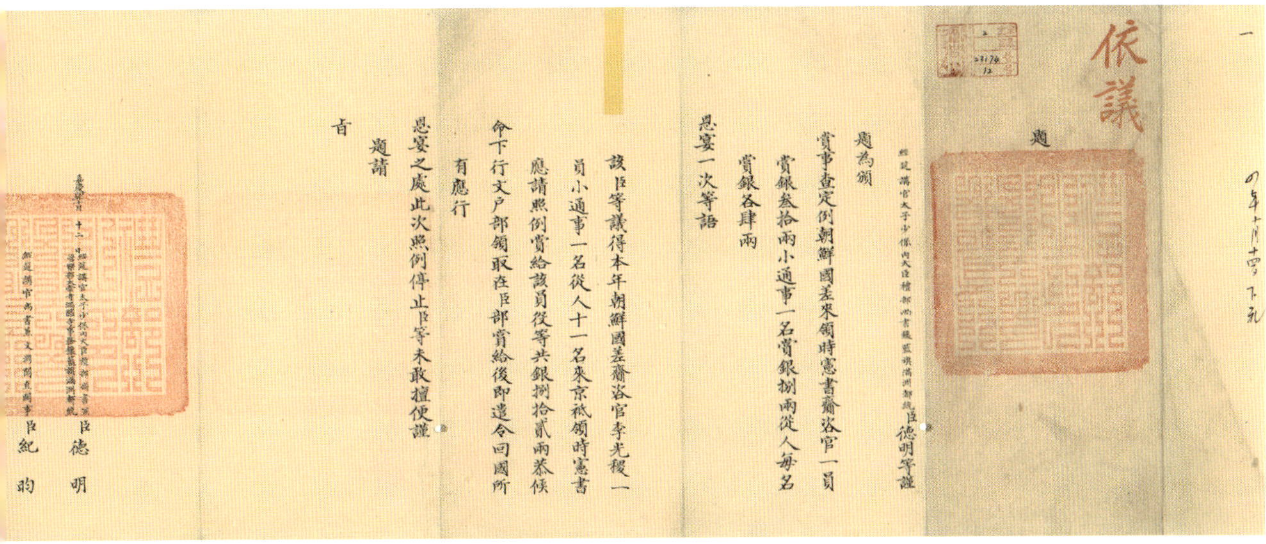

依議

題

經筵講官太子少保內大臣禮部尚書鑲藍旗滿洲都統臣德明等謹

題為領

賞事查定例朝鮮國差來領時憲書賫咨官一員

賞銀叁拾兩小通事一名賞銀捌兩從人每名

賞銀各肆兩

恩宴一次等語

該臣等議得本年朝鮮國差賫咨官李光稷一

員小通事一名從人十一名來京祇領時憲書

應請照例賞給該員役等共銀捌拾貳兩恭候

命下行文戶部領取在臣部賞給後即遣令回國所

有應行

恩宴之處此次照例停止臣等未敢擅便謹

題請

旨

嘉慶四年十月十二日 臣德明

臣紀昀

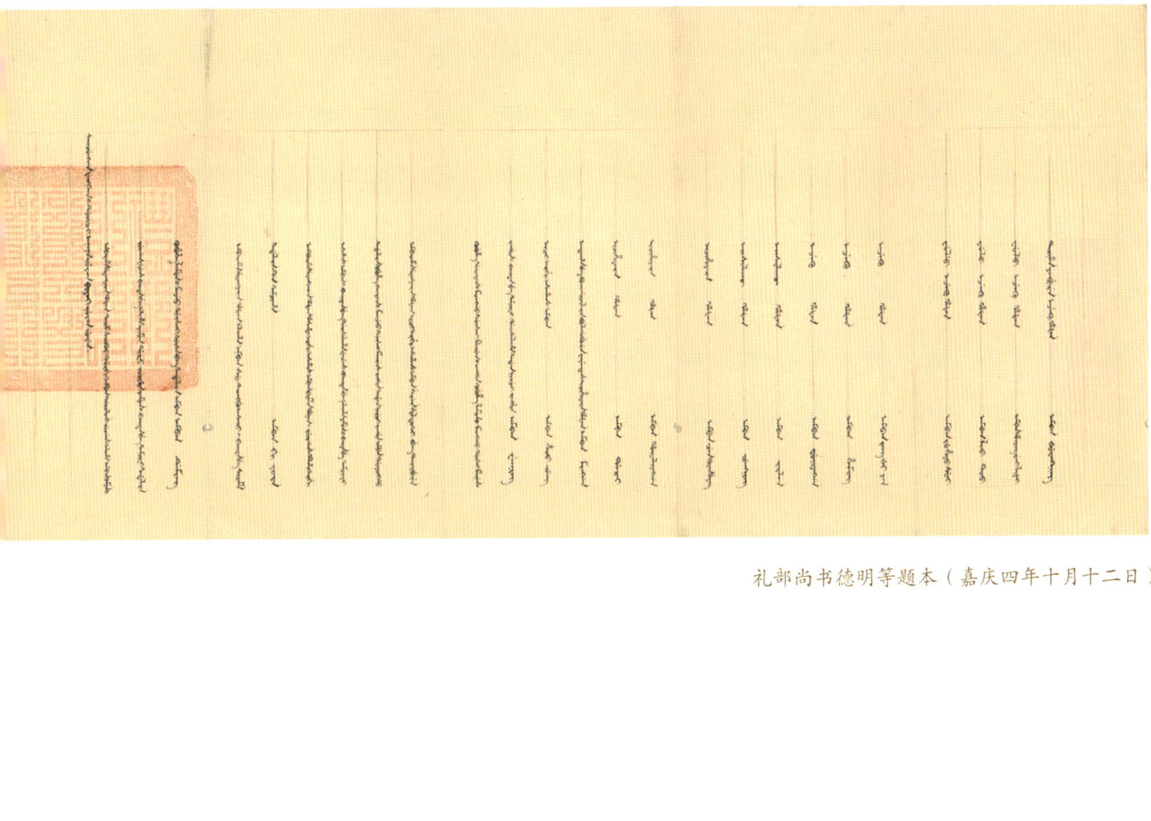

礼部尚书德明等题本（嘉庆四年十月十二日）

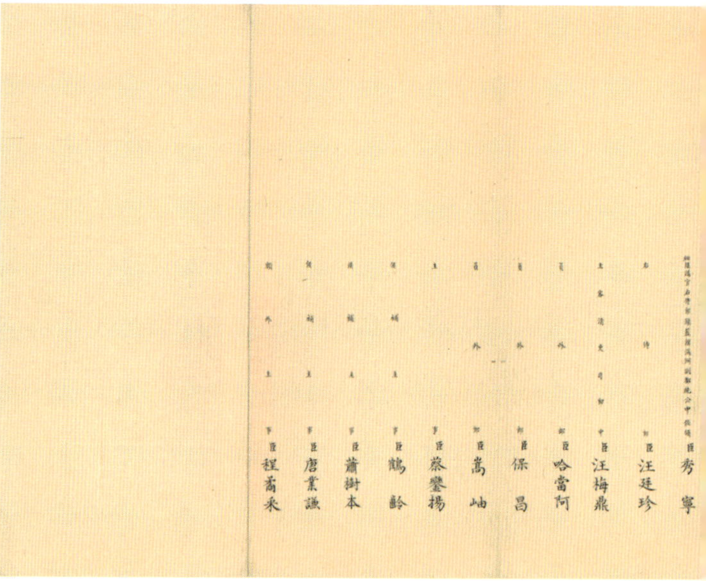

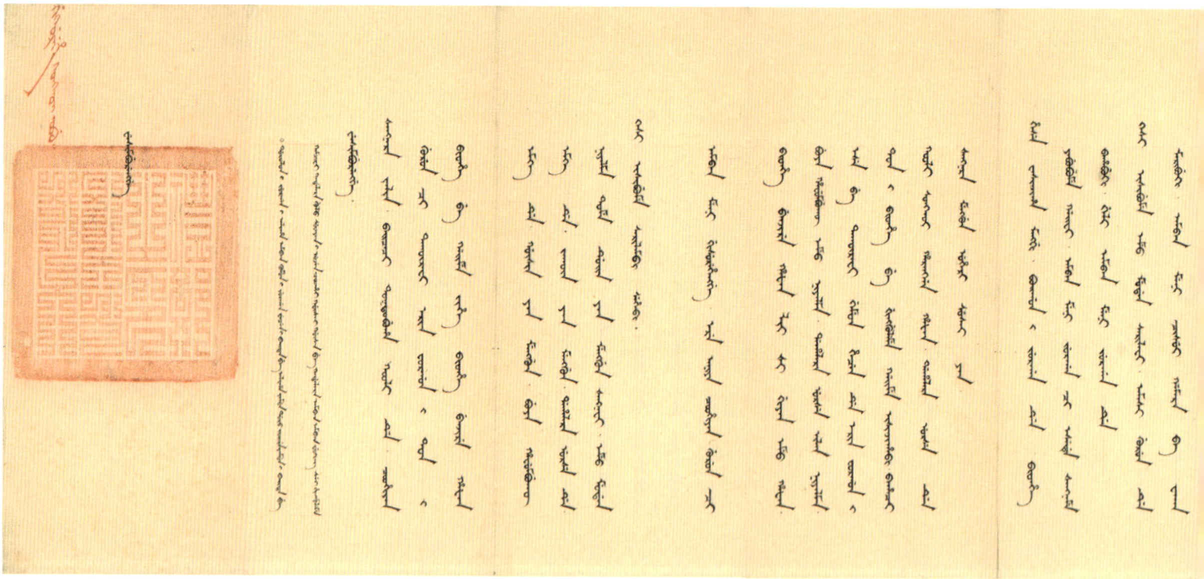

礼部尚书福庆等题本：

为朝鲜赍咨官李时健等祇领时宪书照例赏银赐宴请旨事

嘉庆十七年十月十三日（1812年11月16日）

该题本呈现了嘉庆十七年朝鲜差来领时宪书赍咨官李时健等5人，受颁赏银共50两，并被赐宴1次的情况。

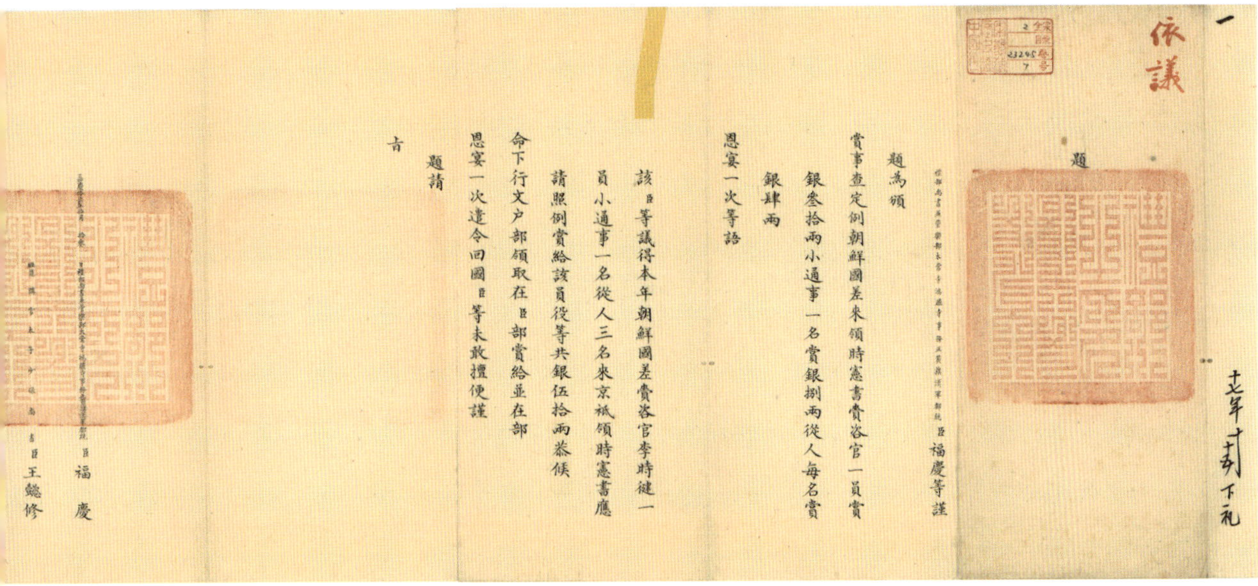
依議

題

禮部尚書兼管樂部太常寺鴻臚寺事務正黃旗漢軍都統臣福慶等謹

題為頒

賞事查定例朝鮮國差來領時憲書賫咨官一員賞

銀叁拾兩小通事一名賞銀捌兩從人每名賞

銀肆兩

恩宴一次等語

該臣等議得本年朝鮮國差賫咨官李時健一

員小通事一名從人三名來京祗領時憲書應

請照例賞給該員役等共銀伍拾兩恭候

命下行文户部領取在臣部賞給並在部

恩宴一次遵令回國臣等未敢擅便謹

題請

旨

臣福慶

經筵講官太子少保尚書臣王懿修

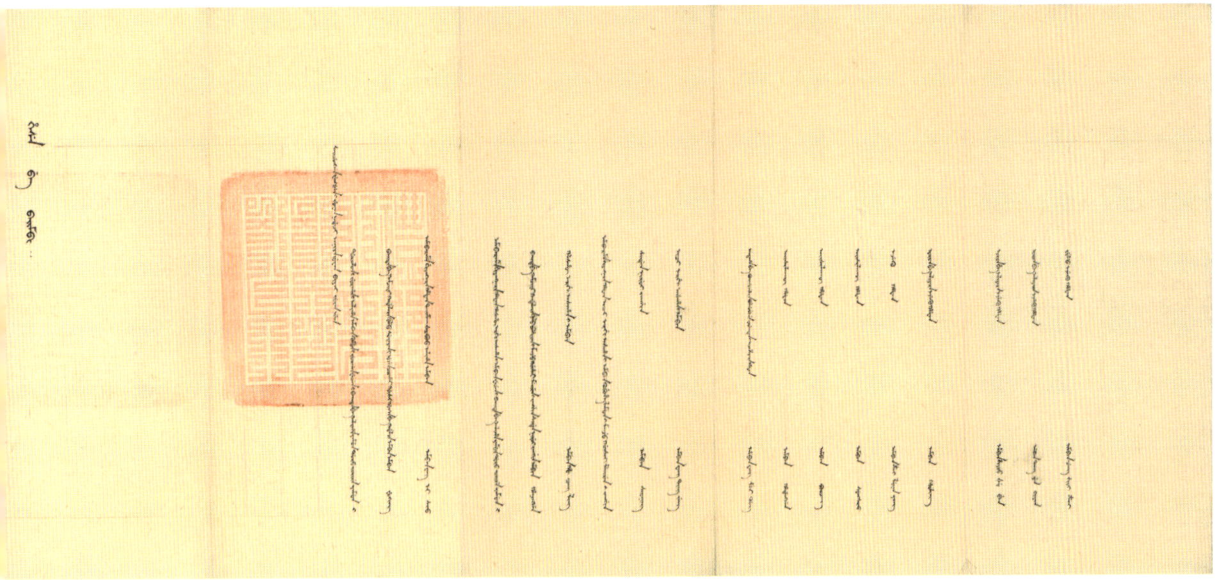

礼部尚书福庆等题本（嘉庆十七年十月十三日）

总管内务府奏折：

为颁赏朝鲜国王等缎匹名色事

嘉庆十九年正月十三日（1814年2月2日）

颁赏朝鲜国王等缎匹名色清单

嘉庆十九年（1814）正月，朝鲜贡使回国在即，总管内务府广储司根据礼部咨文，核查颁赏朝鲜国王缎匹，并开列清单：内务府库存贮有的，照数赏发；库存名色不符的，改用他物。经查，11种纺织物，7种足數使用，4种须改其他丝织品。赏赐物品的缺失，在一定程度上折射出内府财力和管理上的问题。

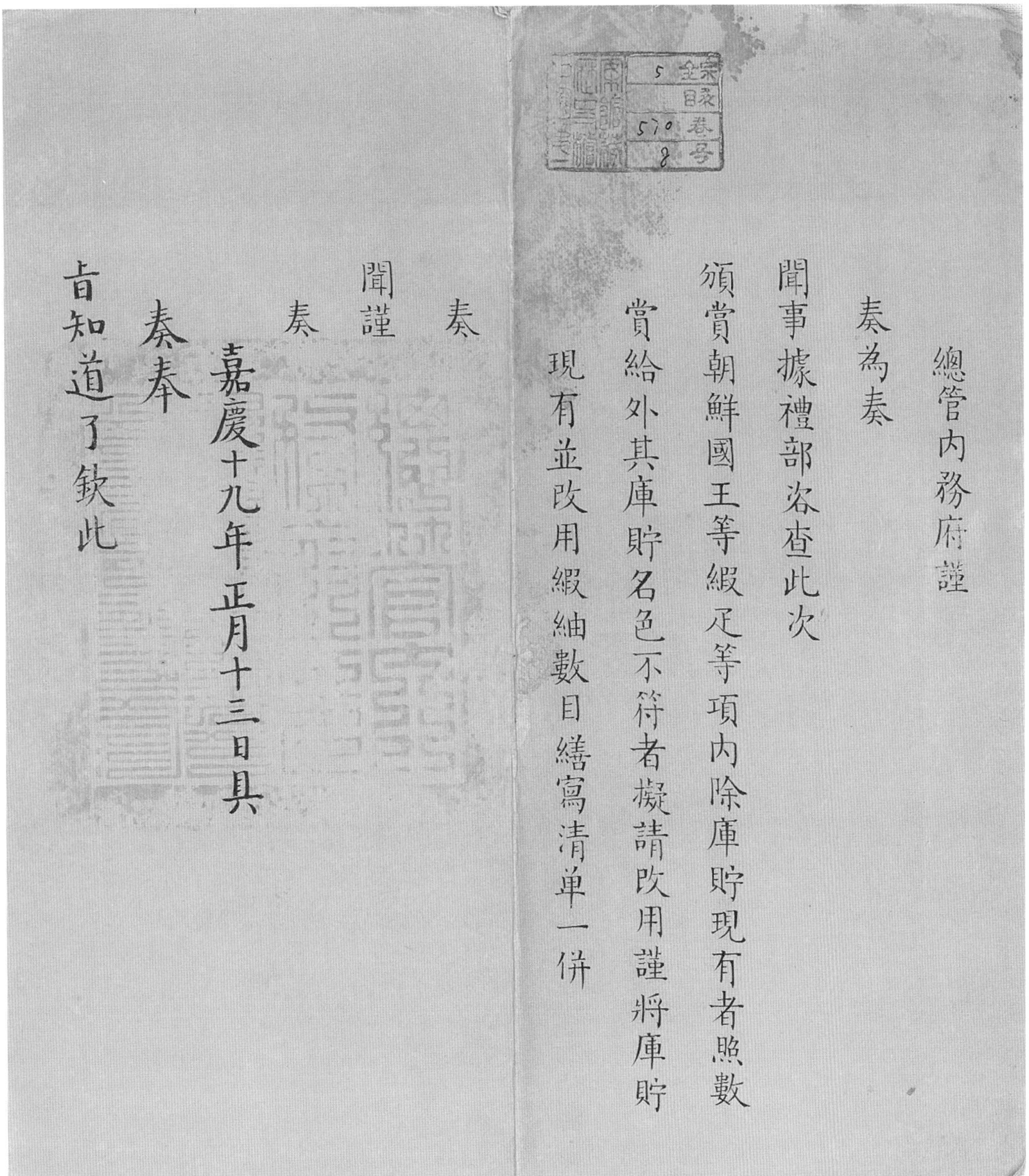

總管内務府謹
奏為奏
聞事據禮部咨查此次
頒賞朝鮮國王等緞疋等項内除庫貯現有者照數
賞給外其庫貯名色不符者擬請改用謹將庫貯
現有並改用緞紬數目繕寫清單一併
奏
聞謹
奏
嘉慶十九年正月十三日具
奏奉
旨知道了欽此

总管内务府奏折（嘉庆十九年正月十三日）

彭緞一百八疋改用小卷八絲緞

帽緞八疋庫內現有

紬六十四疋改用庫綾

紡絲八疋庫內現有

絹三十二疋庫內現有

布一百九十二疋庫內現有

颁赏朝鲜国王等缎匹名色清单
（嘉庆十九年正月十三日）

賞朝鮮國王等用

表緞二十疋庫內現有

裏紬二十疋改用庫綾

粧緞十六疋庫內現有

雲緞十六疋改用大卷寧紬

大緞二十四疋庫內現有

军机大臣奏片：

为朝鲜使臣韩致应等三人献诗照例拟赏事

嘉庆二十三年正月十五日（1818 年 2 月 19 日）

拟赏朝鲜国王及使臣物品清单

礼部奏片：

朝鲜使臣献诗照例加赏撤去福字方事

咸丰元年正月初十日（1851 年 2 月 10 日）

朝鲜与中国一衣带水，早在西汉，汉字就开始传入朝鲜半岛，并一直沿用至明正统年间，即朝鲜世宗大王时期，虽然只有朝鲜贵族和官员会使用汉字，被称为“吏读文字”，但明清时期的朝鲜使臣多可用汉语作诗。诗作为一种文学载体，要求作者用有节奏和韵律的语言表达思想和情感。无论中外，一首好诗都是集生动、凝练、优美、典雅于一体，创作者需拥有对语言的高度驾驭力和精确理解力，即使使用母语赋诗也并非易事，可见朝鲜使臣的汉语水平之高。为此，和诗贡使会得到赏赐，且在嘉庆二年成为定制：每当朝鲜国使臣恭进诗章后，加赏该国王及使臣等物件。其中，赏给朝鲜国王的物件是蟒缎 2 匹、福字方 100 幅、大小绢笺 4 卷、笔 4 匣、墨 4 匣、砚 2 方、雕漆器 4 件、玻璃器 4 件。赏给朝鲜献诗使臣三员的物件是大缎各 1 匹、笺纸各 2 卷、笔各 2 匣、墨各 2 匣。以后各朝执行如例。如，嘉庆二十三年，礼部收到朝鲜正使韩致应、副使申在明、书状官洪义瑾三员的恭和御制诗章，除将原诗进呈外，照例下发赏件，交礼部祗领颁给；咸丰元年仍依例实行，唯因正月尚在国服期间，礼部在照例赏赐献诗朝鲜国王、使臣的物品中，减去了例行的 100 幅福字方。这些规制体现了封贡体制中蕴涵的具有亲和力的人文气息和色彩。

查向例朝鮮國使臣恭
進詩章有
加賞該國王及使臣等物件今據禮部送到該正使
韓致應副使申在明書狀官洪羲瑾三員恭和
御製詩章謹將原詩進
呈臣等並照例分擬
賞單一併呈
覽恭俟
發下賞件時交禮部祇領
頒給謹
奏
正月十五日

军机大臣奏片（嘉庆二十三年正月十五日）

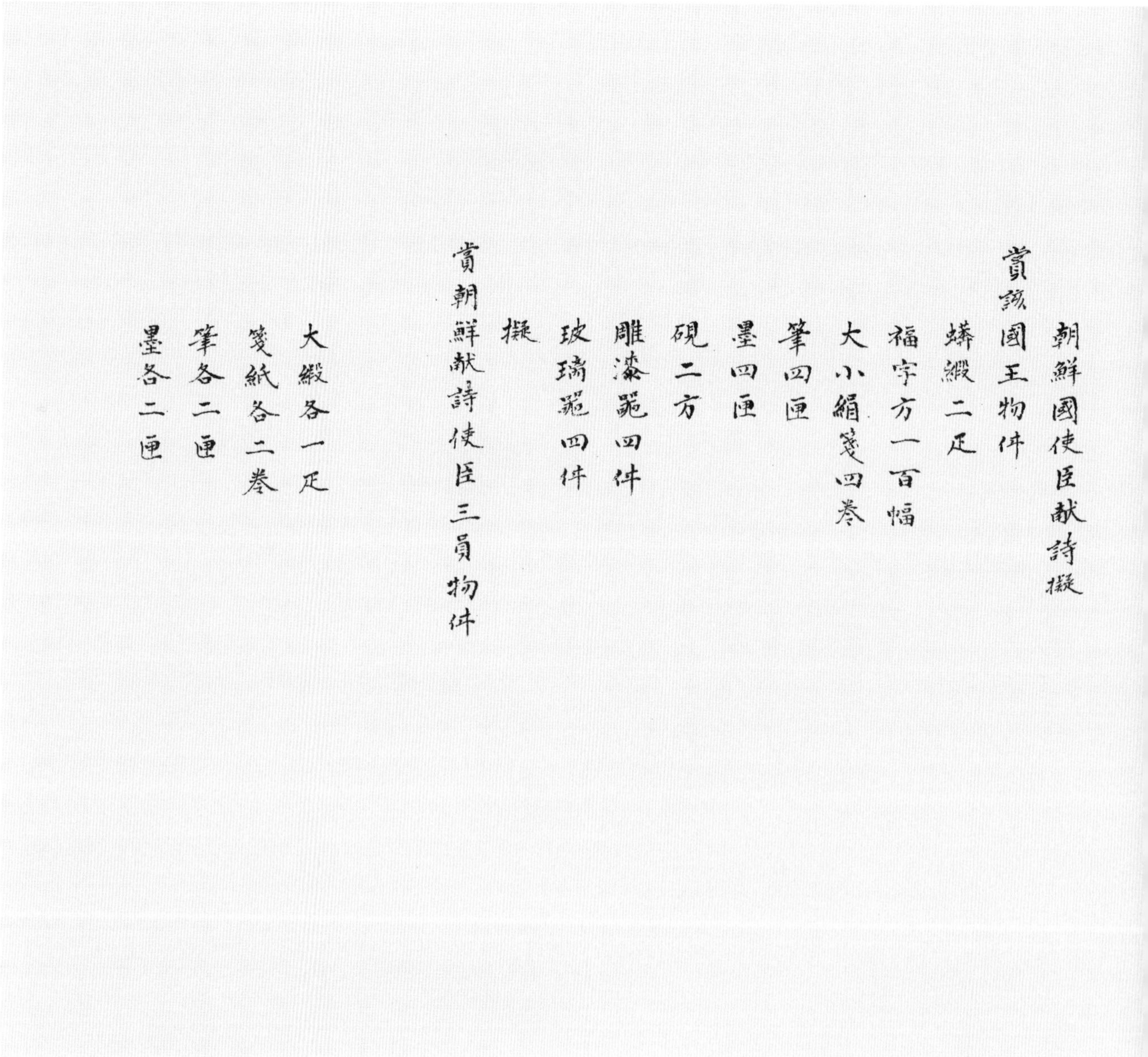

朝鮮國使臣獻詩擬
賞該國王物件
蟒緞二疋
福字方一百幅
大小絹箋四卷
筆四匣
墨四匣
硯二方
雕漆器四件
玻璃器四件
擬
賞朝鮮獻詩使臣三員物件
大緞各一疋
箋紙各二卷
筆各二匣
墨各二匣

拟赏朝鲜国王及使臣物品清单

查向例朝鮮琉球使臣恭和
御製詩章有
加賞該國王及使臣等物件道光二十九年正月奉
旨毋庸和詩照例加賞欽此再查道光元年該國使臣
等來京未經
加賞道光三十年照例
加賞惟單內福字方一百幅因
國服撤去臣等謹查照向例分擬
賞單並開列該二國使臣銜名呈
覽伏候
欽定所有福字方各一百幅均未開列合併陳明謹
奏

礼部奏片（咸丰元年正月初十日）

礼部奏片：

朝鲜使臣韩用龟等请恭迎嘉庆帝东巡事

嘉庆二十三年九月初九日（1818 年 10 月 8 日）

该件档案表现的是朝鲜方面遵守及维护中朝藩属关系的实例。《清文献通考·王礼考》载：顺治三年（1646）十月，定行幸迎送礼仪。所经过地方文官知县以上、武官游击以上，于本境道右百步外跪迎送。地方官百里内者来朝，百里外者免。雍正六年（1728）定：盛京文武各官朝贺，照在京文武官品级序定班次。与清朝建立关系的朝鲜，亦被视为臣国，行臣礼，只是开始时为被迫，到后来发展为自愿。嘉庆二十三年七月二十八日，嘉庆帝启驾出宫东巡盛京，举行谒陵大典，完毕后于九月十六日回銮。朝鲜使臣韩用龟奉朝鲜国王之命，在盛京恭迎銮驾、行庆贺礼、恭送銮驾，而嘉庆帝也赐朝鲜国王李玜御制诗章、御书福字等，并赏赉国王、陪臣等如例。期间因阴雨天气，嘉庆帝回銮日期从初定九月初九日改为九月十一日，并传谕朝鲜使臣先行归国，但使臣韩用龟等因“来时国王命我等恭迎圣驾、恭送圣驾，礼成之后再行归国”，并未先行离去。

臣等遵
旨傳到朝鮮使臣韓用龜等宣諭
恩旨該使臣等伏地叩頭據稱蒙
大皇帝天恩體恤備至陪臣不勝感激但我等來時
國王命我等恭迎
聖駕恭送
聖駕禮成之後再行歸國今
大皇帝駐蹕盛京未經
回鑾我等不敢先行回去覆命仍求據情代
奏等語謹
奏
九月初九日

礼部奏片（嘉庆二十三年九月初九日）

道光帝谕旨：
着赴朝使臣不得收受多余仪物
嘉庆二十五年八月二十六日（1820年10月2日）

明清时期的对外交往，总的来说是秉持“厚往薄来”“曲加体恤”的理念，具体执行起来有不同层面的细节规定。例如，在监督派往朝鲜的正、副使有无额外索要、收受朝鲜礼物的问题上，嘉庆二十五年八月，道光帝明确规定：赴朝鲜使臣“回京之日，路经奉天及山海关，并着该将军、监督等盘查行李。倘于正礼之外多带仪物，即行据实参奏，毋稍徇隐”。在制度层面上杜绝了以往使臣（尤其是明朝所派的太监使臣）额外索要礼物的陋习，对巩固、维系中朝封贡关系具有重要意义。

嘉慶二十五年八月二十六日内閣奉
上諭朝鮮國久列藩封宿為恭順天朝厚往薄來每
曲加體卹此次派往正副使務當恪守舊章於例
外儀物一概不准收受該使臣回京之日路經奉
天及山海關並著該將軍監督等盤查行李倘於
正禮之外多帶儀物即行據實參奏毋稍徇隱欽
此

道光帝谕旨（嘉庆二十五年八月二十六日）

道光帝谕旨：

着将大行皇帝遗诏及新帝登极诏书同发朝鲜国王以省两次供应之烦

嘉庆二十五年九月初一日（1820年10月7日）

道光帝即位后，继续奉行雍、乾、嘉以来不断降低或减轻朝鲜进贡负担的外交路线，这件上谕就是“顺带”减省精神的体现。嘉庆二十五年九月，内阁奉上谕派散秩大臣瑞龄为正使、内阁学士松福为副使，恭赍大行皇帝嘉庆帝遗诏颁发朝鲜。在诏使起程之前，道光帝指示，将“登极恩诏即交该正副使一并恭赍前往颁发，俾该国可省两次供应之烦，用示朕体恤藩封之意”。这种体恤，不仅说明道光帝继位后奉行减省朝鲜贡负的政策，执行力度也得到加强，对巩固、维系中朝封贡关系具有积极意义。

嘉慶二十五年九月初一日內閣奉
上諭前派散秩大臣瑞齡為正使內閣學士松福為
副使恭齎
大行皇帝遺詔頒給朝鮮國此時尚未起程著將登極
恩詔即交該正副使一併恭齎前往頒發俾該國
可省兩次供應之煩用示朕體恤藩封之意欽此

道光帝谕旨（嘉庆二十五年九月初一日）

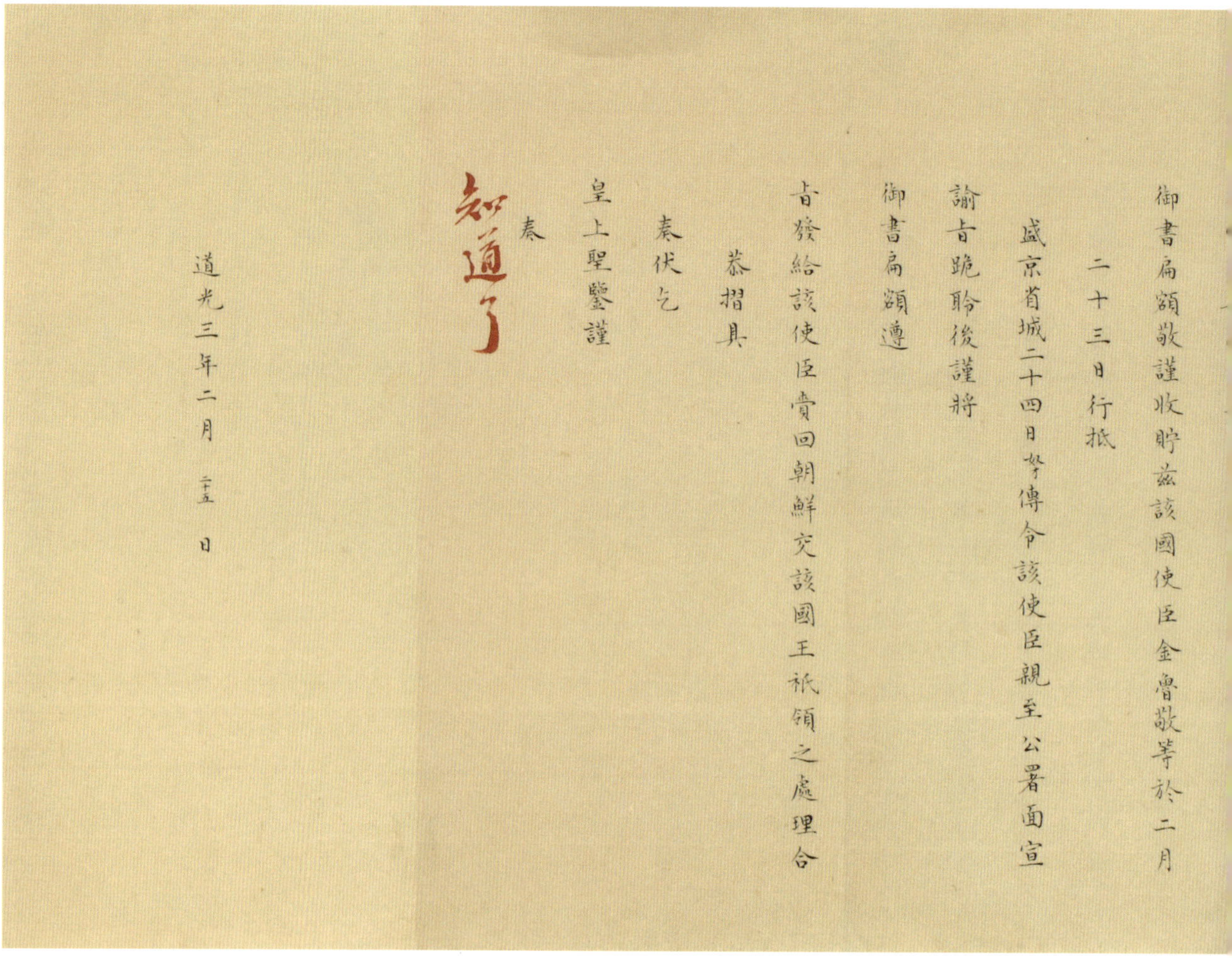
御書扁額敬謹收貯茲該國使臣金魯敬等於二月
二十三日行抵
盛京省城二十四日奴才傳令該使臣親至公署面宣
諭旨跪聆後謹將
御書扁額遵
旨發給該使臣賫回朝鮮交該國王祇領之處理合
恭摺具
奏伏乞
皇上聖鑒謹
奏
知道了
道光三年二月二十五日

盛京将军晋昌奏折：

为遵旨颁发赏赐朝鲜国王御书匾额事

道光三年二月二十五日（1823年4月6日）

军机大臣奏片：

为应否照道光三年例赏给朝鲜等国国王匾额请钦定事

咸丰三年二月十九日（1853年3月28日）

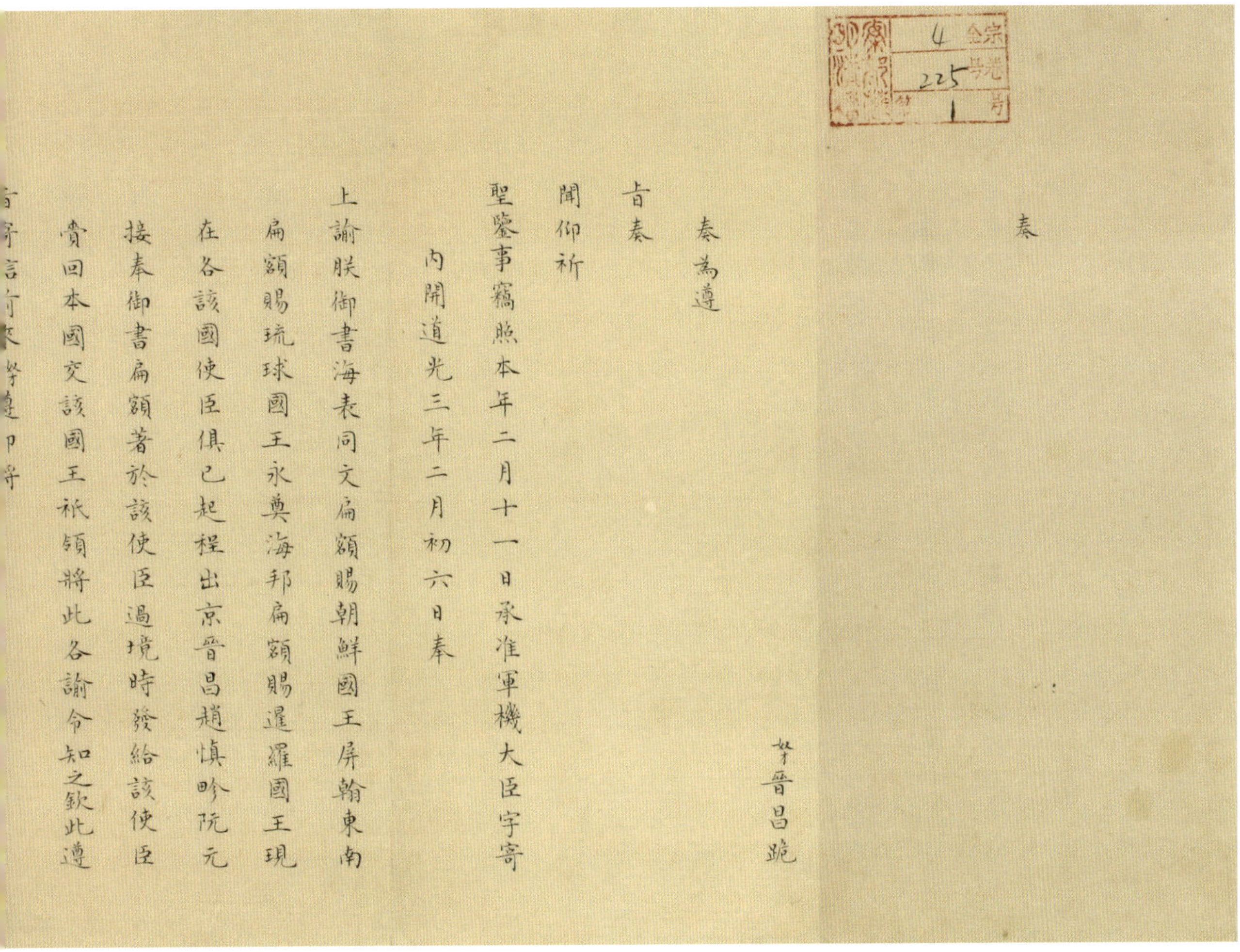
奏
奴才晋昌跪
奏為遵
旨奏
聞仰祈
聖鑒事竊照本年二月十一日承准軍機大臣字寄
內閣道光三年二月初六日奉
上諭朕御書海表同文扁額賜朝鮮國王屏翰東南
扁額賜琉球國王永奠海邦扁額賜暹羅國王現
在各該國使臣俱已起程出京晋昌趙慎畛阮元
接奉御書扁額著於該使臣過境時發給該使臣
賫回本國交該國王祗領將此各諭令知之欽此遵
旨寄信前來奴才遵即寄

盛京将军晋昌奏折（道光三年二月二十五日）

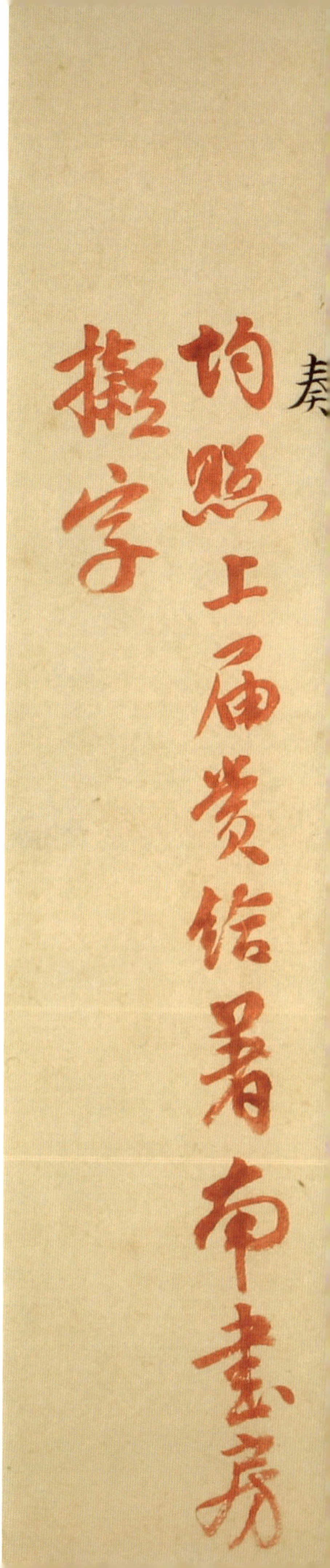
奏
均照上屆賞給著南書房
擬字

军机大臣奏片（咸丰三年二月十九日）

據禮部知照道光三年二月初六日
發下
御書海表同文扁額
賜朝鮮國王屛翰東南扁額
賜琉球國王永奠海邦扁額
賜暹羅國王由驛遞該將軍總督於各該國使臣過境
時發給齎回本國今各該國王遣使進貢應否
賞給扁額之處伏候
欽定謹

咸丰帝谕旨：

着颁赐朝鲜国王海邦屏翰匾额

咸丰三年二月二十四日（1853年4月2日）

悬挂在门楣或墙壁上的匾额，是中国传统建筑的重要组成部分，起源于秦汉，风靡于唐宋，盛行于明清。匾额功能的演进，经历了最初的标示功能，延伸出艺术装饰功能，进而演化为馈赠礼品，并通过这一形式昭示信仰、格调、褒扬，被称为“门楣上家国，梁柱间文脉”。因而，匾额也在一定程度上承担了更多政治教化的作用。朝鲜、琉球、安南（今越南）、暹罗（今泰国）等国均多次得到清帝颁赐的御书匾额。

軍機大臣　字寄
盛京將軍奕　署閩浙總督王　咸豐三年二月
二十四日奉
上諭朕御書海邦屏翰扁額賜朝鮮國王同文式化
扁額賜琉球國王現在各該國使臣俱已起程出
京奕興王懿德接奉御書扁額著於該使臣等過
境時發給該使臣賫回本國交該國王祗領將此
各諭令知之欽此遵
旨寄信前來

咸丰帝谕旨（咸丰三年二月二十四日）

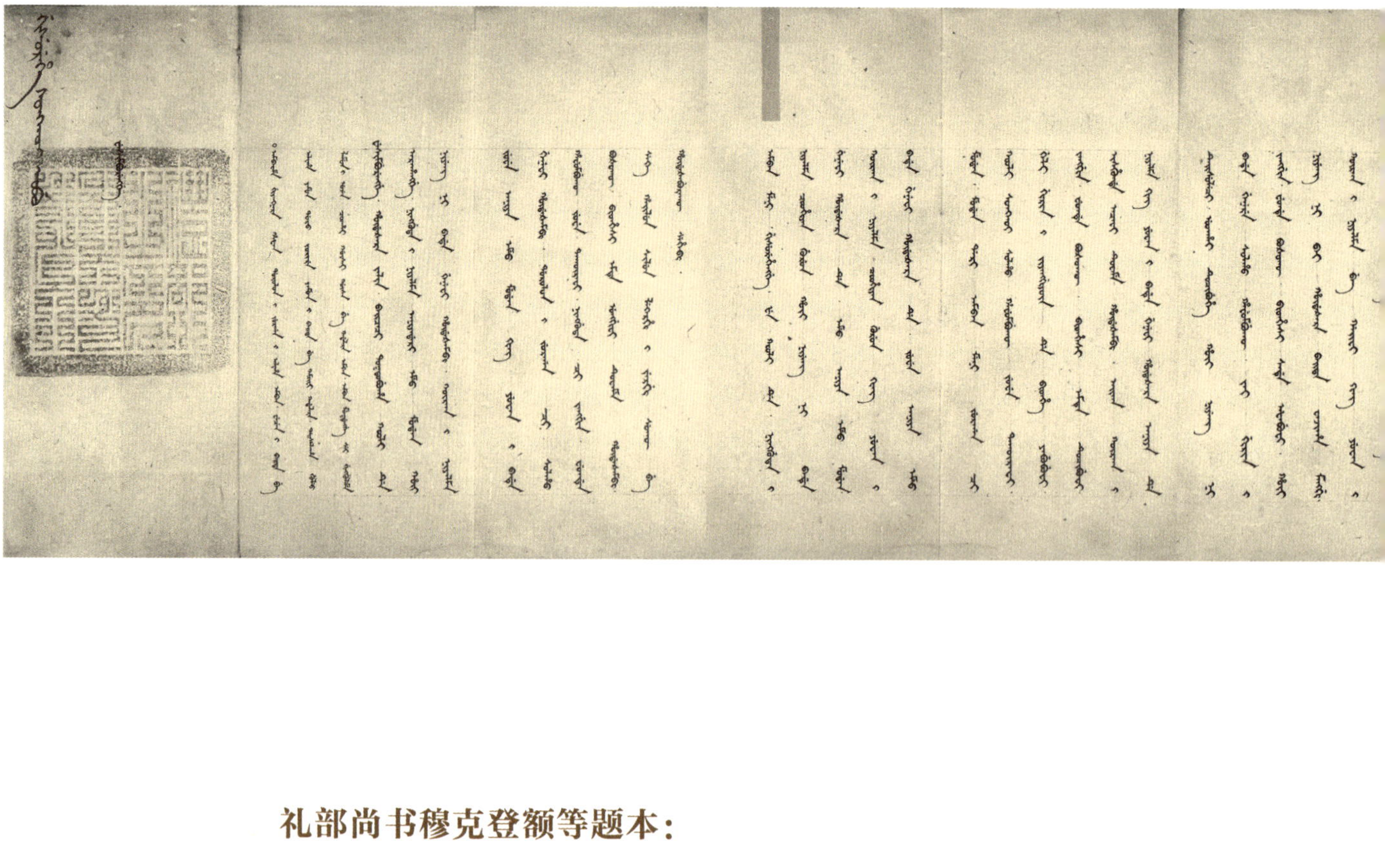

礼部尚书穆克登额等题本：

为会宁交易照例派出通事并行知吉林将军派员会同监看事

道光四年九月十八日（1824 年 11 月 8 日）

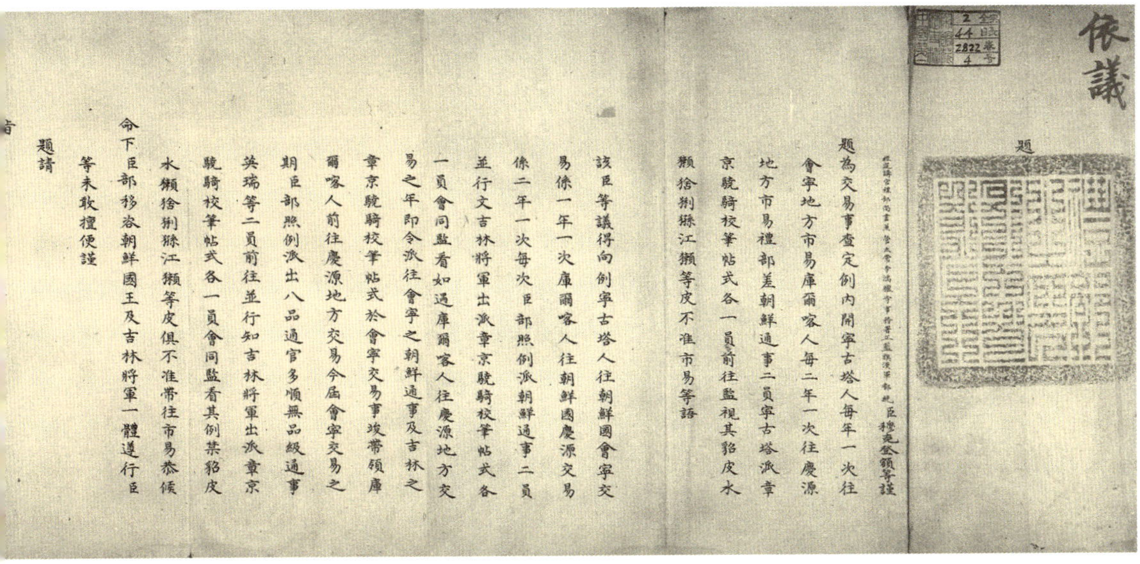

依議

題

經筵講官禮部尚書兼管太常寺鴻臚寺事務署正藍旗漢軍都統臣穆克登額等謹

題為交易事查定例內開寧古塔人每年一次往
會寧地方市易庫爾喀人每二年一次往慶源
地方市易禮部差朝鮮通事二員寧古塔派章
京驍騎校筆帖式各一員前往監視其貂皮水
獺猞猁猻江獺等皮不准市易等語
該臣等議得向例寧古塔人往朝鮮國會寧交
易係一年一次庫爾喀人往朝鮮國慶源交易
係二年一次每次臣部照例派朝鮮通事二員
並行文吉林將軍出派章京驍騎校筆帖式各
一員會同監看如遇庫爾喀人往慶源地方交
易之年即令派往會寧之朝鮮通事及吉林之
章京驍騎校筆帖式於會寧交易事竣帶領庫
爾喀人前往慶源地方交易今屆會寧交易之
期臣部照例派出八品通官多順無品級通事
英瑞等二員前往並行知吉林將軍出派章京
驍騎校筆帖式各一員會同監看其例禁貂皮
水獺猞猁猻江獺等皮俱不准帶往市易恭候
命下臣部移咨朝鮮國王及吉林將軍一體遵行臣
等未敢擅便謹
題請
旨

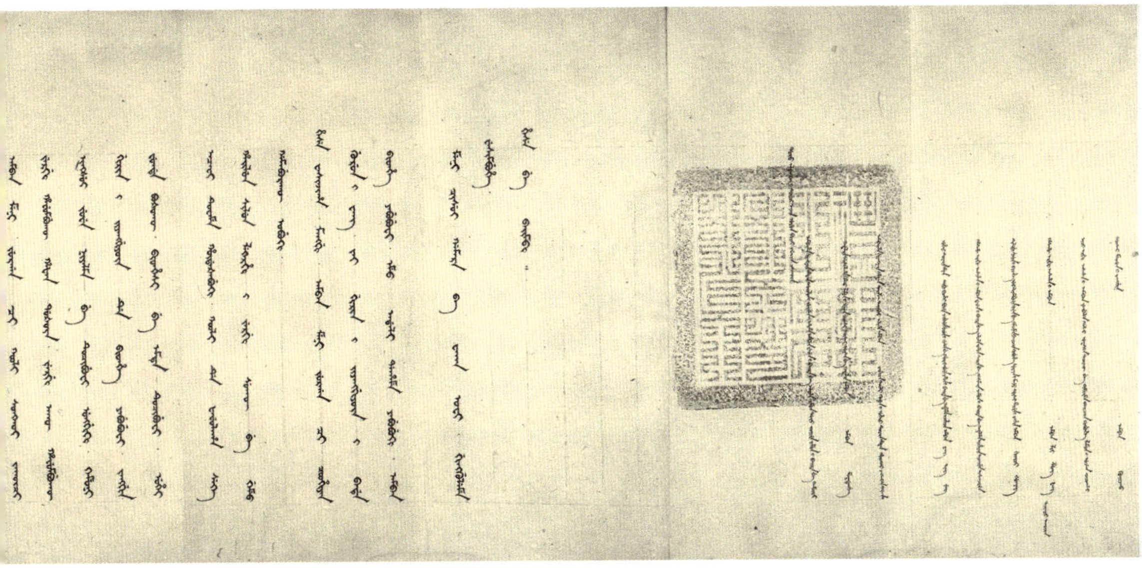

礼部尚书穆克登额等题本（道光四年九月十八日）

该题本反映道光四年甲申单市年的情况，礼部派八品通官多顺、无品级通官前往会宁，并行知吉林将军派人会同监看市易情况，向所禁止贸易的貂皮等也照例遵行，显示了规定在现实中执行的情况。

道光帝谕旨：

着将私越边界之人解凤凰城交朝鲜接收

道光二十年十二月二十五日（1841 年 1 月 17 日）

中朝两国自明朝以来就明确以鸭绿江、图们江为边界，清代进一步明确双方之间的陆地边界。康熙五十年（1711），打牲乌喇总管穆克登受命前往勘查，划分了两江之间、长白山一带陆上边界线，并立碑明示，两国各自遵守。但双方越界情况仍时有发生，凤凰城（今辽宁省丹东市凤城市）也成为双方处理此类事务的地点。如道光二十年，署吉林将军惟勤奏报拿获三名迷路越界的朝鲜人，奉旨转解凤凰城移交归国。

道光二十年十二月二十五日内閣奉
上諭惟勤等奏拏獲越界夷人一摺吉林拏獲朝鮮
國夷人三名訊係不諳路逕誤越境界著惟勤等
派委妥員將該夷人三名解交盛京禮部轉解鳳
凰城交該國接收查明辦理該部知道欽此

道光帝谕旨（道光二十年十二月二十五日）

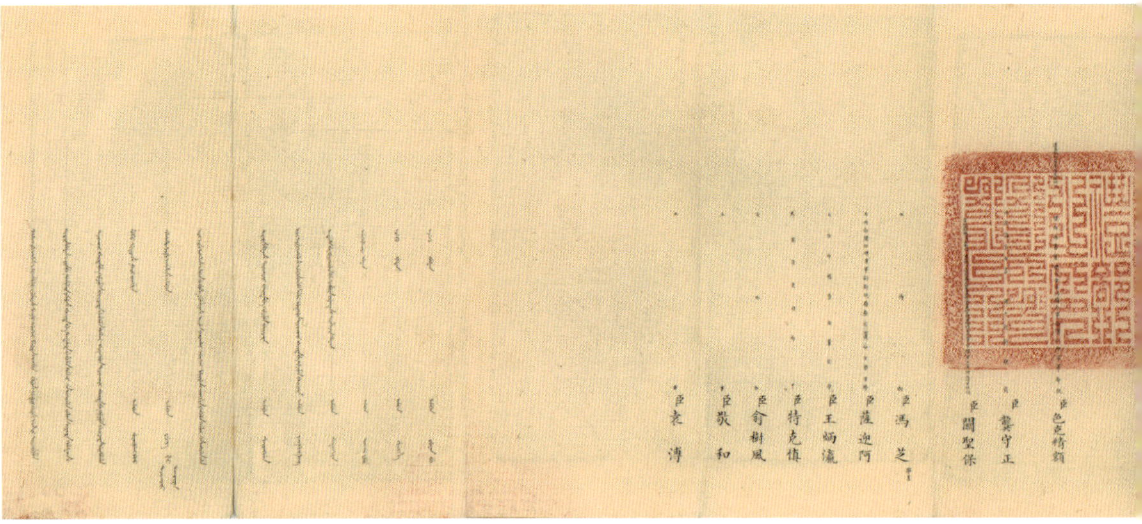

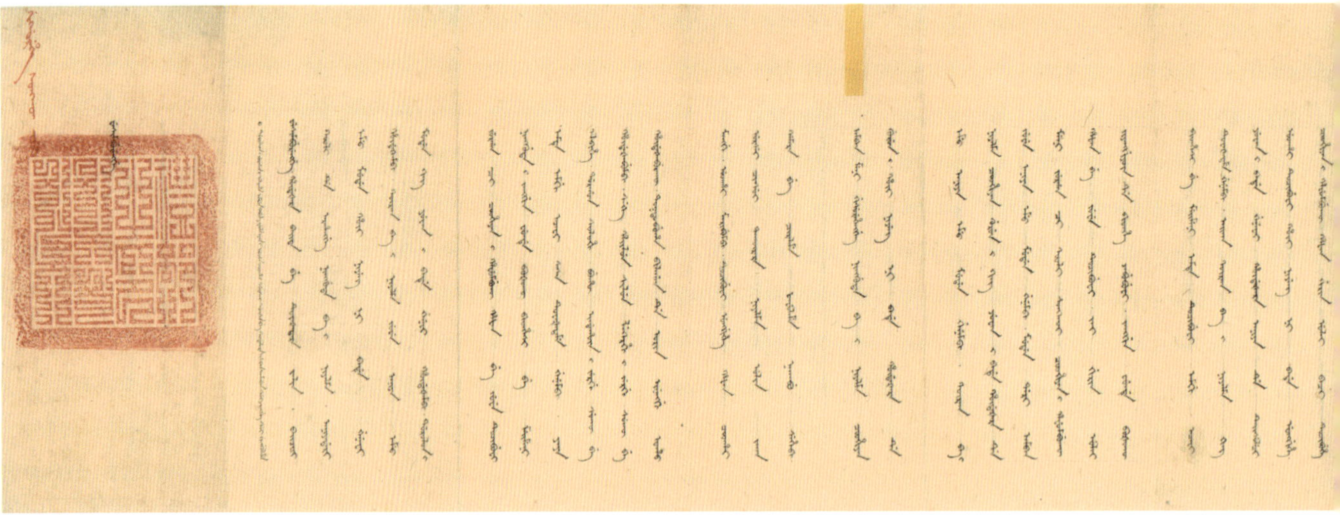

礼部尚书色克精额等题本：

为循例派员监视会宁庆源交易事

道光二十一年十月十五日（1841 年 12 月 27 日）

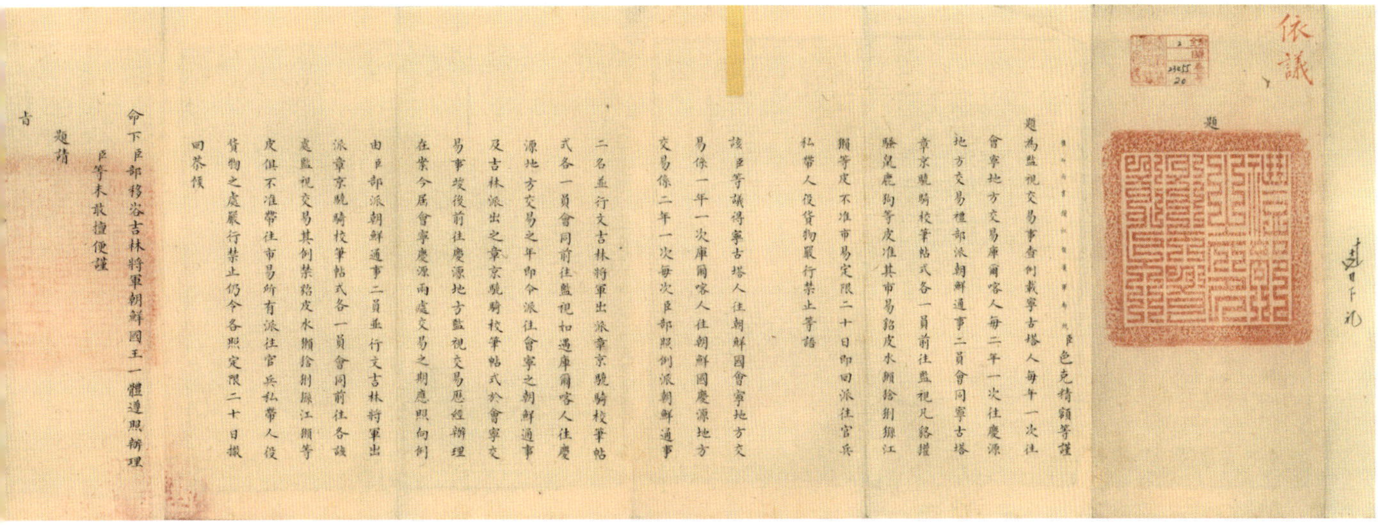

依議

題

臣色克精額等謹
題為監視交易事查例載寧古塔人每年一次往
會寧地方交易庫爾喀人每二年一次往慶源
地方交易禮部派朝鮮通事二員會同寧古塔
章京驍騎校筆帖式各一員前往監視凡貉貛
騷鼠鹿狗等皮准其市易貂皮水獺猞猁猻江
獺等皮不准市易定限二十日即回派往官兵
私帶人役貨物嚴行禁止等語
該臣等議得寧古塔人往朝鮮國會寧地方交
易係一年一次庫爾喀人往朝鮮國慶源地方
交易係二年一次每次臣部照例派朝鮮通事
二名並行文吉林將軍出派章京驍騎校筆帖
式各一員會同前往監視如遇庫爾喀人往慶
源地方交易之年即令派往會寧之朝鮮通事
及吉林派出之章京驍騎校筆帖式於會寧交
易事竣後前往慶源地方監視交易歷經辦理
在案今屆會寧慶源兩處交易之期應照向例
由臣部派朝鮮通事二員並行文吉林將軍出
派章京驍騎校筆帖式各一員會同前往各該
處監視交易其例禁貂皮水獺猞猁猻江獺等
皮俱不准帶往市易所有派往官兵私帶人役
貨物之處嚴行禁止仍令各照定限二十日撤
回恭候
命下臣部移咨吉林將軍朝鮮國王一體遵照辦理
臣等未敢擅便謹
題請
旨

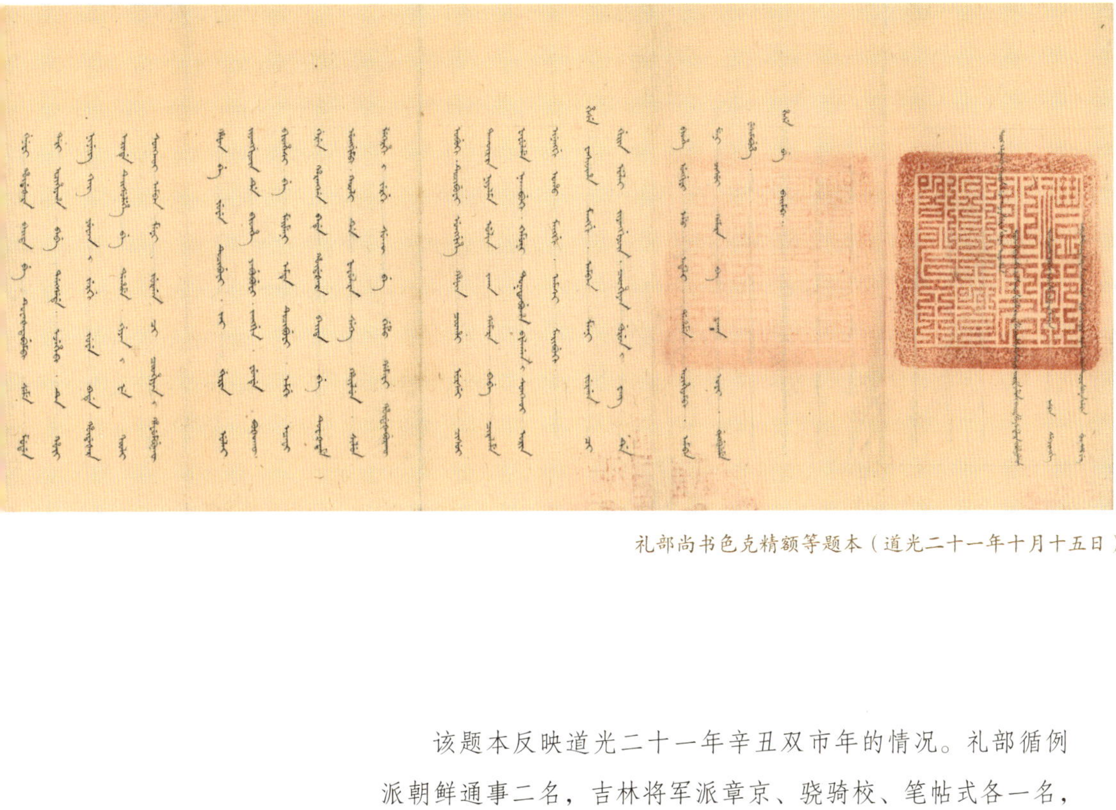

礼部尚书色克精额等题本（道光二十一年十月十五日）

该题本反映道光二十一年辛丑双市年的情况。礼部循例派朝鲜通事二名，吉林将军派章京、骁骑校、笔帖式各一名，会同监视会宁交易情况，允许貉、獾、骚鼠、鹿、狗的皮毛市易，禁止进行貂皮、水獭、猞猁狲、江獭等皮毛的市易。同时，严禁派往官兵私带人役、货物进行交易。会宁交易20日闭市，再行前往庆源监视交易，开市时间仍为20日。

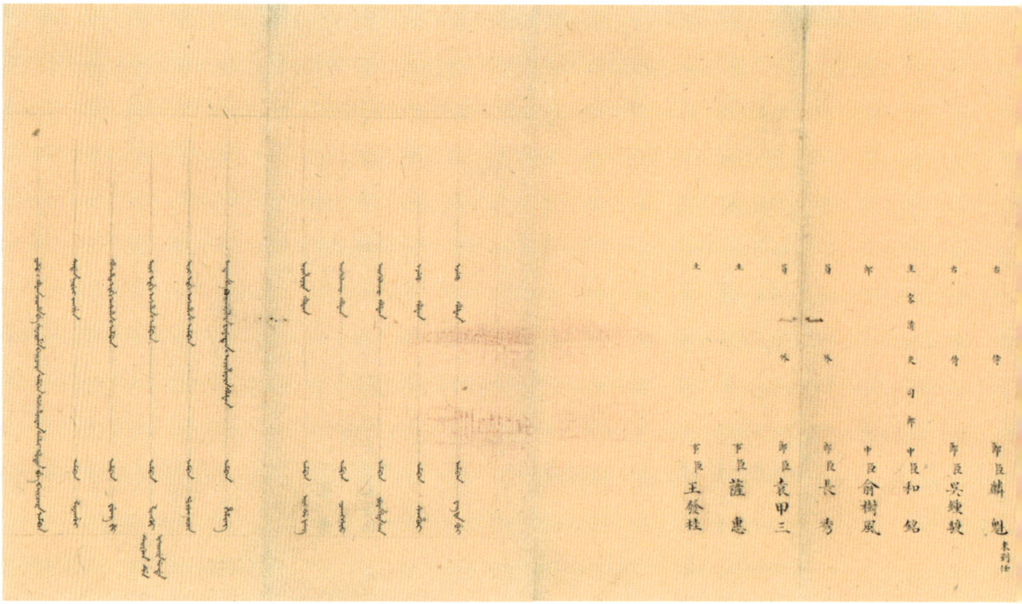

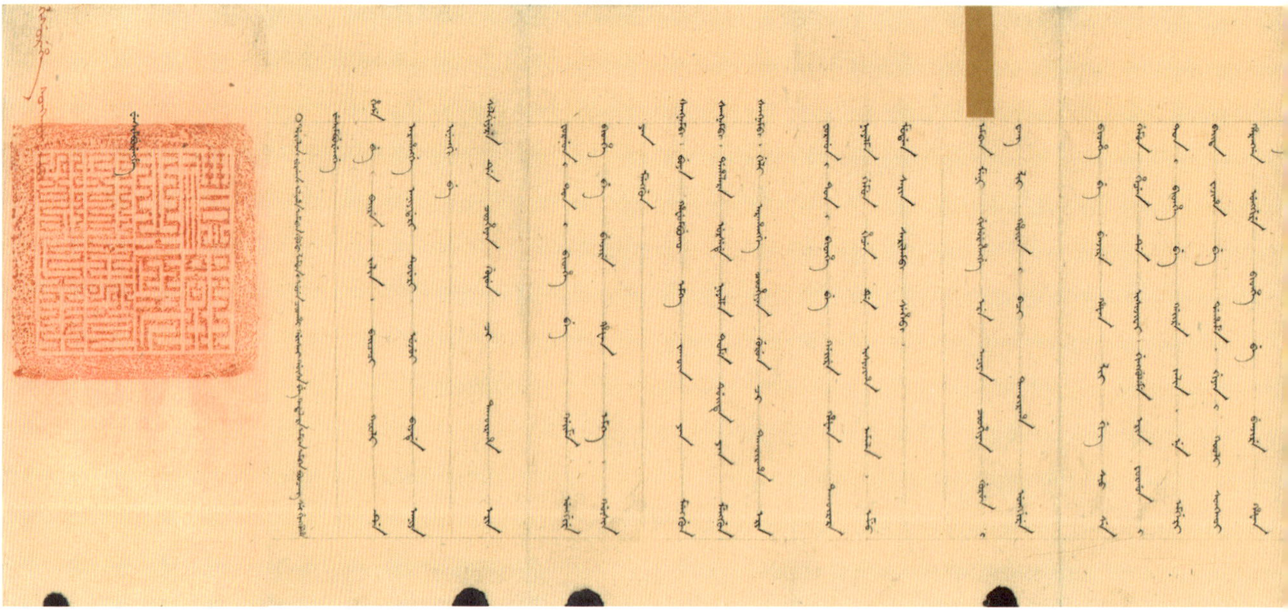

礼部尚书保昌等题本：

为朝鲜贡咨官李经修祗领时宪书照例赏银请旨事

道光二十七年十月十六日（1847 年 11 月 23 日）

该题本反映了道光二十七年朝鲜差来领时宪书赍咨官李经修等 11 人，受颁赏银共 74 两，并被赐宴 1 次的情况。

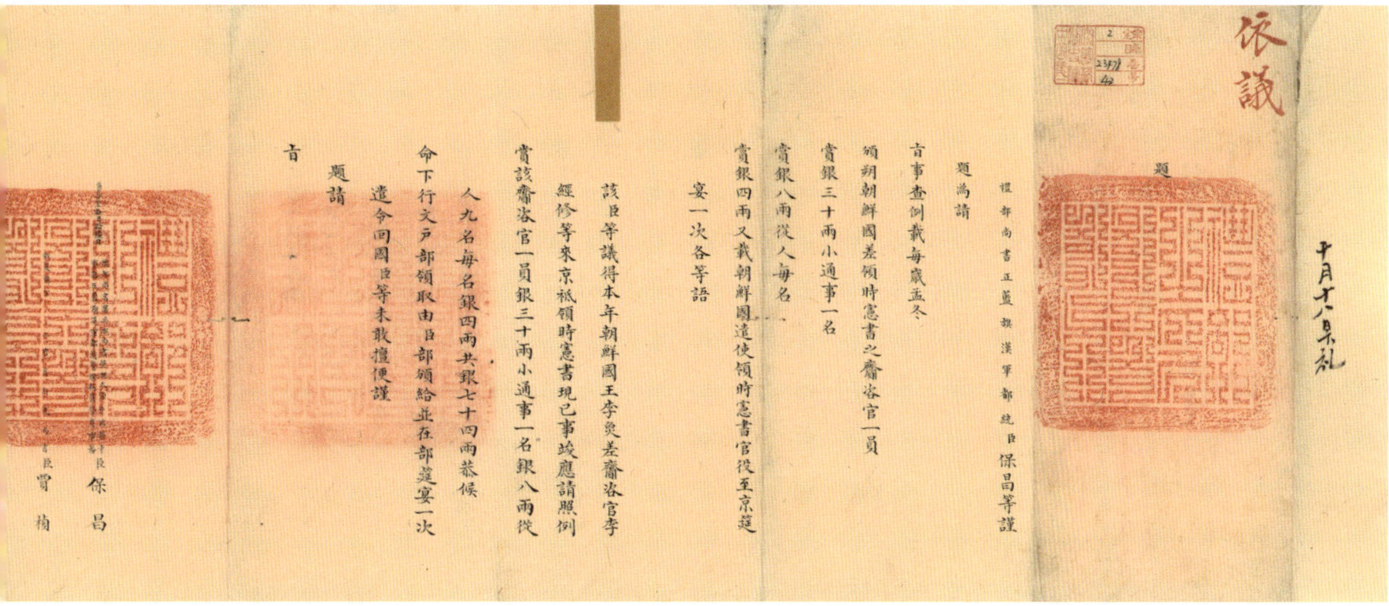

依議

題

禮部尚書正藍旗漢軍都統臣保昌等謹

題為請

旨事查例載每歲孟冬

頒朔朝鮮國差領時憲書之齎咨官一員

賞銀三十兩小通事一名

賞銀八兩從人每名

賞銀四兩又載朝鮮國遣使領時憲書官役至京筵

宴一次各等語

該臣等議得本年朝鮮國王李奐差齎咨官李

經修等來京祗領時憲書現已事竣應請照例

賞該齎咨官一員銀三十兩小通事一名銀八兩從

人九名每名銀四兩共銀七十四兩恭候

命下行文戶部領取由臣部頒給並在部筵宴一次

遣令回國臣等未敢擅便謹

題請

旨

保昌

賈楨

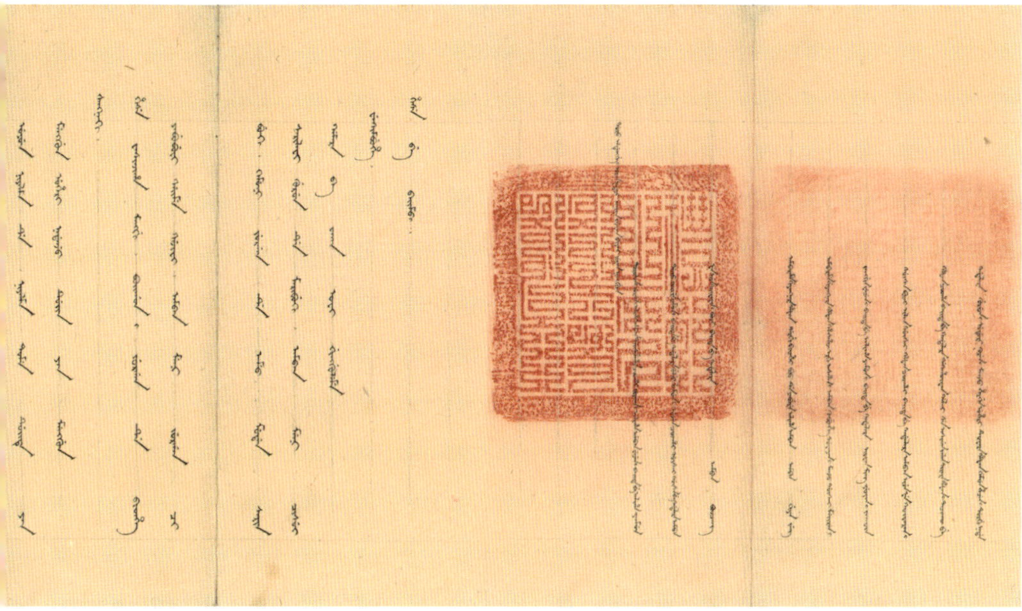

礼部尚书保昌等题本（道光二十七年十月十六日）

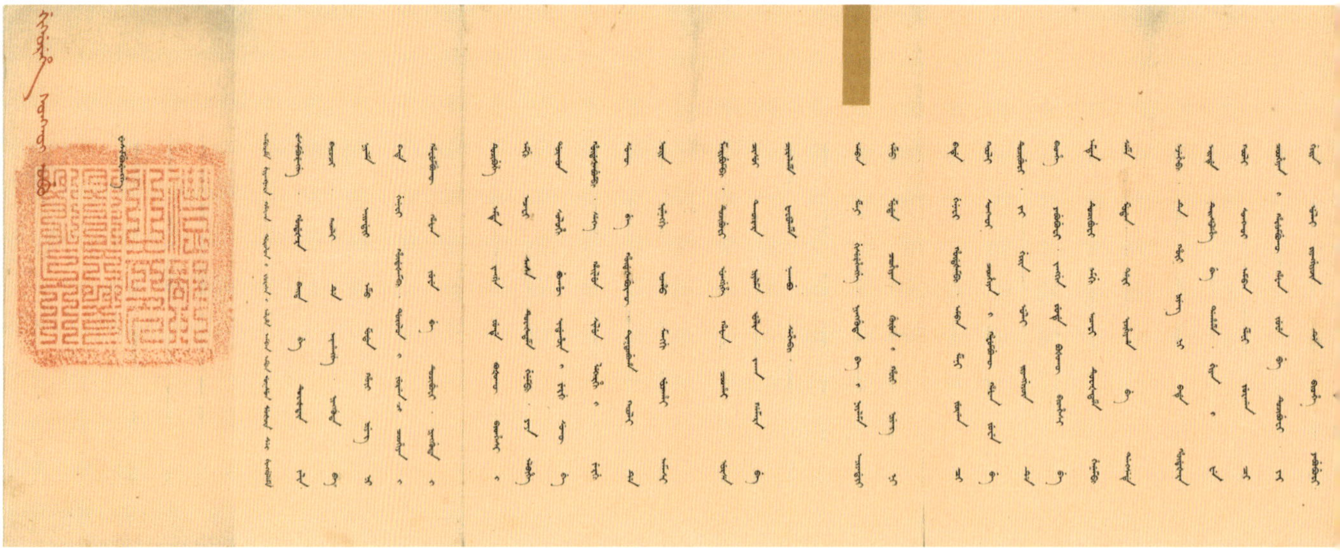

礼部尚书肃顺等题本（咸丰八年十月初四日）

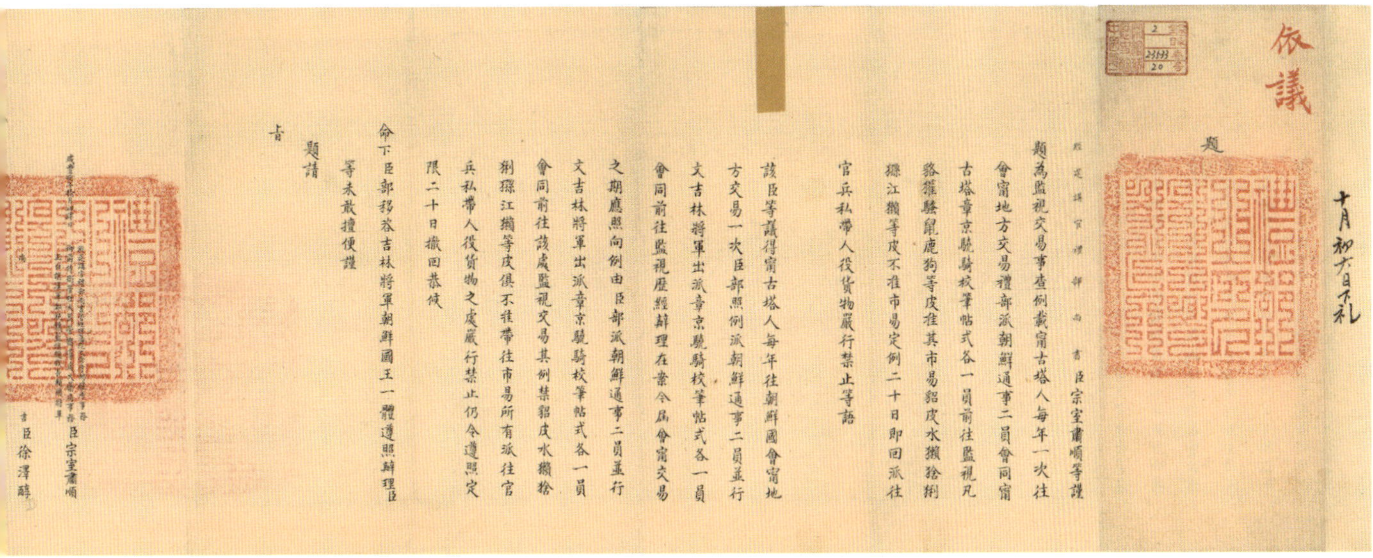

依議

十月初六日

題

經筵講官禮部尚書臣宗室肅順等謹

題為監視交易事查例載甯古塔人每年一次往
會甯地方交易禮部派朝鮮通事二員會同甯
古塔章京驍騎校筆帖式各一員前往監視凡
貂獾騷鼠鹿狗等皮准其市易貂皮水獺猞猁
猻江獺等皮不准市易定例二十日即回派往
官兵私帶人役貨物嚴行禁止等語
該臣等議得甯古塔人每年往朝鮮國會甯地
方交易一次臣部照例派朝鮮通事二員並行
文吉林將軍出派章京驍騎校筆帖式各一員
會同前往監視歷經辦理在案今屆會甯交易
之期應照向例由臣部派朝鮮通事二員並行
文吉林將軍出派章京驍騎校筆帖式各一員
會同前往該處監視交易其例禁貂皮水獺猞
猁猻江獺等皮俱不准帶往市易所有派往官
兵私帶人役貨物之處嚴行禁止仍令遵照定
限二十日撤回恭候
命下臣部移咨吉林將軍朝鮮國王一體遵照辦理臣
等未敢擅便謹
題請
旨

臣宗室肅順

書臣徐澤醇

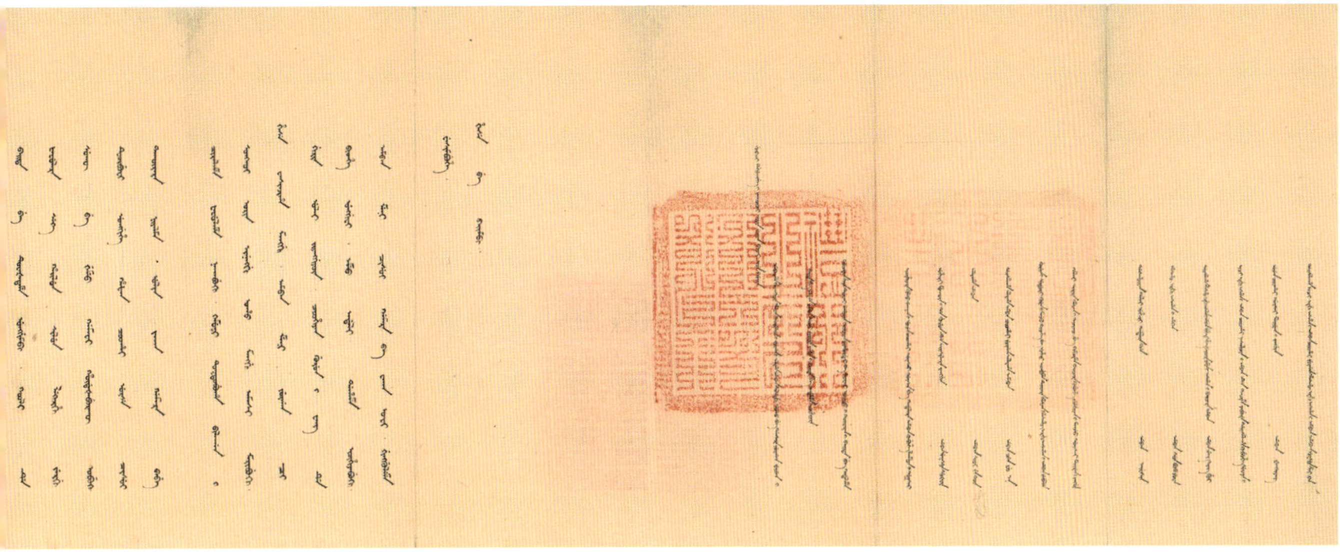

礼部尚书肃顺等题本：

为循例派员监视会宁交易事

咸丰八年十月初四日（1858 年 11 月 9 日）

该题本反映咸丰八年戊午单市年的情况，礼部派出朝鲜通事二员，吉林将军派出章京、骁骑校、笔帖士各一员，共同前往会宁，20 天的交易时间内，例行禁止的貂皮等必须照例遵行。

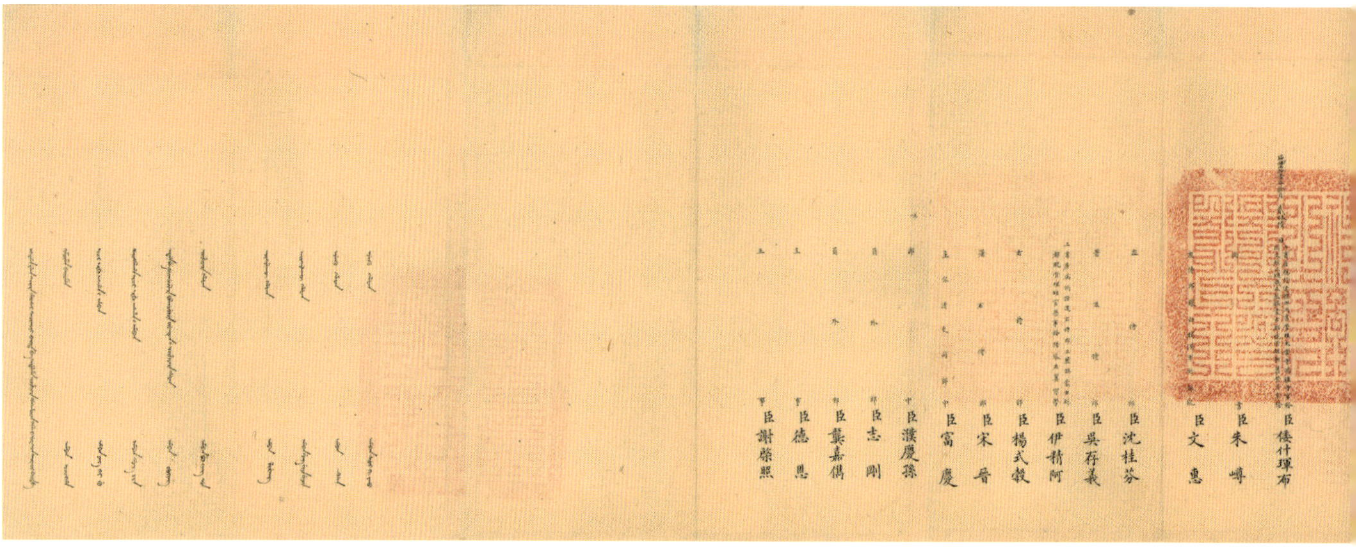

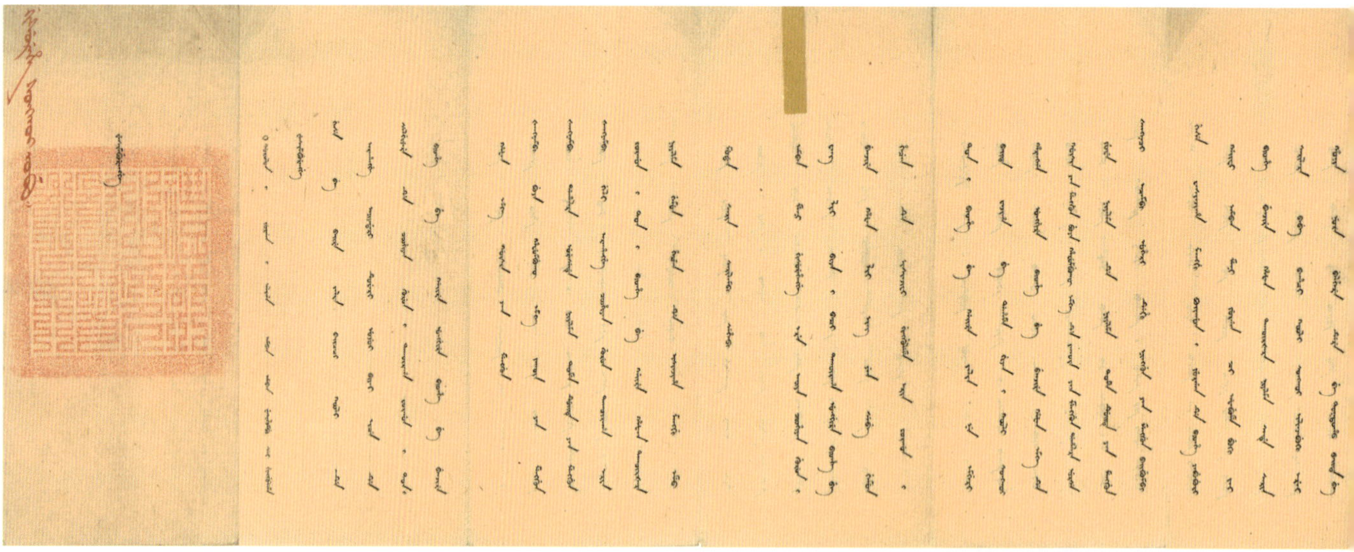

礼部尚书倭什珲布等题本（咸丰十一年十月二十六日）

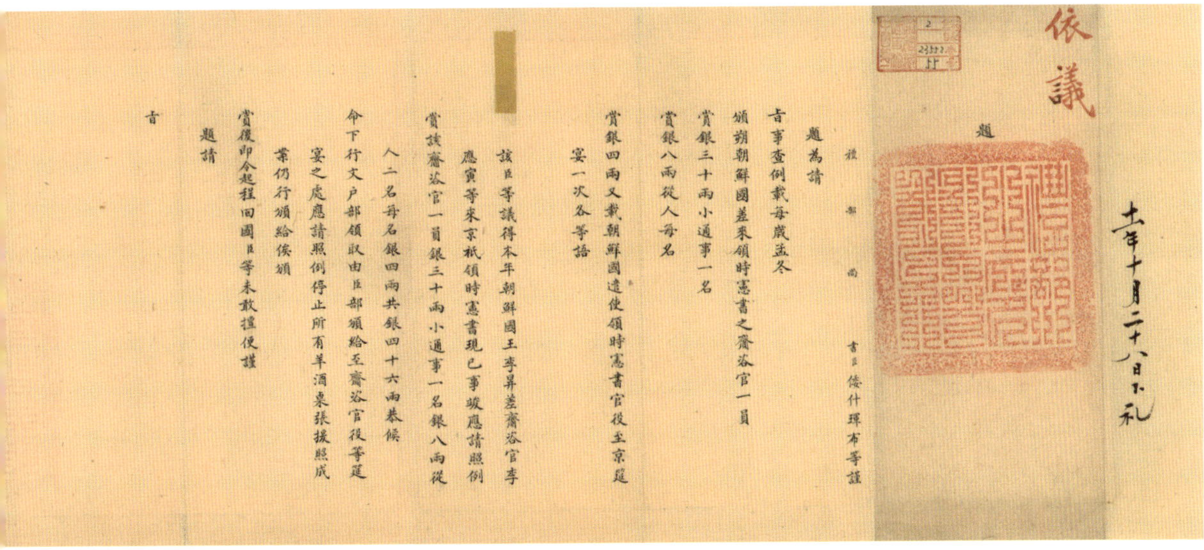
十一年十月二十八日下礼
依議
題
禮部尚書臣倭什琿布等謹
題為請
旨事查例載每歲孟冬
頒朔朝鮮國差來領時憲書之齎咨官一員
賞銀三十兩小通事一名
賞銀八兩從人每名
賞銀四兩又載朝鮮國遣使領時憲書官役至京筵
宴一次各等語
該臣等議得本年朝鮮國王李昪差齎咨官李
應寅等來京祇領時憲書現已事竣應請照例
賞該齎咨官一員銀三十兩小通事一名銀八兩從
人二名每名銀四兩共銀四十六兩恭候
命下行文戶部領取由臣部頒給至齎咨官役等筵
宴之處應請照例停止所有羊酒桌張援照咸
豐仍行頒給俟頒
賞後即令起程回國臣等未敢擅便謹
題請
旨

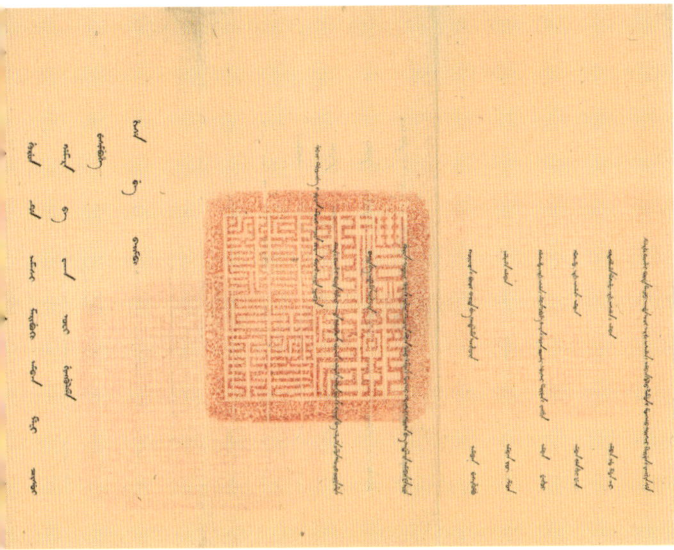

礼部尚书倭什珲布等题本：

为朝鲜赍咨官李应寅等祗领时宪书照例赏银赐宴请旨事

咸丰十一年十月二十六日（1861 年 11 月 28 日）

该题本反映了咸丰十一年朝鲜差来领时宪书赍咨官李应寅等 4 人，受颁赏银共 46 两，值咸丰帝丧期罢赐宴，但颁给羊酒桌张的情况。

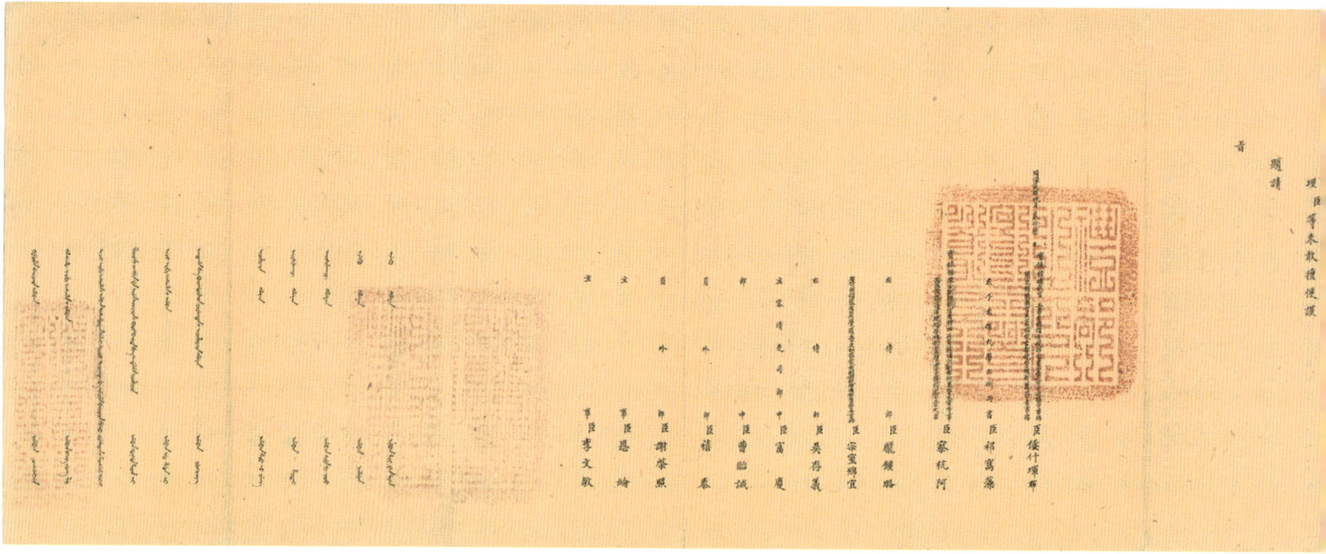
理臣等未敢擅便謹
題請
旨
臣倭什琿布
尚書臣祁寯藻
臣察杭阿
左侍郎臣[illegible]
臣宗室綿宜
右侍郎臣吳存義
太常寺少卿中臣富慶
郎中臣曹毓誠
員外郎臣福春
員外郎臣謝蔘熙
主事臣恩綸
主事臣李文敏

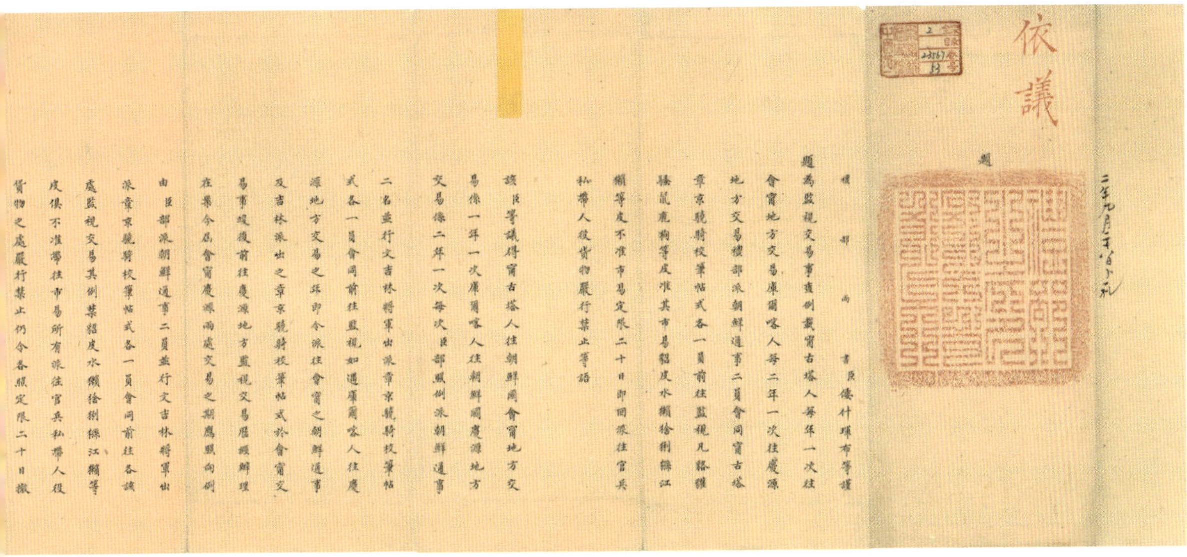

依議

題

禮部尚書臣倭什琿布等謹
題為監視交易事竊查例載寧古塔人每年一次往
會寧地方交易庫爾喀人每二年一次往慶源
地方交易禮部派朝鮮通事二員會同寧古塔
章京驍騎校筆帖式各一員前往監視凡貉貛
騷鼠鹿狗等皮准其市易貂皮水獺猞猁猻江
獺等皮不准市易定限二十日即回派往官兵
私帶人役貨物嚴行禁止等語
該臣等議得寧古塔人往朝鮮國會寧地方交
易係一年一次庫爾喀人往朝鮮國慶源地方
交易係二年一次每次臣部照例派朝鮮通事
二名並行文吉林將軍出派章京驍騎校筆帖
式各一員會同前往監視如遇庫爾喀人往慶
源地方交易之年即令派往會寧之朝鮮通事
及吉林派出之章京驍騎校筆帖式於會寧交
易事竣後前往慶源地方監視交易歷經辦理
在案今屆會寧慶源兩處交易之期應照向例
由臣部派朝鮮通事二員並行文吉林將軍出
派章京驍騎校筆帖式各一員會同前往各該
處監視交易其例禁貂皮水獺猞猁猻江獺等
皮俱不准帶往市易所有派往官兵私帶人役
貨物之處嚴行禁止仍令各照定限二十日撤

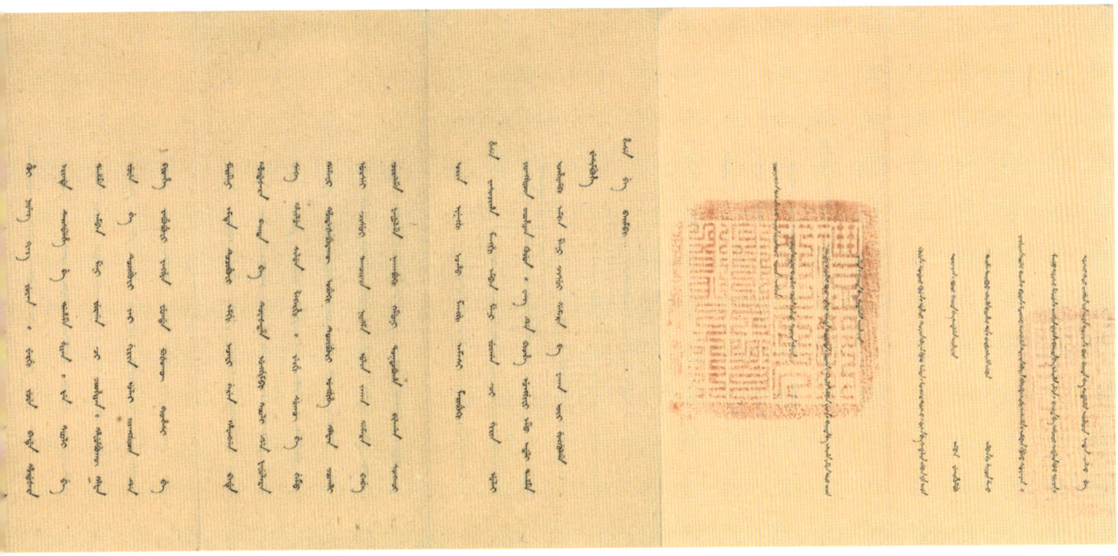

礼部尚书倭什珲布等题本（同治二年九月二十六日）

礼部尚书倭什珲布等题本：

为循例派员监视会宁庆源交易事

同治二年九月二十六日（1863 年 11 月 7 日）

该题本反映了同治二年癸亥双市年的例行管理情况，体现了清政府长期以来对会宁、庆源交易在管理人员、交易物品、开市时间上的一致性。

同治帝谕旨：

着皂保文谦为正副使敕封朝鲜国王

同治三年四月十四日（1864年5月19日）

同治二年（1863），朝鲜李氏王朝哲宗病逝，因无子嗣，奉翼宗神贞王后赵氏之命，朝鲜仁祖九世孙、英祖五世孙李熙（1852—1919）入承翼宗大统，封翼成君。同治二年十二月十三日即位于昌德宫之仁政门。作为宗主国君，清同治帝于次年四月十四日，派户部左侍郎皂保、正白旗汉军副都统文谦携带由内阁撰拟诏敕，前往朝鲜，行册封朝鲜国王礼。李熙即位时年12岁，史称高宗，为朝鲜王朝第26位国王。清朝执册封礼仪如故。

同治三年四月十四日奉
旨敕封朝鮮國王正使著阜保去副使著文謙去欽
此

同治帝谕旨（同治三年四月十四日）

同治帝谕旨：

着魁龄希元为正副使赴朝鲜敕封王妃

同治五年七月初四日（1866 年 8 月 13 日）

在封贡体制下，朝鲜国王需要清朝皇帝册封，由内阁撰拟诏敕。其后宫亦需经清朝皇帝敕封，王妃由清廷颁发诰命。同治五年（1866）三月，15 岁的朝鲜国王高宗李熙，在其父大院君的主持下举行了结婚典礼，16 岁的闵氏成为王妃。清政府派理藩院右侍郎魁龄为正使、散秩大臣希元为副使前往朝鲜，行册封王妃礼。闵妃即朝鲜历史上的明成皇后。

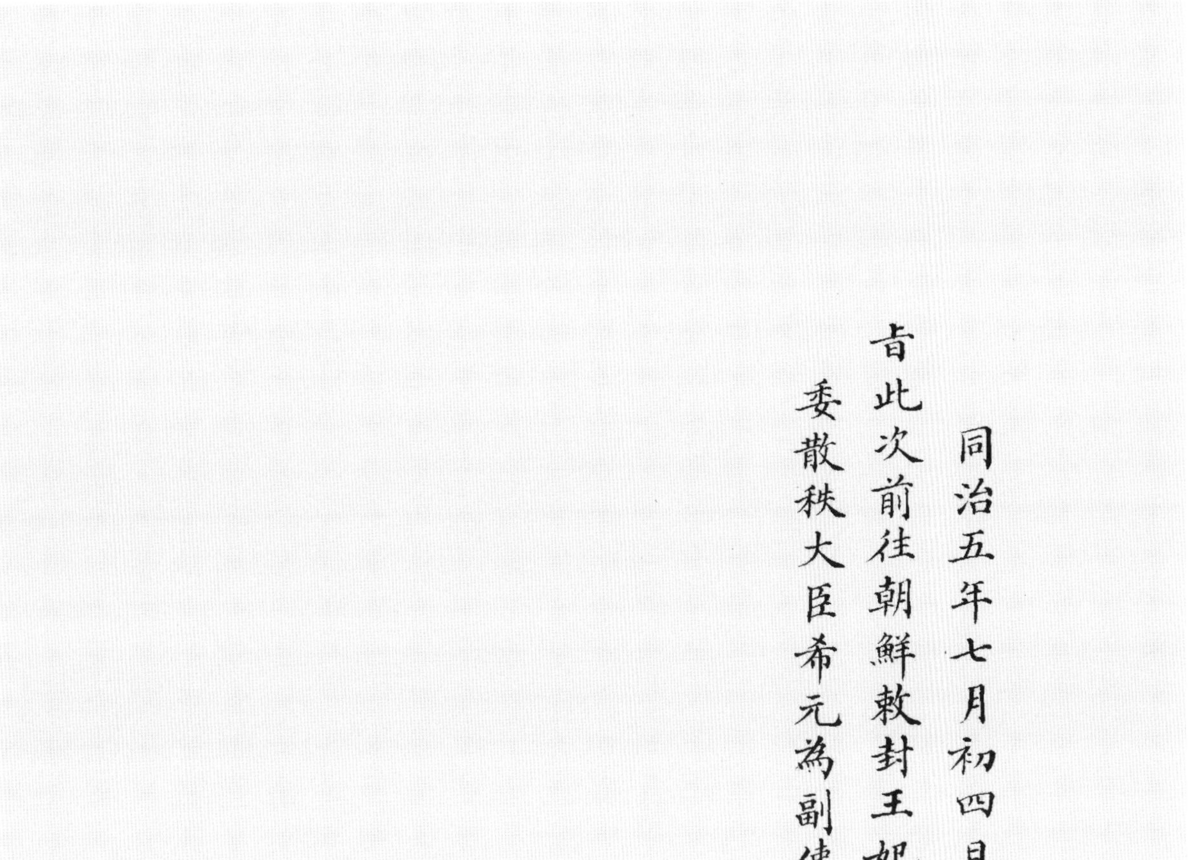
同治五年七月初四日奉
旨此次前往朝鮮敕封王妃著派侍郎魁齡為正使
委散秩大臣希元為副使欽此

同治帝谕旨（同治五年七月初四日）

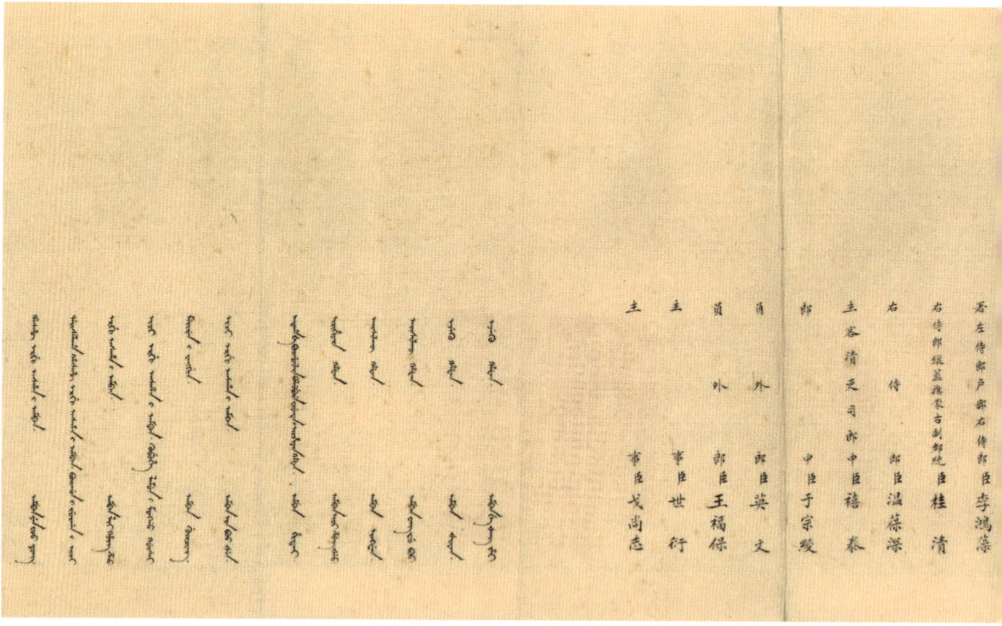
署左侍郎戶部右侍郎臣李鴻藻
右侍郎鑲藍旗蒙古副都統臣桂清
右侍郎臣溫葆深
主客清吏司郎中臣禧春
郎中臣于宗畯
員外郎臣英文
員外郎臣王福保
主事臣世衍
主事臣戈尚志

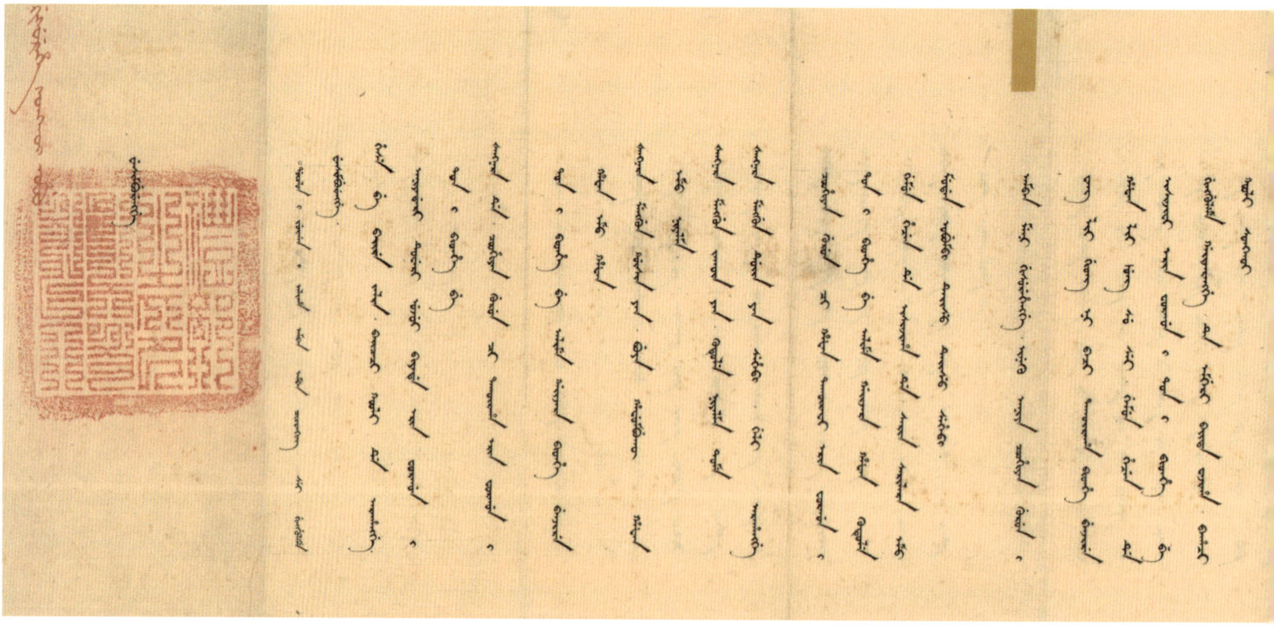

礼部尚书全庆等题本（同治九年闰十月初六日）

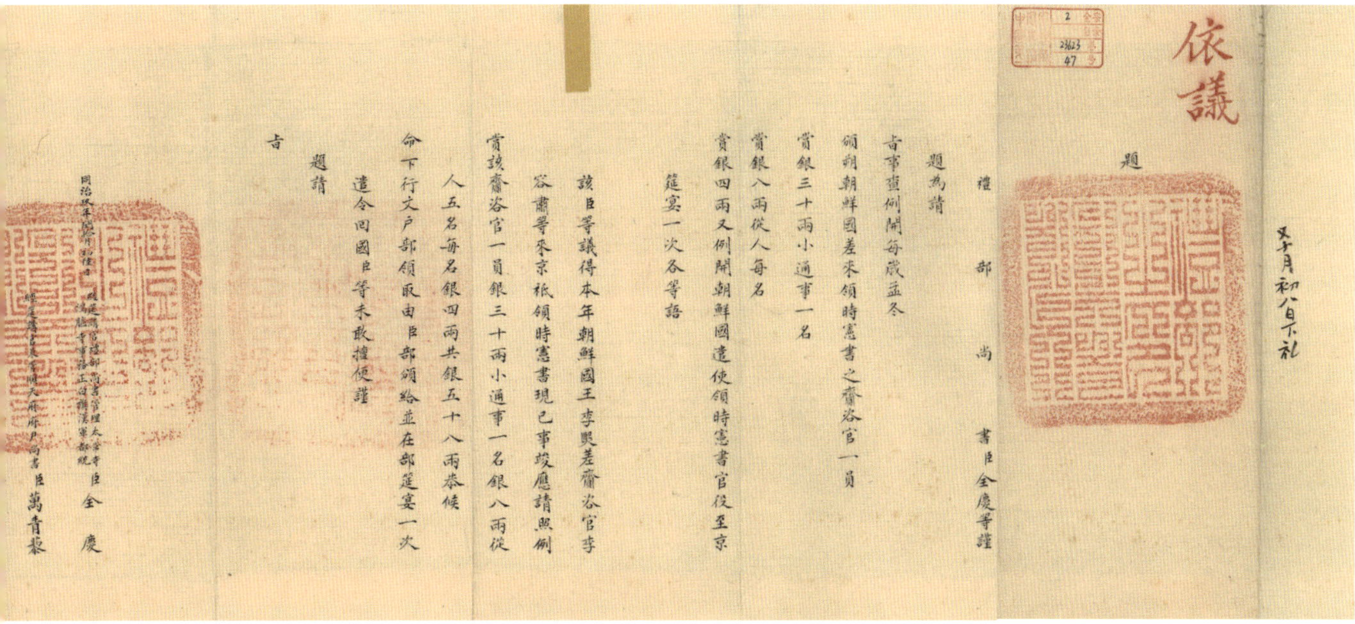

依議

閏十月初八日下礼

題

禮部尚書臣全慶等謹

題為請

旨事查例開每歲孟冬

領取朝鮮國差來領時憲書之賫咨官一員

賞銀三十兩小通事一名

賞銀八兩從人每名

賞銀四兩又例開朝鮮國遣使領時憲書官役至京

筵宴一次各等語

該臣等議得本年朝鮮國王李熙差賫咨官李

容肅等來京祇領時憲書現已事竣應請照例

賞該賫咨官一員銀三十兩小通事一名銀八兩從

人五名每名銀四兩共銀五十八兩恭候

命下行文戶部領取由臣部頒給並在部筵宴一次

遣令回國臣等未敢擅便謹

題請

旨

同治玖年閏拾月初陸日　經筵講官禮部尚書管理太常寺鴻臚寺事務正白旗漢軍都統臣全慶

經筵講官戶部尚書管理順天府府尹事務尚書臣萬青藜

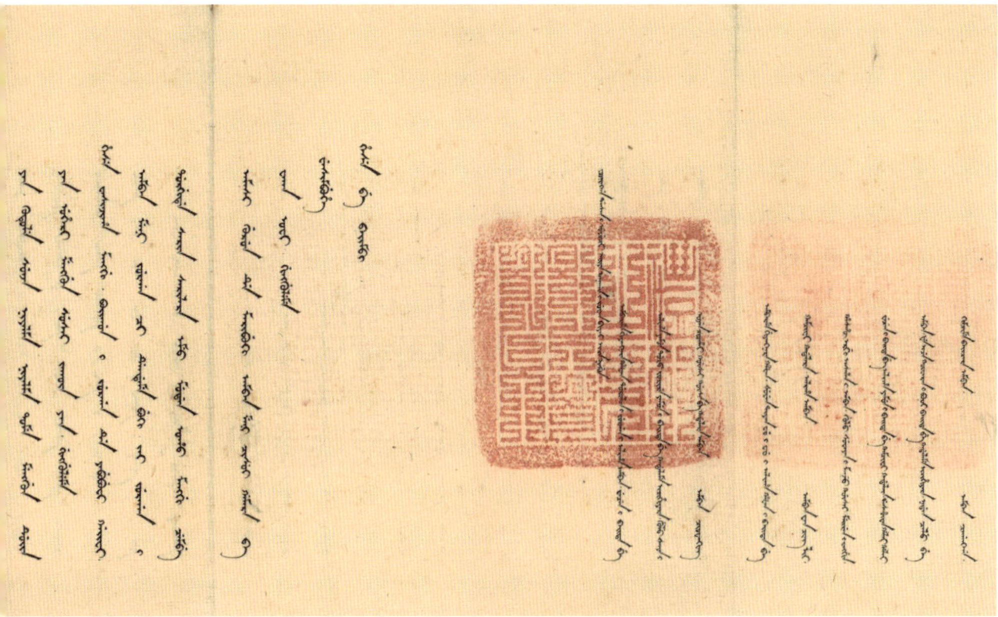

礼部尚书全庆等题本：

为朝鲜赍咨官李容肃等祇领时宪书照例赏银赐宴请旨事

同治九年闰十月初六日（1870 年 11 月 28 日）

该题本反映了同治九年朝鲜差来领时宪书赍咨官李容肃等 7 人，受颁赏银共 58 两，并被赐宴 1 次的情况。

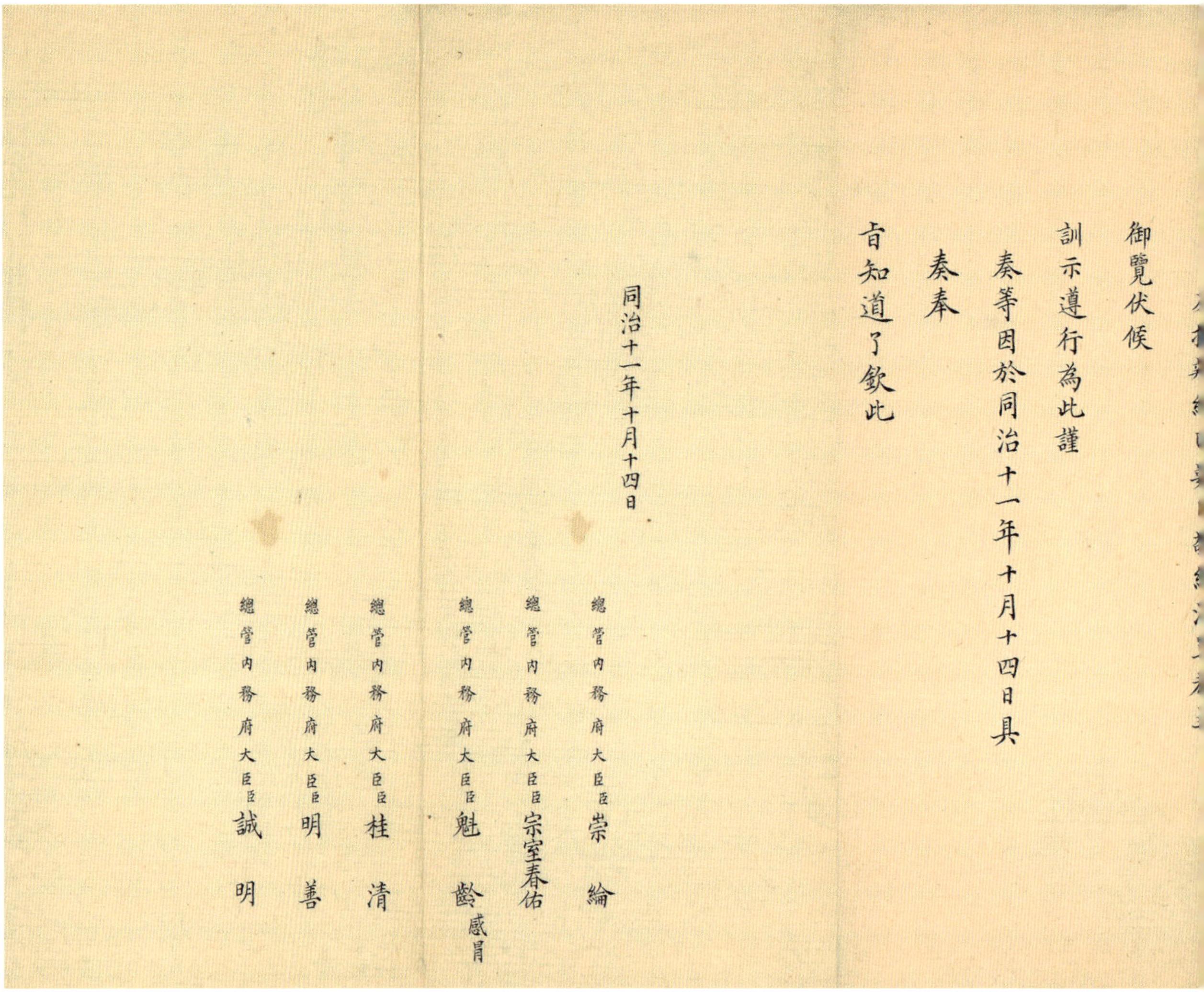
御覽伏候
訓示遵行為此謹
奏等因於同治十一年十月十四日具
奏奉
旨知道了欽此
同治十一年十月十四日
總管內務府大臣臣崇綸
總管內務府大臣臣宗室春佑
總管內務府大臣臣魁齡 感冒
總管內務府大臣臣桂清
總管內務府大臣臣明善
總管內務府大臣臣誠明

总管内务府大臣崇纶等奏折：

为恭上两宫皇太后徽号及大婚礼成颁赐朝鲜国王王妃缎匹事

同治十一年十月十四日（1872 年 11 月 14 日）

总管内务府为颁赏朝鲜国王王妃详查库存及采办缎匹清单

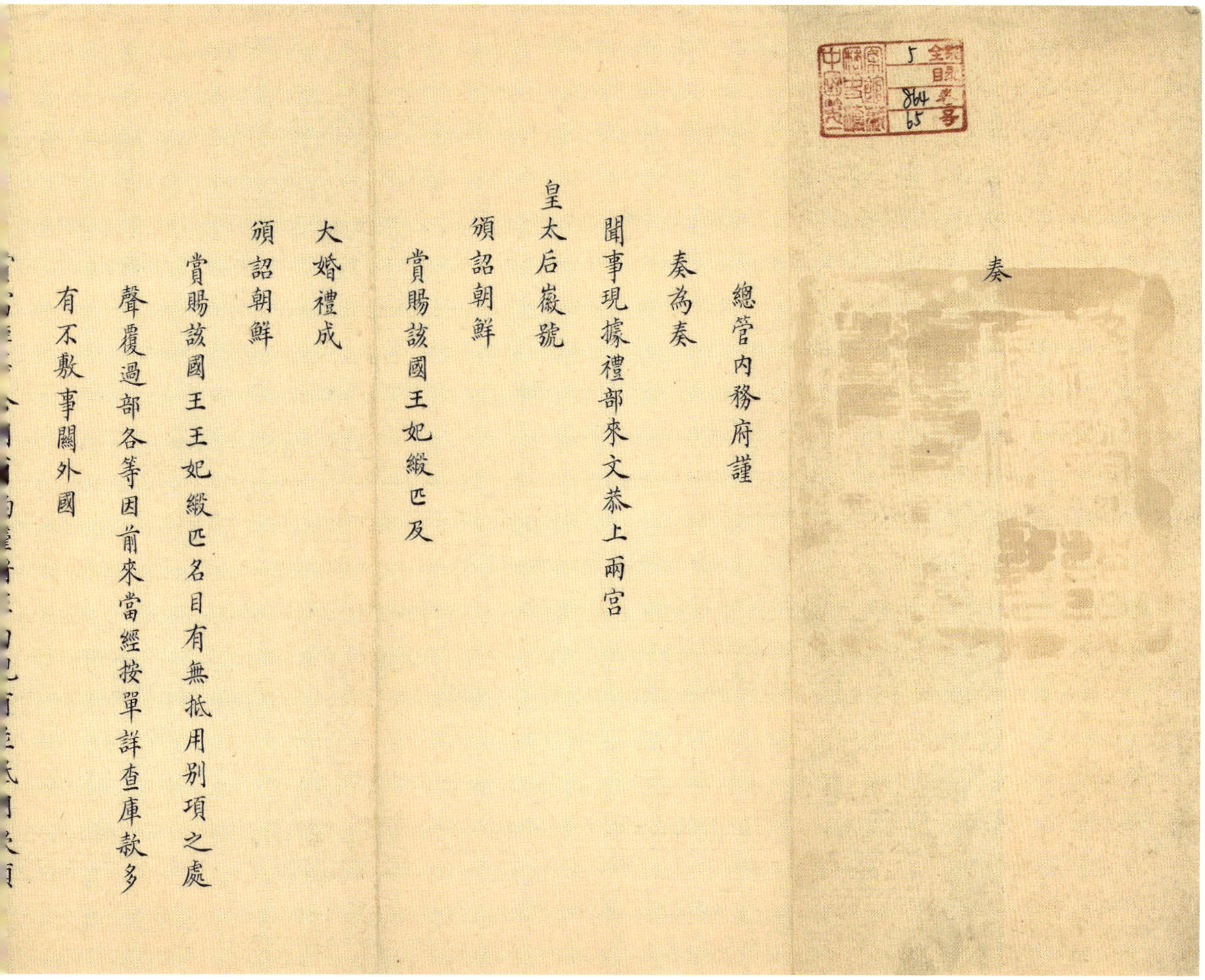
奏
總管內務府謹
奏為奏
聞事現據禮部來文恭上兩宮
皇太后徽號
頒詔朝鮮
賞賜該國王王妃緞匹及
大婚禮成
頒詔朝鮮
賞賜該國王王妃緞匹名目有無抵用別項之處
聲覆過部各等因前來當經按單詳查庫款多
有不敷事關外國

总管内务府大臣崇纶等奏折（同治十一年十月十四日）

徽号是中国古代为赞颂皇帝、后妃而加在其尊号前、可以不断递加的称号。此制始于唐，盛于宋，元代以后，多用于皇太后，一般于国家举行庆典、帝后生日等喜事时办理。经过五年的筹备，同治十一年（1872）九月十五日，同治帝大婚典礼举行。十月初八日，恭上两宫皇太后徽号，这是两宫皇太后自同治元年分别加以慈安、慈禧徽号后，第二次获得徽号，分别为端裕、端佑。礼成后，同治帝御太和殿，王以下文武大臣官员及朝鲜国使臣行庆贺礼。清制，上徽号、大婚礼成，颁赐朝鲜国王、王妃缎匹。此组档案展示了内务府为办理赏赐详查库存及采办缎匹的情况。

各色緞十匹採辦大卷江綢抵用

衣素九匹現有

帽緞九匹採辦大卷江綢抵用

彭緞六匹現有

紗八匹現有

紡絲八匹現有

賞朝鮮國王及王妃用

蟒緞六匹 採辦

補緞二匹 採辦錦緞抵用

粧緞六匹 採辦

片金二匹 採辦

閃緞九匹 採辦圓金抵用

錦緞四匹 採辦

洋緞十匹 採辦圓金抵用

倭緞六匹 採辦

大緞六匹 現有

素緞五匹 現有

石青緞四匹 採辦

总管内务府为颁赏朝鲜国王王妃详查库存及采办缎匹清单

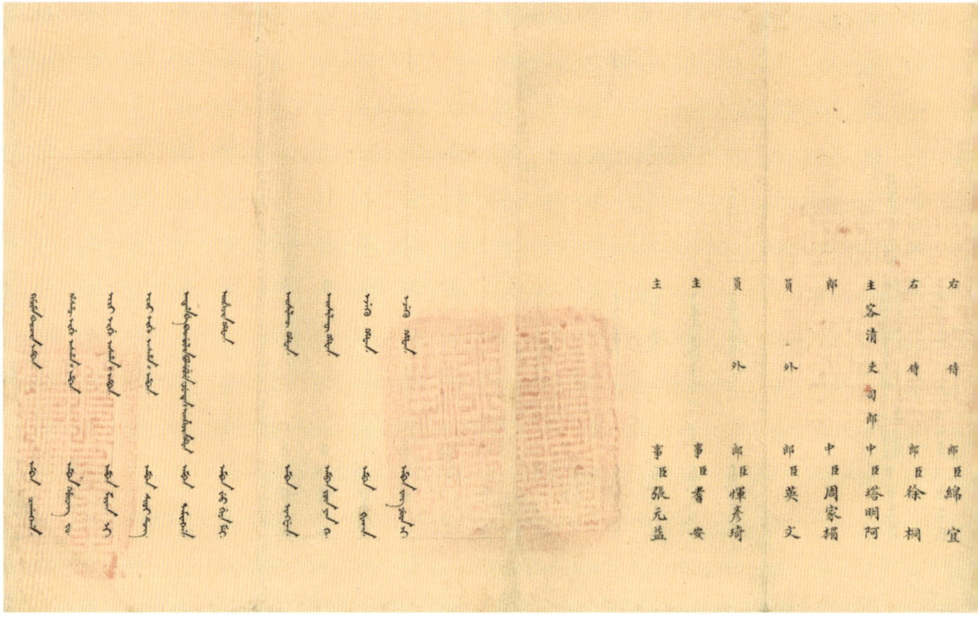

右侍郎臣綿宜
右侍郎臣徐桐
主客清吏司郎中臣塔明阿
郎中臣周家楣
員外郎臣英文
員外郎臣惲秀琦
主事臣書安
主事臣張元益

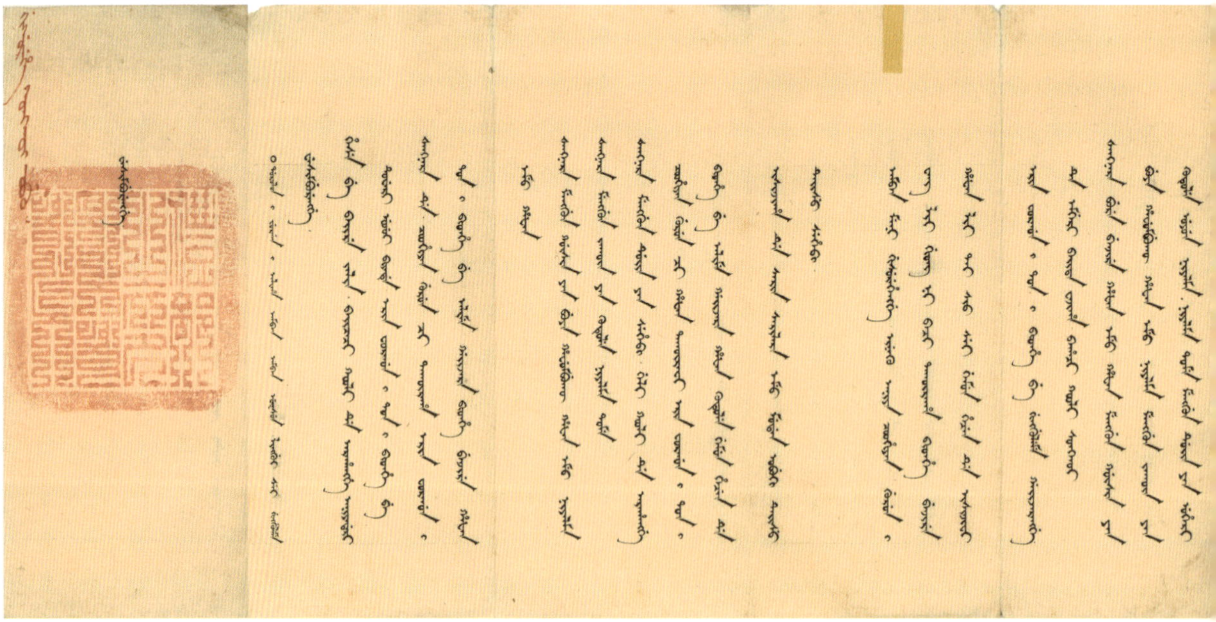

礼部尚书灵桂等题本（同治十一年十月二十六日）

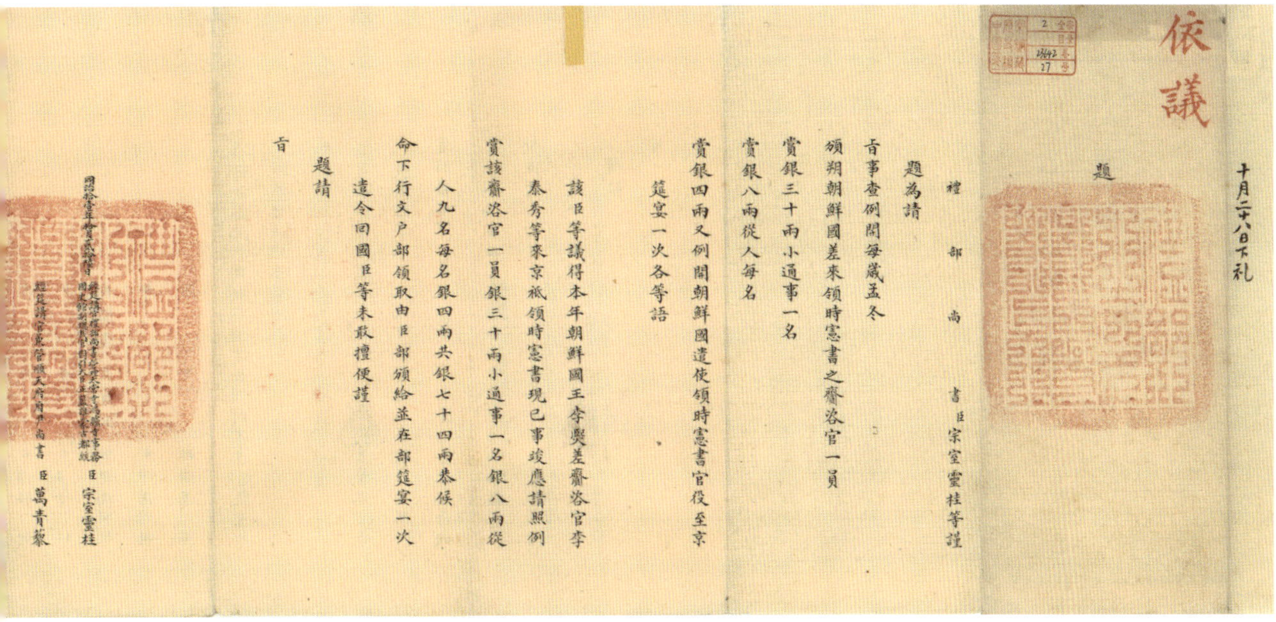

十月二十八日下礼

依議

題

禮部尚書臣宗室靈桂等謹

題為請

旨事查例開每歲孟冬

領朔朝鮮國差來領時憲書之齎咨官一員

賞銀三十兩小通事一名

賞銀八兩從人每名

賞銀四兩又例開朝鮮國遣使領時憲書官役至京

筵宴一次各等語

該臣等議得本年朝鮮國王李㷩差齎咨官李

泰秀等來京祗領時憲書現已事竣應請照例

賞該齎咨官一員銀三十兩小通事一名銀八兩從

人九名每名銀四兩共銀七十四兩恭候

命下行文户部領取由臣部頒給並在部筵宴一次

遵令回國臣等未敢擅便謹

題請

旨

同治拾壹年拾月貳拾陆日 經筵講官禮部尚書管理太常寺鴻臚寺事務國史館總裁官內大臣正藍旗蒙古都統 臣 宗室靈桂

經筵講官兼管順天府府尹尚書 臣 萬青藜

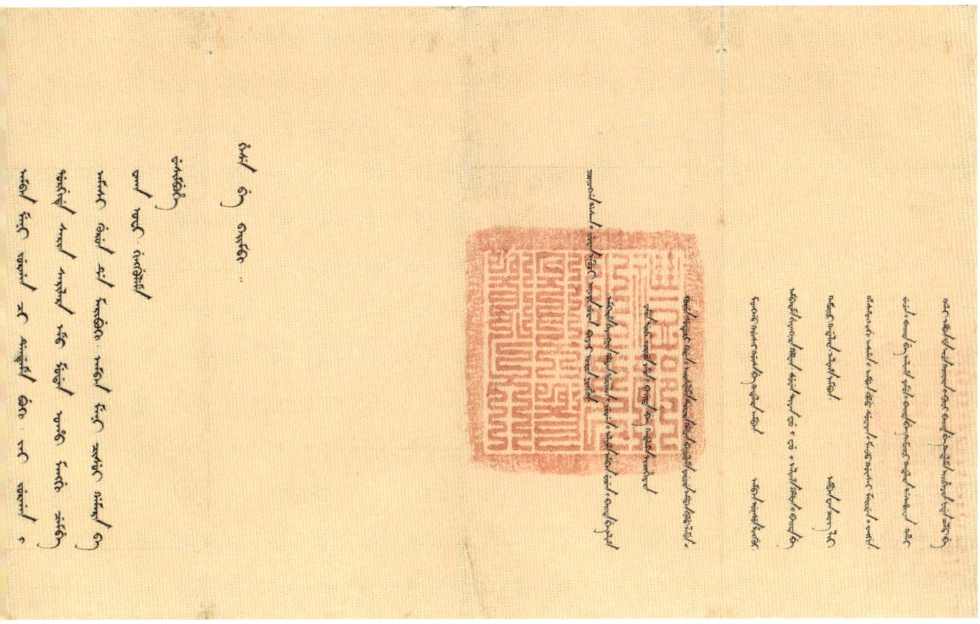

礼部尚书灵桂等题本：

为朝鲜赍咨官李泰秀等祗领时宪书照例赏银赐宴请旨事

同治十一年十月二十六日（1872 年 11 月 26 日）

该题本反映了同治十一年朝鲜差来领时宪书赍咨官李泰秀等 11 人，受颁赏银共 74 两，并被赐宴 1 次的情况。

同治帝谕旨：

着盛京將军都兴阿等查拿沿海奸宄以靖海疆

同治十一年十一月初四日（1872年12月4日）

同治十一年（1872）十一月初四日，礼部奏报同治帝：收到藩属国朝鲜国王咨文，陈述了不久前救护中国商船的情况。八月十六日夜，中国4只商船在朝鲜北部平安道洋面遭到3只响马贼船的追赶，被迫避入东江义州府光城坊泊船岛乞救。朝鲜右卫将赵彦华率兵于次日黎明赶到时，60余名响马已登上中国商船抢劫商货。朝鲜将士、岛民与响马激战半日，卫将重伤，卫士一死一伤，岛民一死，而响马亦仅余10余名。残余响马仓皇奔散，劫夺渔船逃出海口。朝鲜国王在咨文中称："关隘多事，人民靡安，并胪忧闷情实……转达天陛，特降明旨剿灭余党，以为惩奸匪而靖边圉。"同治帝收到奏报的当天，下达谕旨，命盛京将军都兴阿、兼管奉天府府尹瑞联、府尹恭镗、山东巡抚丁宝桢"饬沿海水师查拿奸宄，剿灭余孽，以靖海疆而绥藩服"。

旨寄信前來

軍機大臣 字寄
禮部
盛京將軍都 兼管奉天府府尹瑞 府尹恭
山東巡撫丁 同治十一年十一月初四日奉
上諭禮部奏賊船侵擾朝鮮據咨轉奏一摺本年八月間中國商船四隻被賊船追趕避入朝鮮東江地方賊船竟闖入光城坊泊船島該國發兵擊敗賊船將中國商船救護出境此起賊船雖經朝鮮剿散而餘黨猶存沿邊各海洋理宜一律嚴肅豈容匪徒嘯聚越界搶掠況此次因匪船越境竄擾致朝鮮衛將受傷衛士殞命尤屬不成事體著都興阿瑞聯恭鏜丁寶楨檄飭沿海水師查拏奸宄剿滅餘孽以靖海疆而綏藩服並著禮部行知朝鮮國王嗣後如有匪徒侵越滋擾即照向章一體兜擊格殺勿論以期盡殲醜類禮部摺並朝鮮咨文

同治帝谕旨（同治十一年十一月初四日）

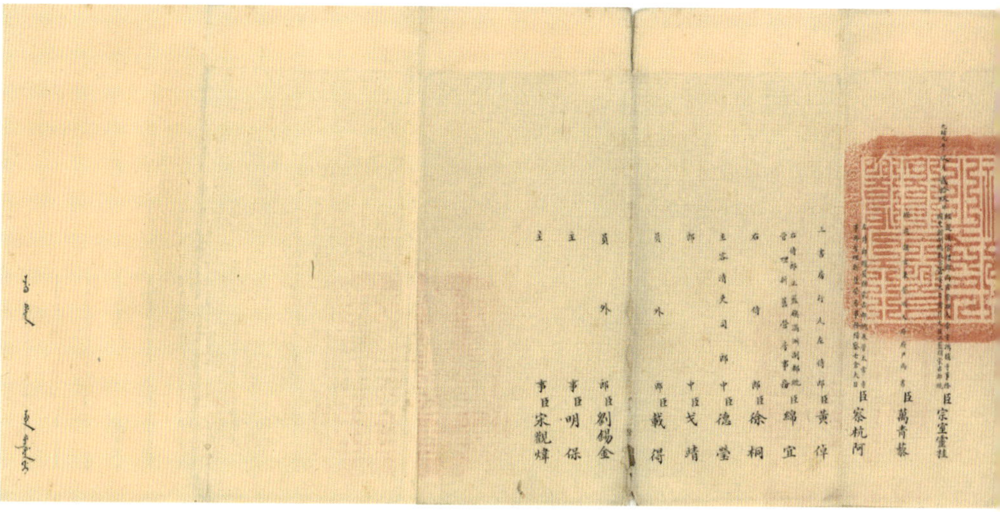

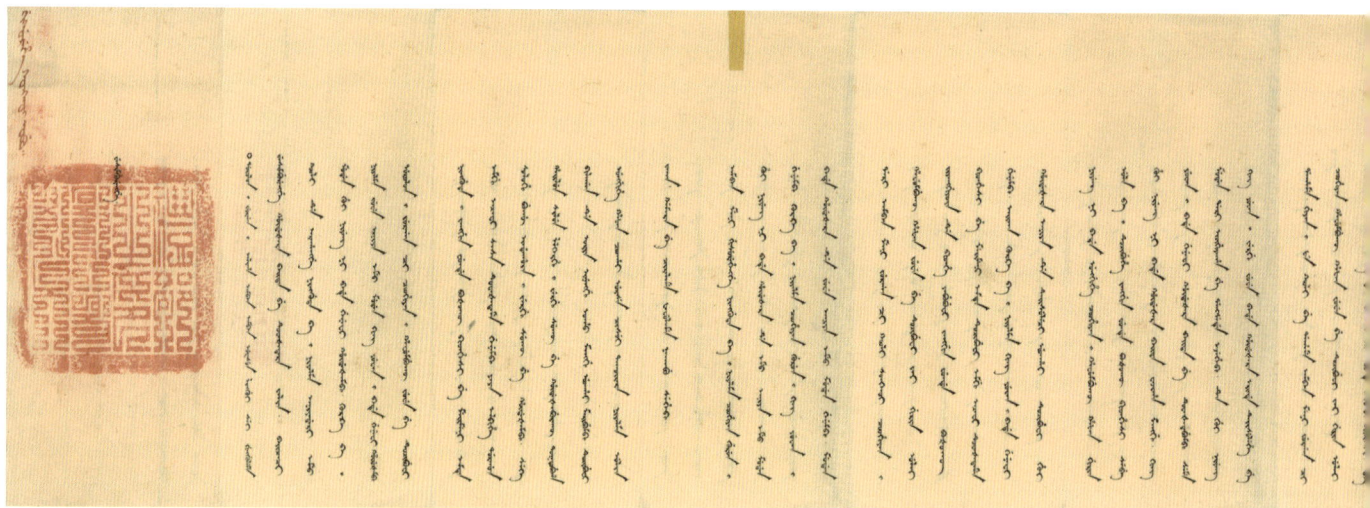

礼部尚书灵桂等题本：

为循例派员监视会宁庆源交易事

光绪元年九月二十九日（1875 年 10 月 27 日）

该题本反映的是清末光绪元年乙亥双市年中朝边境贸易的情况。清朝宁古塔人前往朝鲜会宁、库尔喀人往庆源交易的规制，终清一代都没有改变。

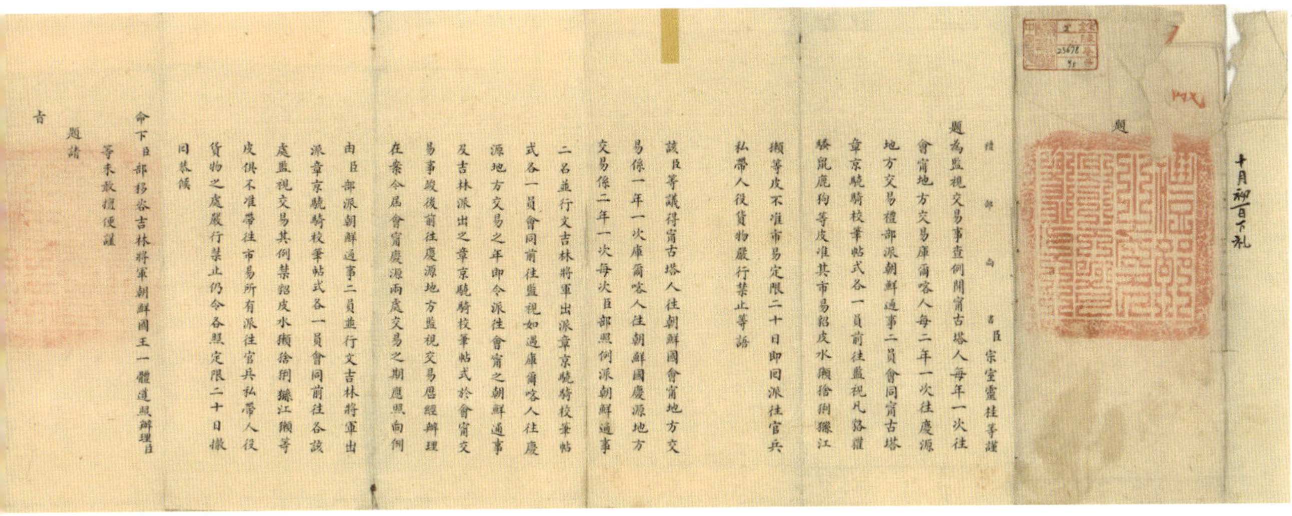

十月初一日下礼

題

禮部尚書臣宗室靈桂等謹
題為監視交易事查例開甯古塔人每年一次往
會甯地方交易庫爾喀人每二年一次往慶源
地方交易禮部派朝鮮通事二員會同甯古塔
章京驍騎校筆帖式各一員前往監視凡貂獾
騷鼠鹿狗等皮准其市易貂皮水獺猞猁猻江
獺等皮不准市易定限二十日即回派往官兵
私帶人役貨物嚴行禁止等語
議臣等議得甯古塔人往朝鮮國會甯地方交
易係一年一次庫爾喀人往朝鮮國慶源地方
交易係二年一次每次臣部照例派朝鮮通事
二名並行文吉林將軍出派章京驍騎校筆帖
式各一員會同前往監視如遇庫爾喀人往慶
源地方交易之年即令派往會甯之朝鮮通事
及吉林派出之章京驍騎校筆帖式於會甯交
易事竣後前往慶源地方監視交易歷經辦理
在案今屆會甯慶源兩處交易之期應照向例
由臣部派朝鮮通事二員並行文吉林將軍出
派章京驍騎校筆帖式各一員會同前往各該
處監視交易其例禁貂皮水獺猞猁猻江獺等
皮俱不准帶往市易所有派往官兵私帶人役
貨物之處嚴行禁止仍令各照定限二十日撤
回恭候
命下臣部移咨吉林將軍朝鮮國王一體遵照辦理臣
等未敢擅便謹
題請
旨

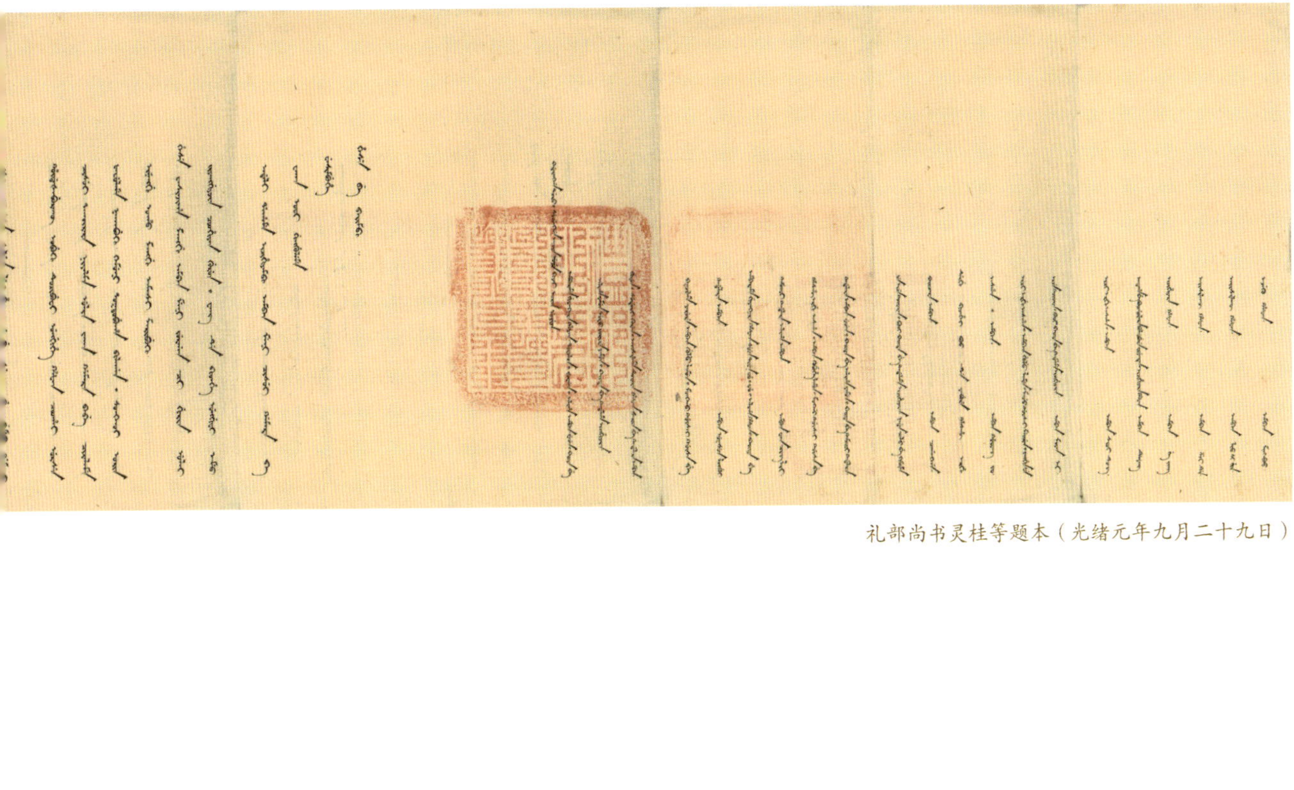

礼部尚书灵桂等题本（光绪元年九月二十九日）

奏片：

为慈安皇太后万寿圣节令朝鲜使臣在百官末随班行礼事

光绪二年（1876）

光绪二年（1876）七月十二日是慈安太后四旬大寿，与其他藩属国相比，朝鲜使臣受到了特别的优礼，他们在午门外西班百官之后随班行礼，是参与万寿圣节活动的唯一藩属国。

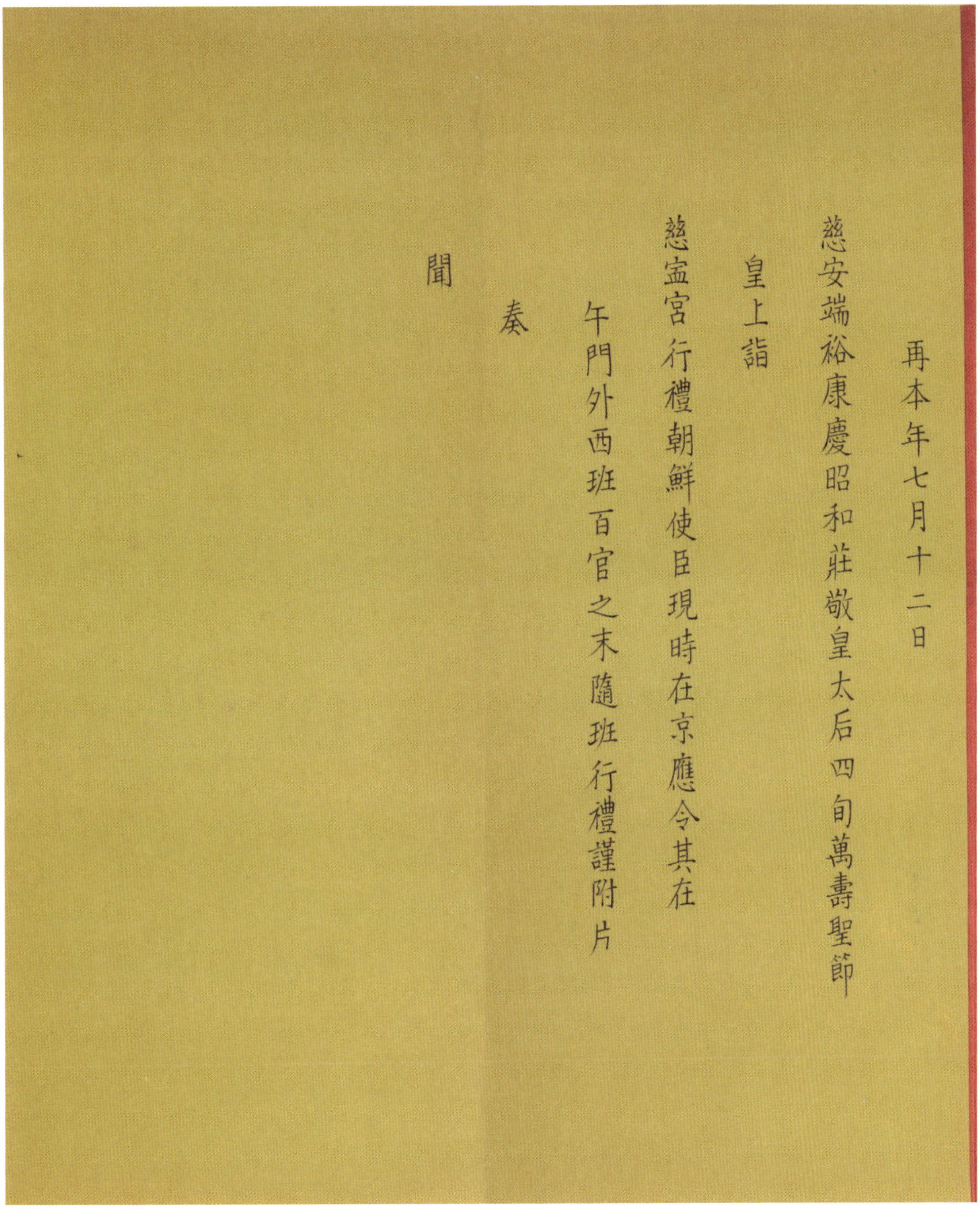
再本年七月十二日
慈安端裕康慶昭和莊敬皇太后四旬萬壽聖節
皇上詣
慈寍宮行禮朝鮮使臣現時在京應令其在
午門外西班百官之末隨班行禮謹附片
奏
聞

奏片（光绪二年）

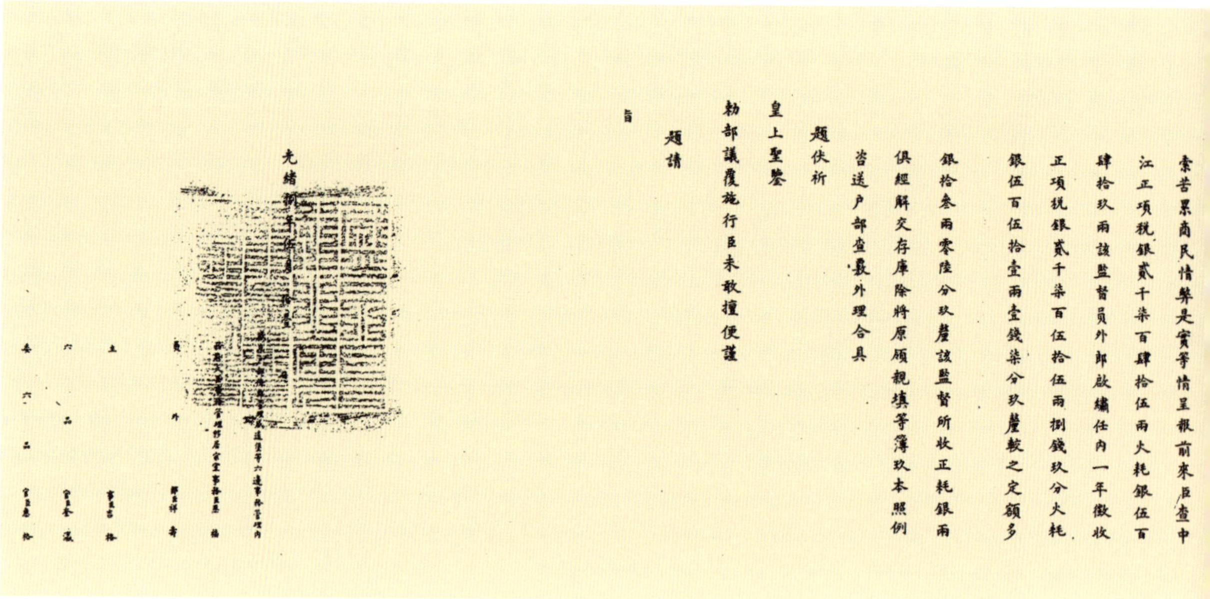

索苦累商民情弊是實等情呈報前來臣查中
江正項稅銀貳千柒百肆拾伍兩火耗銀伍百
肆拾玖兩該監督員外郎啟繡任內一年徵收
正項稅銀貳千柒百伍拾伍兩捌錢玖分火耗
銀伍百伍拾壹兩壹錢柒分玖釐較之定額多
銀拾叁兩零陸分玖釐該監督所收正耗銀兩
俱經解交存庫除將原頒親填等簿玖本照例
咨送户部查覈外理合具
題伏祈
皇上聖鑒
勅部議覆施行臣未敢擅便謹
題請
旨
光緒捌年伍月初拾日

盛京户部侍郎恩福等题本：

为奏报中江税差光绪七年至八年征收银两数目事

光绪八年五月初十日（1882 年 6 月 25 日）

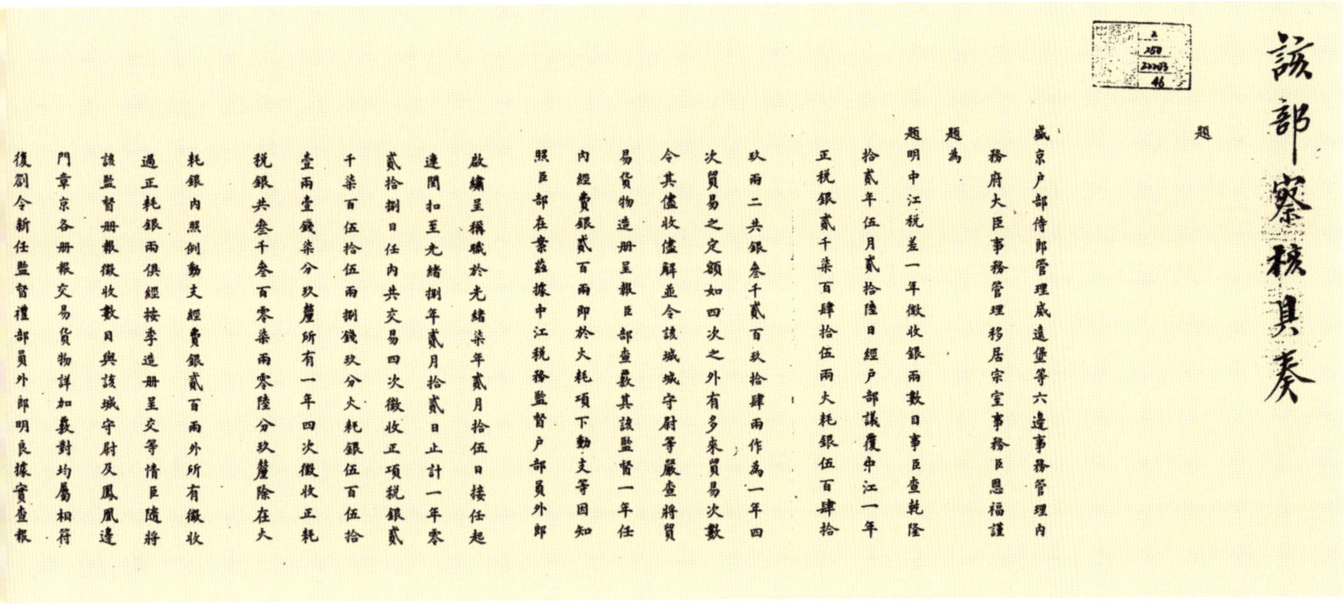
該部察核具奏
題
盛京户部侍郎管理威遠堡等六邊事務管理内
務府大臣事務管理移居宗室事務臣恩福謹
題為
題明中江税差一年徵收銀兩數目事臣查乾隆
拾貳年伍月貳拾陸日經户部議覆中江一年
正税銀貳千柒百肆拾伍兩火耗銀伍百肆拾
玖兩二共銀叁千貳百玖拾肆兩作為一年四
次貿易之定額如四次之外有多來貿易次數
令其儘收儘解並令該城城守尉等嚴查將貿
易貨物造册呈報臣部查覈其該監督一年任
内經費銀貳百兩即於火耗項下動支等因知
照臣部在案茲據中江税務監督户部員外郎
啟繡呈稱職於光緒柒年貳月拾伍日接任起
連閏扣至光緒捌年貳月拾貳日止計一年零
貳拾捌日任内共交易四次徵收正項税銀貳
千柒百伍拾伍兩捌錢玖分火耗銀伍百伍拾
壹兩壹錢柒分玖釐所有一年四次徵收正耗
税銀共叁千叁百零柒兩零陸分玖釐除在火
耗銀内照例動支經費銀貳百兩外所有徵收
過正耗銀兩俱經按季造册呈交等情臣隨將
該監督册報徵收數目與該城守尉及鳳凰邊
門章京各册報交易貨物詳加覈對均屬相符
復劄令新任監督禮部員外郎明良據實查報

盛京户部侍郎恩福等题本之一（光绪八年五月初十日）

乾隆十二年（1747）五月二十六日，经户部议复，中江贸易一年征收正税银 2745 两、火耗银 549 两，一年四次贸易，定额征税共计 3294 两。四次之外多来者，尽收尽解，按季造册呈交，以凭查核。该规定一直延续执行至清末。光绪七年二月十五日，户部员外郎启秀接任中江税务监督，计至次年二月十二日的一年零 28 天的时间内，进行四次交易，征收税银 2755.89 两、火耗银 551.17 两余，共计 3307 两余，较定额多收了 13 两余。经继任的礼部员外郎明良查核，“并无征多报少、侵蚀入己、额外需索、苦累商民情弊”。

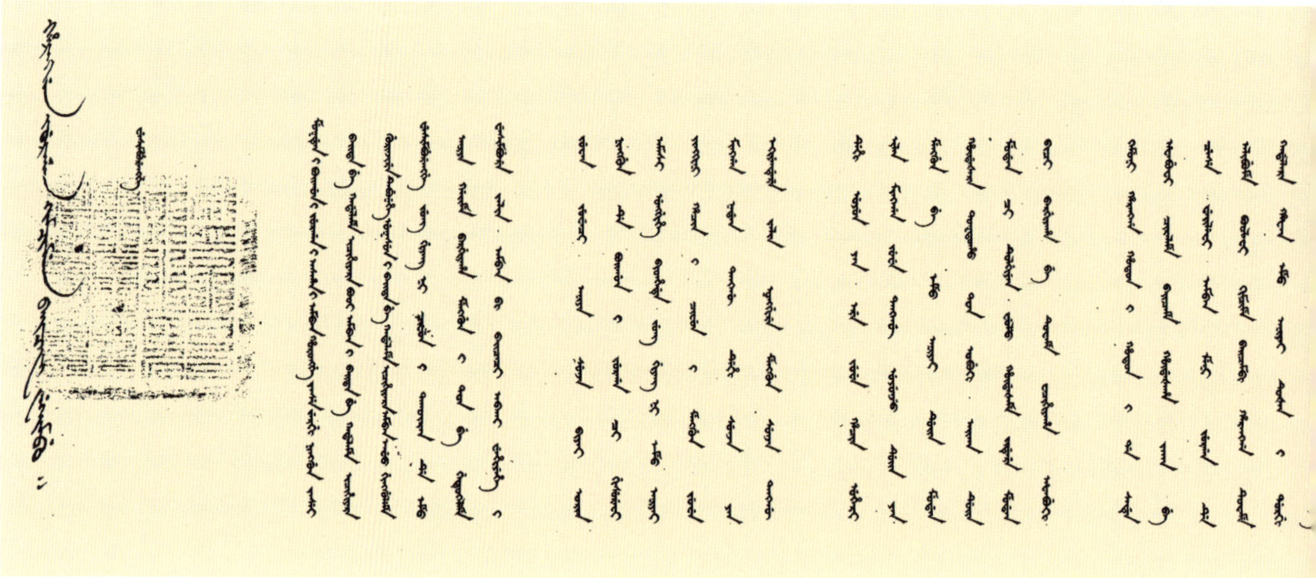

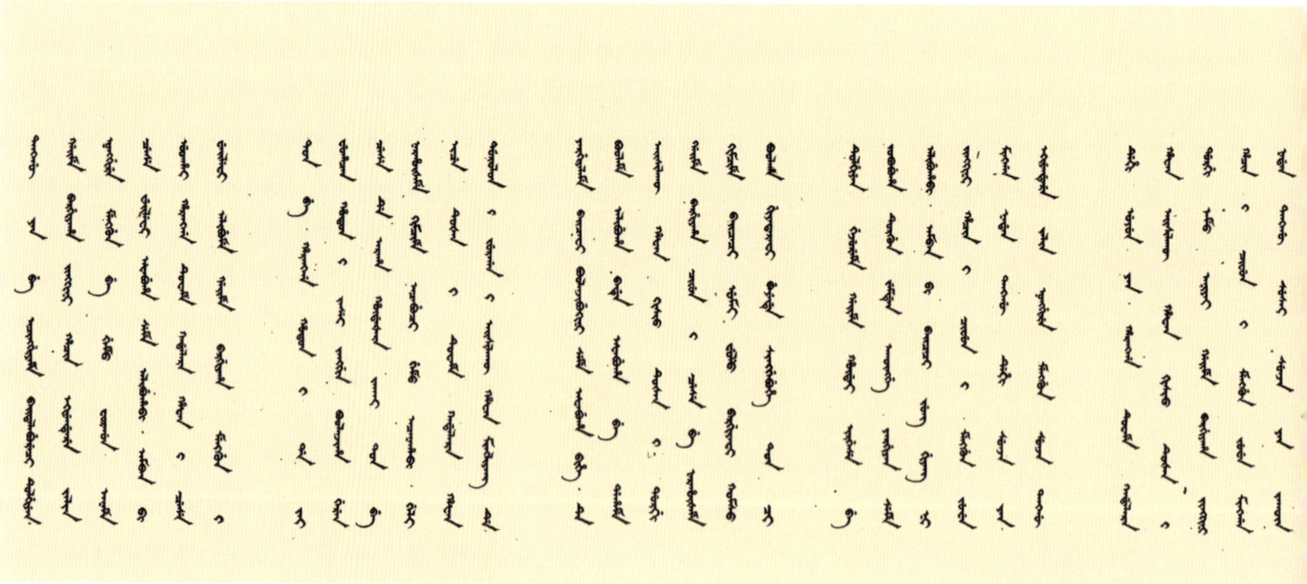

盛京户部侍郎恩福等题本之二（光绪八年五月初十日）

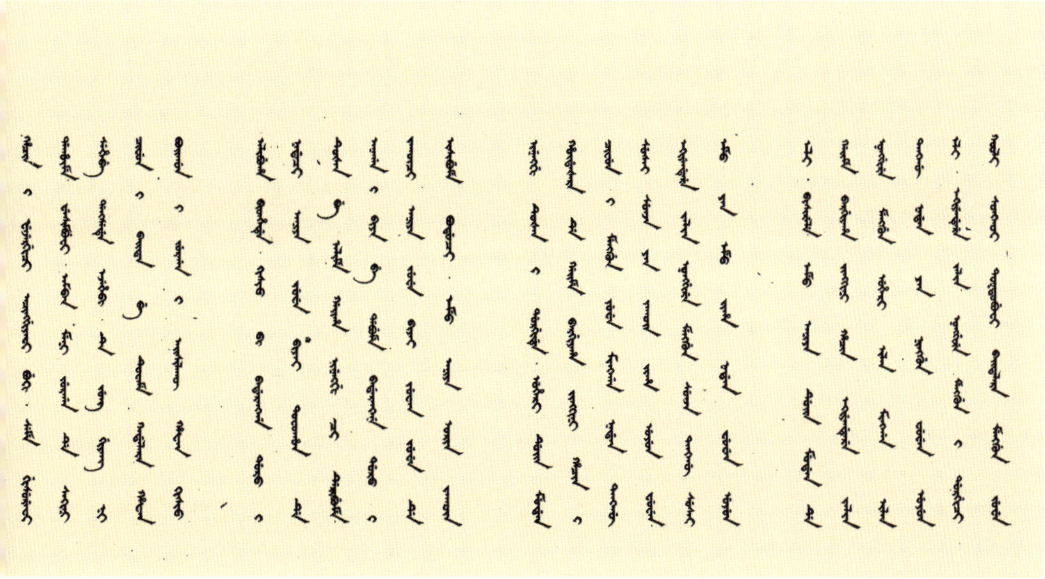

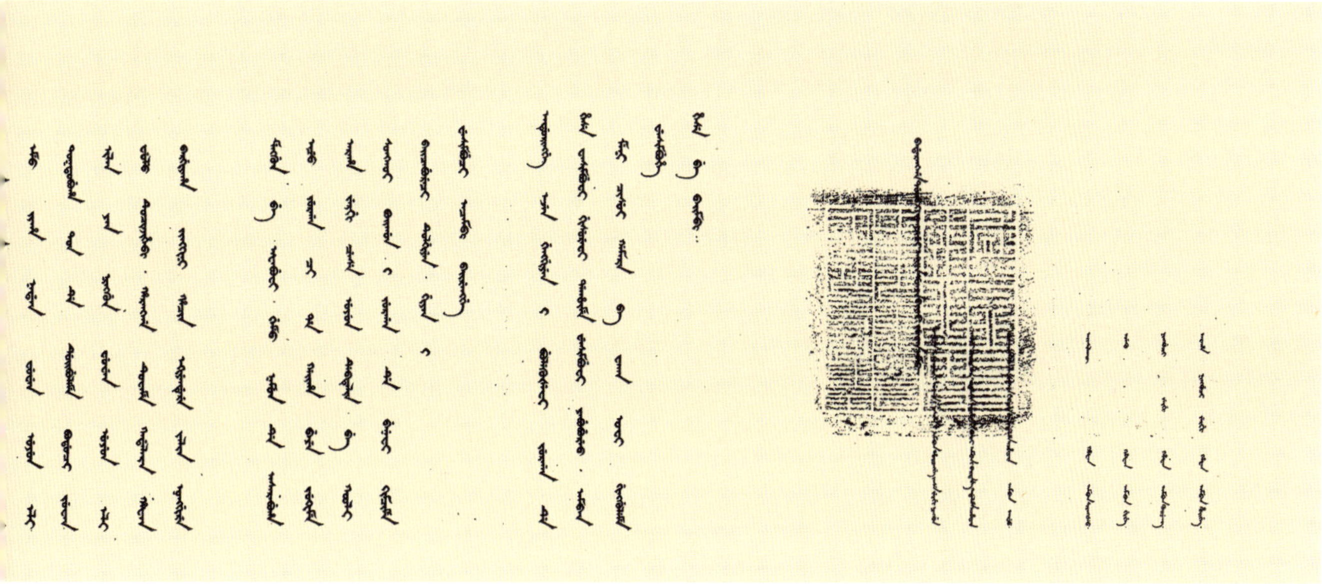

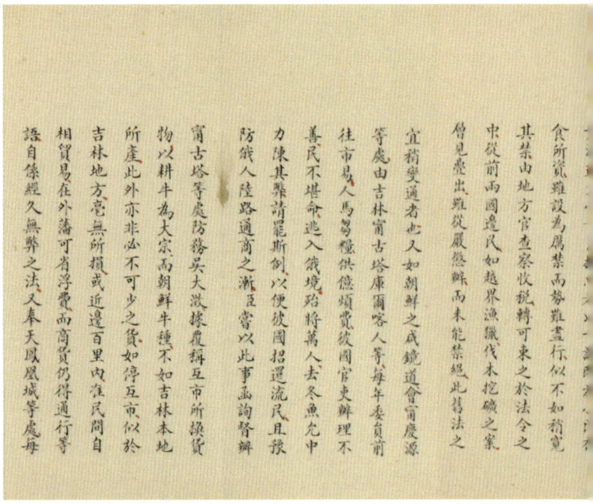
食所資雖設為厲禁而勢難盡行似不如稍寬
其禁由地方官查察收稅轉可束之於法令之
中從前兩國邊民如越界漁獵伐木挖礦之案
屢見疊出雖從嚴懲辦而未能禁絕此舊法之
宜稍變通者也又如朝鮮之咸鏡道會甯慶源
等處由吉林甯古塔庫爾喀人等每年委員前
往市易人馬芻糧供億煩費彼國官吏辦理不
善民不堪命逃入俄境殆將萬人去冬魚允中
力陳其弊請罷斯例以便彼國招還流民且豫
防俄人陸路通商之漸臣當以此事函詢督辦
甯古塔等處防務吳大澂據覆稱互市所換貨
物以耕牛為大宗而朝鮮牛種不如吉林本地
所產此外亦非必不可少之貨如停互市似於
吉林地方毫無所損或近邊百里內准民間自
相貿易在外藩可省浮費而商貨仍得通行等
語自係經久無弊之法又奉天鳳凰城等處每

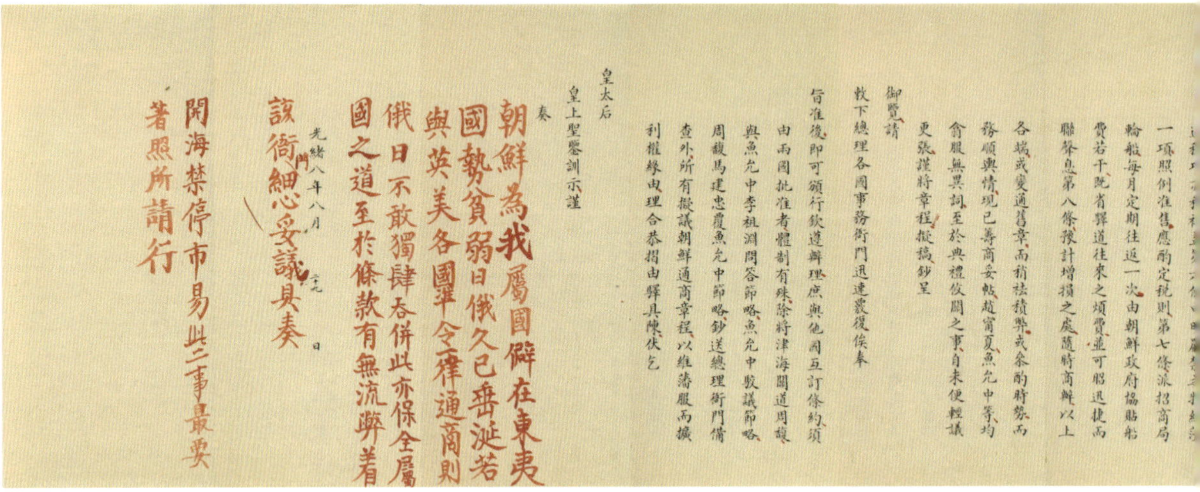
一項照例准售應酌定稅則第七條派招商局
輪船每月定期往返一次由朝鮮政府協貼船
費若干既省驛道往來之煩費並可昭迅捷而
聯聲息第八條豫計增損之處隨時商辦以上
各端或變通舊章而稍祛積弊或參酌時務而
務順輿情現已籌商妥帖趙甯夏魚允中等均
翕服無異詞至於典禮攸關之事自未便輕議
更張謹將章程擬稿鈔呈
御覽請
敕下總理各國事務衙門迅速覈覆俟奉
旨准後即可頒行欽遵辦理庶與他國互訂條約須
由兩國批准者體制有殊除將津海關道周馥
與魚允中李祖淵問答節略魚允中駁議節略
周馥馬建忠覆魚允中節略鈔送總理衙門備
查外所有擬議朝鮮通商章程以維藩服而擴
利權緣由理合恭摺由驛具陳伏乞
皇太后
皇上聖鑒訓示謹
奏
朝鮮為我屬國僻在東夷
國勢貧弱日俄久已垂涎若
與英美各國畢令釋通商則
俄日不敢獨肆吞併此亦保全屬
國之道至於條款有無流弊着
該衙門細心妥議具奏
光緒八年八月二十九日
閉海禁停市易此二事最要
著照所請行

署理北洋通商大臣李鸿章奏折（光绪八年八月二十九日）

署理北洋通商大臣李鸿章奏折：

为遵旨妥议《中国朝鲜商民水陆贸易章程》事

光绪八年八月二十九日（1882年10月10日）

《中国朝鲜商民水陆贸易章程》

光绪八年六月，朝鲜发生了壬午兵变，清政府出兵朝鲜平定该事件，帮助闵妃为首的外戚集团重新掌权。署理北洋通商大臣李鸿章认为，朝鲜要抵抗俄国与日本的侵夺，成为清朝巩固的藩篱，首先要开海禁。海禁开，则两国物利相通，无须藉东西洋商船。其次要停市易。准许边地民间自相贸易，

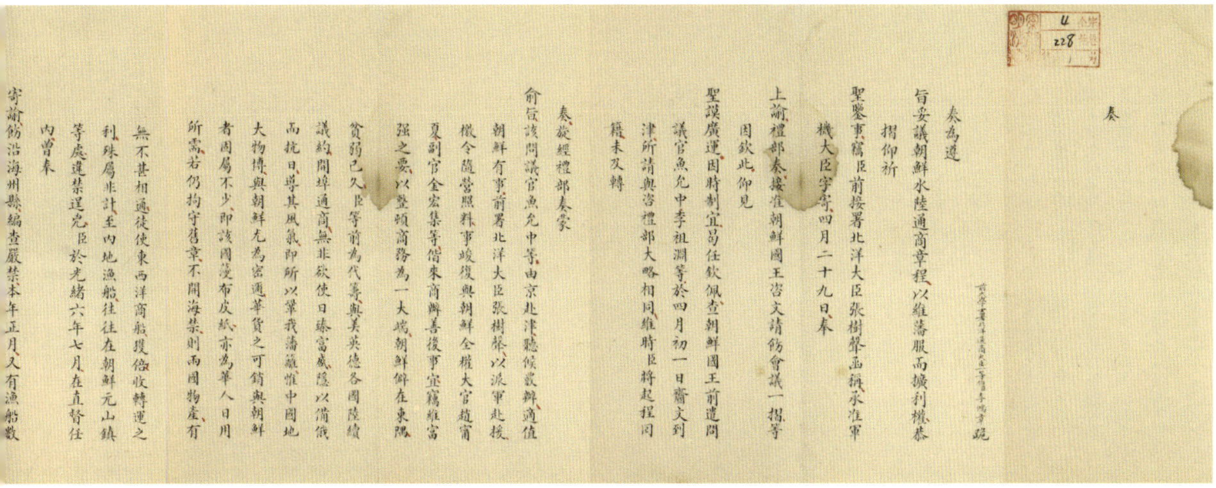
奏
[illegible]跪
奏為遵
旨妥議朝鮮水陸通商章程以維藩服而擴利權恭
摺仰祈
聖鑒事竊臣前接署北洋大臣張樹聲函稱承准軍
機大臣字寄四月二十九日奉
上諭禮部奏接准朝鮮國王咨文請飭會議一摺等
因欽此仰見
聖謨廣運因時制宜曷任欽佩查朝鮮國王前遣問
議官魚允中李祖淵等於四月初一日齎文到
津所請與咨禮部大略相同維時臣將起程回
籍未及轉
奏旋經禮部奏蒙
俞旨該問議官魚允中等由京赴津聽候彙辦適值
朝鮮有事前署北洋大臣張樹聲以派軍赴援
檄令隨營照料事竣復與朝鮮全權大官趙甯
夏副官金宏集等偕來商辦善後事宜竊維富
強之要以整頓商務為一大端朝鮮僻在東隅
貧弱已久臣等前為代籌與美英德各國陸續
議約開埠通商無非欲使日臻富盛隱以備俄
而抗日導其風氣即所以鞏我藩籬惟中國地
大物博與朝鮮尤為密邇華貨之可銷與朝鮮
者固屬不少即該國葠布皮紙亦為華人日用
所需若仍拘守舊章不開海禁則兩國物產有
無不甚相通徒使東西洋商船攫倍收轉運之
利殊屬非計至內地漁船往往在朝鮮元山鎮
等處違禁逞兇臣於光緒六年七月在直督任
內曾奏
寄諭飭沿海州縣編查嚴禁本年正月又有漁船數

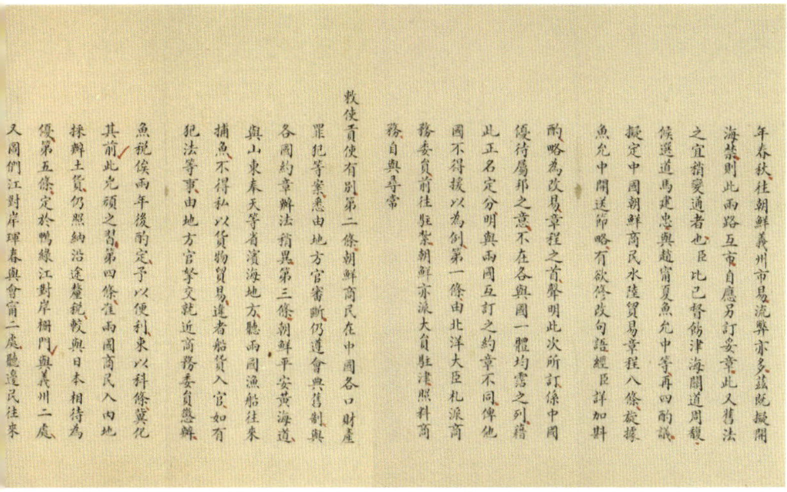
年春秋往朝鮮義州市易流弊亦多茲既擬開
海禁則此兩路互市自應另訂妥章此又舊法
之宜稍變通者也臣比已督飭津海關道周馥
候選道馬建忠與趙甯夏魚允中等再四酌議
擬定中國朝鮮商民水陸貿易章程八條旋據
魚允中開送節略有欲修改句語經臣詳加斟
酌略為改易章程之首聲明此次所訂係中國
優待屬邦之意不在各與國一體均霑之列藉
此正名定分明與兩國互訂之約章不同俾他
國不得援以為例第一條由北洋大臣札派商
務委員前往駐紮朝鮮亦派大員駐津照料商
務自與尋常
敕使賫使有別第二條朝鮮商民在中國各口財產
罪犯等案悉由地方官審斷仍遵會典舊制與
各國約章辦法稍異第三條朝鮮平安黃海道
與山東奉天等省濱海地方聽兩國漁船往來
捕魚不得私以貨物貿易違者船貨入官如有
犯法等事由地方官拏交就近商務委員懲辦
魚稅俟兩年後酌定予以便利束以科條冀化
其前此兇頑之習第四條准兩國商民入內地
採辦土貨仍照納沿途釐稅較與日本相待為
優第五條定於鴨綠江對岸柵門與義州二處
又圖們江對岸琿春與會甯二處聽邊民往來

既可免去朝贡贸易模式下互市时的朝方接待清方官员人等的浮费，商货仍可通行。为此，天津海关道周馥、候选道马建忠与朝鲜全权大官赵宁夏、问议官鱼允中等反复商酌，拟定了《中国朝鲜商民水陆贸易章程》，共计八条，主要内容为：中朝开放海禁，允许边民在鸭绿江两岸的栅门、义州和图们江两岸的珲春、会宁自由贸易，两国互相派员进驻通商口岸，中国在朝鲜享有领事裁判权、协定关税权等。该条约特别强调：“此次所订水陆贸易章程，系中国优待属邦之意，不在各与国一体均沾之列。”这个条约的主要目的是加强清政府对朝鲜的宗主权，同时获得对朝贸易上的特权。九月一日奉朱批：“该衙门细心妥议具奏。”该章程获准实施，标志着中朝传统封贡贸易向近代条约贸易转变的开始。光绪二十年该条约作废。

等官員執意任性辦事不合則由北洋大臣與
朝鮮國王彼此知會立即撤回
一中國商民在朝鮮口岸如自行控告應歸中國
商務委員審斷此外財產罪犯等案如朝鮮人
民為原告中國人民為被告則應由中國商務
委員追拏審斷如中國人民為原告朝鮮人民
為被告則應由朝鮮官員將被告罪犯交出會
同中國商務委員按律審斷至朝鮮商民在中
國已開口岸所有一切財產罪犯等案無論被
告原告為何國人民悉由中國地方官按律審
斷並知照朝鮮委員備案如所斷案件朝鮮人
民未服許由該國商務委員稟請大憲復訊以
昭平允凡朝鮮人民在其本國至中國商務委
員處或在中國至各地方官處控告中國人民
各色衙役人等不得私索絲毫規費違者查出
將該管官從嚴懲辦若兩國人民或在本國或
在彼此通商口岸有犯本國律禁私逃在彼此
地界者各地方官一經彼此商務委員知照即
設法拏交就近商務委員押歸本國懲辦惟於
途中止可拘禁不得凌虐
一兩國商船聽其駛入彼此通商口岸交易所有
卸載貨物與一切海關納稅則例悉照兩國已
定章程辦理儻在彼此海濱遭風擱淺可隨處
收泊購買食物修理船隻一切經費均歸船主
自備地方官第妥為照料如船隻破壞地方官
當設法救護將船內客商水手人等送交就近
口岸彼此商務委員轉送回國可省前此互相
護送之費若兩國商船於遭風觸損需修外潛
往未開口岸貿易者查拏船貨入官惟朝鮮平

律辦理其一切詳細章程應俟北洋大臣與朝
鮮國王派員至該處踏勘會商稟請　奏定
一兩國商民無論在何處口岸與邊界地方均不
准將洋藥土藥與製成軍器販運售賣違者查
出分別嚴加處治至紅蔘一項例准朝鮮商民
帶入中國地界應納稅則按價值百抽十五其
有中國商民將紅蔘私運出朝鮮地界未經政
府特允者查出將貨入官
一兩國驛道向由柵門陸路往來所有供億極為
繁費現在海禁已開自應就便聽由海道來往
惟朝鮮現無兵商輪船可由朝鮮國王商請北
洋大臣暫派商局輪船每月定期往返一次由
朝鮮政府協貼船費若干此外中國兵船往朝
鮮海濱游弈並駛泊各處港口以資捍衛地方
官所有供應一切豁除至購辦糧物經費均由
兵船自備該兵船自管駕官以下與朝鮮地方
官俱屬平行優禮相待水手上岸由兵船官員
嚴加約束不得稍有騷擾滋事
一此次所定貿易章程姑從簡約兩國官民均須
就已載者一體恪遵以後有須增損之處應隨
時由北洋大臣與朝鮮國王咨商妥善請
旨定奪施行
軍機大臣奉
旨覽欽此

《中国朝鲜商民水陆贸易章程》

卷

清單

謹將擬定中國朝鮮商民水陸貿易章程照繕
清單恭呈
御覽
朝鮮久列藩封典禮所關一切均有定制毋庸
更議惟現在各國既由水路通商自宜亟開海
禁令兩國商民一體互相貿易共霑利益其邊
界互市之例亦因時量為變通惟此次所訂水
陸貿易章程係中國優待屬邦之意不在各與
國一體均霑之列茲定各條如左
一嗣後由北洋大臣札派商務委員前往駐紮朝
鮮已開口岸專為照料本國商民該員與朝鮮
官員往來均屬平行優待如禮如遇有重大事
件未便與朝鮮官員擅自定議則詳請北洋大
臣咨照朝鮮國王轉札其政府籌辦朝鮮國王
亦遣派大員駐紮天津並分派他員至中國已
開口岸充當商務委員該員與道府州縣等地
方官往來亦以平行相待如遇有疑難事件聽
兩國
安黃海道與山東奉天等省濱海地方聽兩國
漁船往來捕魚並就岸購買食物甜水不得私
以貨物貿易違者船貨入官其於所在地方有
犯法等事即由該地方官拏交就近商務委員
按第二條懲辦至彼此漁船應征魚稅俟遵行
兩年後再行會議酌定查山東漁户因海濱之魚為輪船驚至對岸每
年私至朝鮮黃海道大小青島捕魚者歲以千
計
一兩國商民前往彼此已開口岸貿易如安分守
法准其租地賃房建屋所有土產與非干例禁
之貨均許交易除進出貨物應納貨稅船鈔悉
照彼此海關通行章程完納外其有欲將土貨
由此口運往彼口者於已納出口稅外仍於進
口時驗單完納出口稅之半朝鮮商民除在北
京例准交易與中國商民准入朝鮮楊花津漢
城開設行棧外不准將各色貨物運入內地坐
肆售賣如兩國商民欲入內地採辦土貨應稟
請彼此商務委員與地方官會銜給予執照填
明採辦處所車馬船隻聽該商自雇仍照納沿
途應完釐税如有彼此入內地游歷者應稟請
商務委員與地方官會銜給予執照然後前往
其於沿途地方有犯法等事統由地方官押交
就近通商口岸照第二條懲辦途中止可拘禁
不得凌虐
一向來兩國邊界如義州會甯慶源等處例有互
市統由官員主持每多窒礙茲定於鴨綠江對
岸柵門與義州二處又圖們江對岸琿春與會
甯二處聽邊民隨時往來交易兩國第於彼此
開市之處設立關卡稽察匪類征收稅課其所
征稅則無論出入口貨除紅蔘外概行值百抽

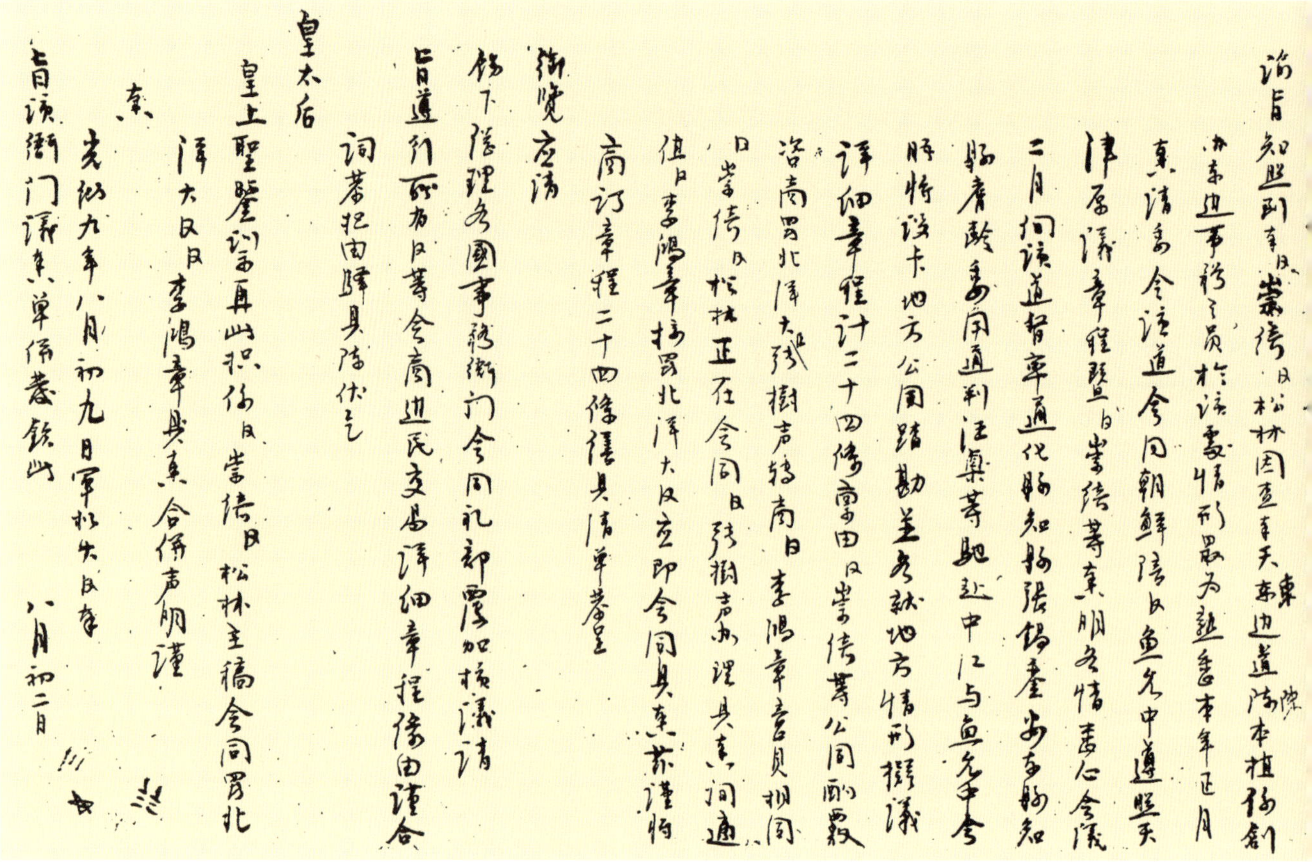

谕旨知照刑部臣崇绮臣松林因查奉天东边道陈本植饬
办东边事务之员于该处情形最为熟悉本年正月
奏请饬令该道会同朝鲜陪臣鱼允中遵照天
津原议章程暨臣崇绮等奏明各情妥为会议
二月间该道督率通化县知县张锡銮安东县知
县廖彭委员开通判汪汝蕃驰赴中江与鱼允中会
晤将设卡地方公同踏勘并参就地方情形拟议
详细章程计二十四条寄由臣崇绮等公同酌覈
咨商署北洋大臣张树声转商臣李鸿章意见相同
臣崇绮臣松林正在会同臣张树声办理具奏间适
值臣李鸿章接署北洋大臣应即会同具奏兹谨将
商订章程二十四条缮具清单恭呈
御览应请
饬下总理各国事务衙门会同礼部覆加核议请
旨遵行所有臣等会商边民交易详细章程缘由谨合
词恭折由驿具陈伏乞
皇太后
皇上圣鉴训示再此折系臣崇绮臣松林主稿会同署北
洋大臣臣李鸿章具奏合并声明谨
奏
光绪九年八月初九日军机大臣奉　八月初二日
旨该衙门议奏单併发钦此

署北洋通商大臣李鸿章奏折：

为奉天与朝鲜边民交易会商详细章程事

光绪九年八月初二日（1883年9月2日）

《奉天朝鲜边民交易章程》

光绪八年（1882）清政府与朝鲜议定《中国朝鲜商民水陆贸易章程》，中朝边民即将开展随时往来的边境自由贸易。盛京将军崇绮、奉天府尹松林认为“宜就近设卡……以固边防”，得

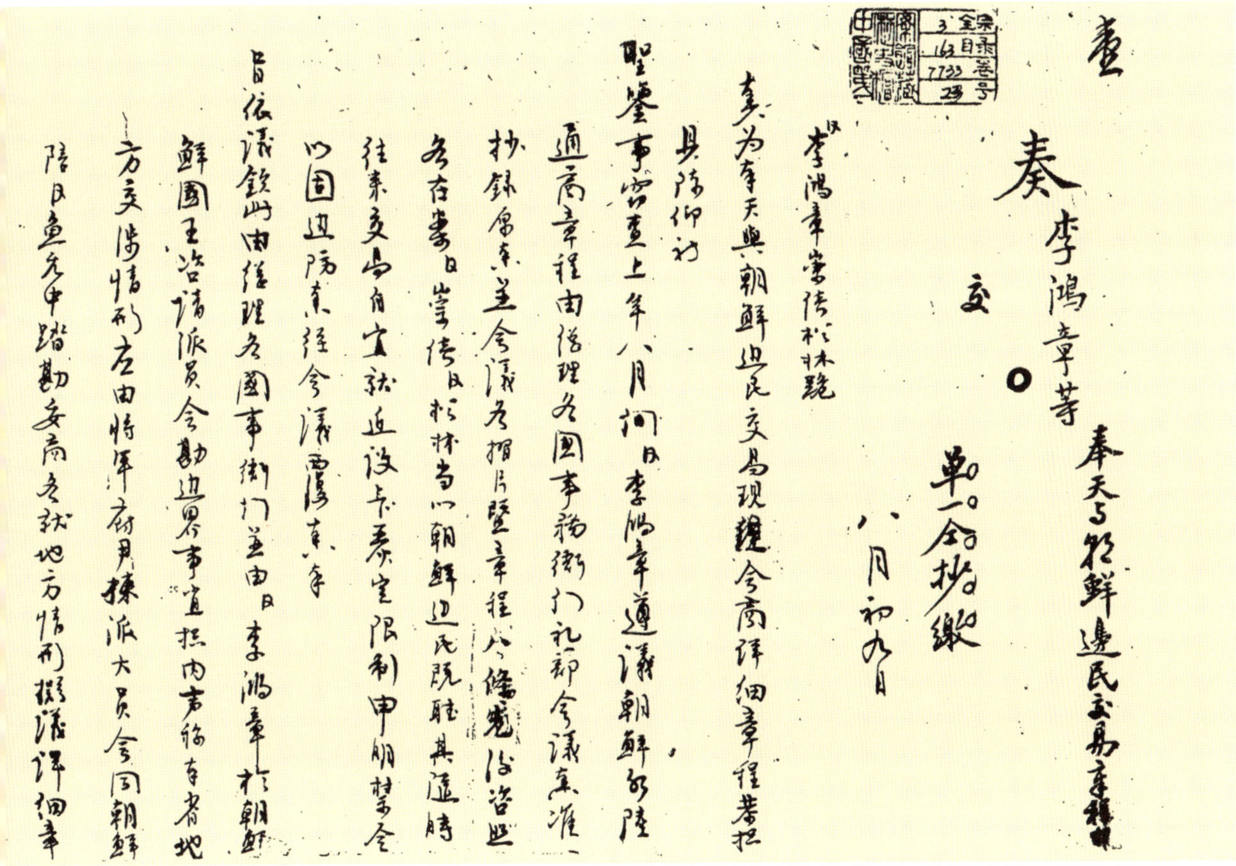
查

奏 李鴻章等 奉天與朝鮮邊民交易章程

交 ○ 軍機處抄繳 八月初九日

李鴻章等傳松林跪

奏為奉天與朝鮮邊民交易現經會商詳細章程恭摺

具陳仰祈

聖鑒事竊查上年八月間臣李鴻章遵議朝鮮陸

通商章程由總理各國事務衙門禮部會議具准

抄錄原奏並會議各摺片暨章程六條寄送咨照

各衙門當日崇綺臣松林以朝鮮邊民既駐其邊時

往來交易自宜就近設市秉定限制申明禁令

以固邊防業經會議覆奏

旨依議欽此由總理各國事務衙門並由臣李鴻章於朝

鮮國王咨請派員會勘邊界事宜摺內聲稱奉省地

方交涉情形應由將軍府尹揀派大員會同朝鮮

陪臣魚允中踏勘妥商各就地方情形擬議詳細章

署北洋通商大臣李鸿章奏折（光绪九年八月初二日）

到署北洋通商大臣李鸿章的首肯，认为应由盛京将军、奉天府尹派员交涉，会同朝鲜陪臣鱼允中“踏勘妥商，各就地方情形拟议详细章程”。九年二月，奉天东边道陈本植率通化县知县张锡銮、安东县知县耆龄等前往鸭绿江畔的中江，与朝鲜代表鱼允中会晤，拟出《奉天与朝鲜边民交易章程》二十四条。主要内容：(1) 中国奉天和朝鲜边民各以中江和义州为边民贸易之处，不准前往对方他处，亦禁止在对方建房设栈；(2) 在上述两处贸易，货物只纳正税一次，不得仿照海关章程，禁止从对方口岸贩货至该两处；(3) 朝鲜使臣赴中国京师，以及两国关于边界通商的行文交涉一遵定制。

朝鮮界內交易亦照此辦理
第五條
徵收稅課填發驗單需員經理向來柵門原設
監督專司稅務現在改立新章另建關卡所有
督理稅務之員由
盛京將軍奉天府府尹咨商北洋大臣會議酌派請
旨定奪欽遵施行
第六條
商民貨物運到關卡所有稽察匪類徵收稅課
等事統由督理稅務之員督飭所屬文武員弁
認真經理其錢財罪犯等案應歸地方官審斷
者各按定律辦理此外如奉省人民在朝鮮滋
事或私逃在朝鮮境內者由義州府尹移交安
東縣治罪朝鮮人民在奉省滋事或私逃在奉
省境內者由安東縣移交義州府尹治罪儻遇
邊界重大事件非安東知縣義州府尹所能擅
專者或先由安東縣稟報或徑由義州府尹呈
報東邊道衙門轉詳
盛京將軍奉天府府尹批示仍由道札行安東縣
並照會義州府尹遵批辦理
第七條
邊界互市在於開市之處設立關卡稽察匪類
徵收稅課均關緊要凡商民出入責成關卡盤

令各國通商毫不相涉不得仿照海關章程另
分正稅子稅致滋流弊凡奉省商民販運貨物
至義州開市之處無論何處貨物均照章交納
正稅一次朝鮮商民販運貨物至中江開市之
處無論何處貨物亦照章交納正稅一次均不
重徵如商民不願將外國貨物販至開市處所
者悉聽其便官不強為抑制
第十一條
柵門按季互市既改移中江隨時交易向來春
秋定期按季互市自應一律停止其由中江至
柵門舊有貢道除貢差往來不禁外其餘商民
未請執照不准任便販運出入自當嚴申禁防
杜絕偷漏
第十二條
中江與義州相距甚近無勞跋涉出入往來既
有限制其中江與義州上下各處均有小徑歧
途應即概行禁止冬春之時氷堅水淺處處可
通更應查拏重辦有犯必懲以昭嚴密
第十三條
中江與義州邊民交易與彼此已開口岸各設
有商務委員不同朝鮮商民至奉省陸路採辦
土貨即由督理稅務之員填給執照並照會義
州府尹備案奉省商民至朝鮮陸路採辦土貨

《奉天朝鲜边民交易章程》之一

八月廿九日

贰

謹將商訂奉天與朝鮮邊民交易章程二十四
條繕具清單恭呈
御覽
第一條
邊界陸路交易原係
天朝優待屬國專為便民而設與各海口岸通商情
事不同所准隨時往來僅指奉省之與朝鮮邊
界商民而言其他各國不在此例
第二條
奉省商民除在義州貿易外非由地方官印發
執照為憑不准潛往朝鮮各處游歷朝鮮商民
更應恪遵此次章程不得潛往奉省各處游歷
尤不准挈帶外人入邊若有挈帶外人冒充本
國商民擅入邊界者一經查出將起意挈帶之
人照私越邊界例從重治罪
第三條
鴨綠江以內與朝鮮平安道鄰近各處河口係
天朝採辦祭品官魚之地嚴禁民間私捕朝鮮人民
更不准往來捕魚犯者懲辦
第四條
中江距義州一水之隔商民貿易朝來夕返非
如各海口岸通商貨物運自遠來必須卸裝寄
頓茲既勘定中江附近九連城之前及義州西

查驗明執照立即放行不得勒措刁難稍有需
索至貨物往來責成徵稅官員照驗貨單相符
按照定章徵收稅課不得額外增添
第八條
常年朝鮮入京
朝貢典禮攸關一切恪遵定例貢物例不徵稅其使
臣及差官從人攜帶行李零星物件自應遵照
部議寬予限制使臣不攜帶貨物所帶衣服行
李書籍藥物每員以三百觔為度差官從人攜
帶貨物冀圖沾潤准帶紅蔘每差官一員定額
二十觔從人一名定額十觔又衣服行李零星
貨物每差官一員定額一百六十觔從人一名
定額八十觔差官從人均照報部員名實數以
為定限另有包裹碓係屏帳鑫重途中食物再
行量予免稅藉昭體恤此外裝箱成捆查係貨
物仍報明納稅至於別項公務差官往來即奉
有執照攜帶貨物亦應照章徵稅不准援免
第九條
中江貿易徵收稅課紅蔘一項應納稅則按價
值百抽十五為定至牛隻馬匹除乘騎外凡入
市售賣概以值百抽五為定其餘蔬菜瓜果雞
鴨鵝魚等類皆民間日用所需亦甚零星概行
免徵

如有挾帶私貨未經報明即屬偷漏查出概行
入官至洋藥土藥與製成軍器及一切違禁之
物除照天津原議不准販運售賣外并不准攜
帶過境即行使銅錢亦不許轉運出境違者分
別治罪
第十七條
商民交易使用金銀應與隨身衣服行李筆墨
書籍均准免稅但砂金礦銀入市銷售原同貨
物與葉金條金金飾寶銀錠銀碎銀等項為市
間行用例得免稅者不同應按值百抽五照章
徵稅不得狢免並不准影射偷漏
第十八條
交易貨物凡屬海味皮革布疋紙張銅器磁器
等類均按值百抽五納稅如有稅則未載者由
商人估計價值隨時報明亦按值百抽五納稅
不得額外需索
第十九條

中江新設關市及地方官遇有交涉事件來往
文書應遵體例朝鮮必須尊稱
天朝或稱
上國字樣即屬尋常文移亦當遵循成憲不得率
書中東等字有違定制至奉省邊界官員則稱
朝鮮國或稱貴國字樣以示優待
第二十四條
凡邊界稽察偷越嚴立防閑諸事如此次章程
內有未及備載者應由彼此地方官隨時設法
辦理仍互相知照並詳明立案總期密益加密
不以邊民隨時交易致妨大局
軍機大臣奉
旨覽欽此

《奉天朝鲜边民交易章程》之二

即由義州府尹填給執照並呈報晳理稅務之
員備案執照内均先應聲明何項貨物如未能
限定何貨俟採辦齊全回到關卡地方即將實
在貨物報明繳還原領執照以憑查貨徵稅换
給稅單至欲赴何地採辦必須於執照内填明
若不應往之處即不填發執照
第十四條
奉省商民赴朝鮮交易只准在義州朝鮮商民
赴奉省交易只准在中江設卡處所凡奉天所
轄均係
陪都重地應遵原奏即採買土貨亦祇准由鳳凰
邊門出入仍由貢道折回不得肆意游行至朝
鮮為
天朝屬國視同内服奉省商民亦不得違禁侵越犯
者懲辦
第十五條
海口貨物准由海道販運奉省商民不准將朝
鮮已開口岸販買之貨由陸路運回中江或在
朝鮮義州及别境售賣朝鮮商民亦不准將奉
省已開口岸販運之貨由陸路運回義州或即
在奉省中江及别境售賣違者查貨入官加等
擬罪儻係官員因公奉有文書輕身行走並無
貨物不與商民並論應即查驗放行以示區别

朝鮮使臣赴京向例於進邊時由鳳凰城城守
尉先期馳報
盛京將軍各衙門知照禮部一面由城守尉親赴
邊門監視並派員沿途照料護送以及差官通
官迎送等事均係
朝貢典禮所關仍應遵照定制以符天津原議自
當嚴束兵役不得藉端需索違者查究
第二十條
中江互市所用丈尺秤碼與朝鮮不免高下輕
重之殊自應以中江及義州兩處丈尺秤碼平
日所行使者互相比較如有不齊即由邊界地
方官會同秉公較準歸於畫一務在因地制宜
不得以他處丈尺秤碼稱量用昭公允
第二十一條
舊時柵門每於夜間交易難免偷漏隱匿等弊
現既改移中江不得仍沿舊習自應從嚴禁絶
不准黑夜入市犯者懲辦
第二十二條
朝鮮商民貿易向憑官設經紀估計難免高下
滋弊或有把持行市賒欠貨物上季購買貨價
期以下季歸償下季經紀每因負債未來無從
索討大為商民之害現在改設中江隨時交易
願買願賣悉聽商民自為評價不准經紀從中

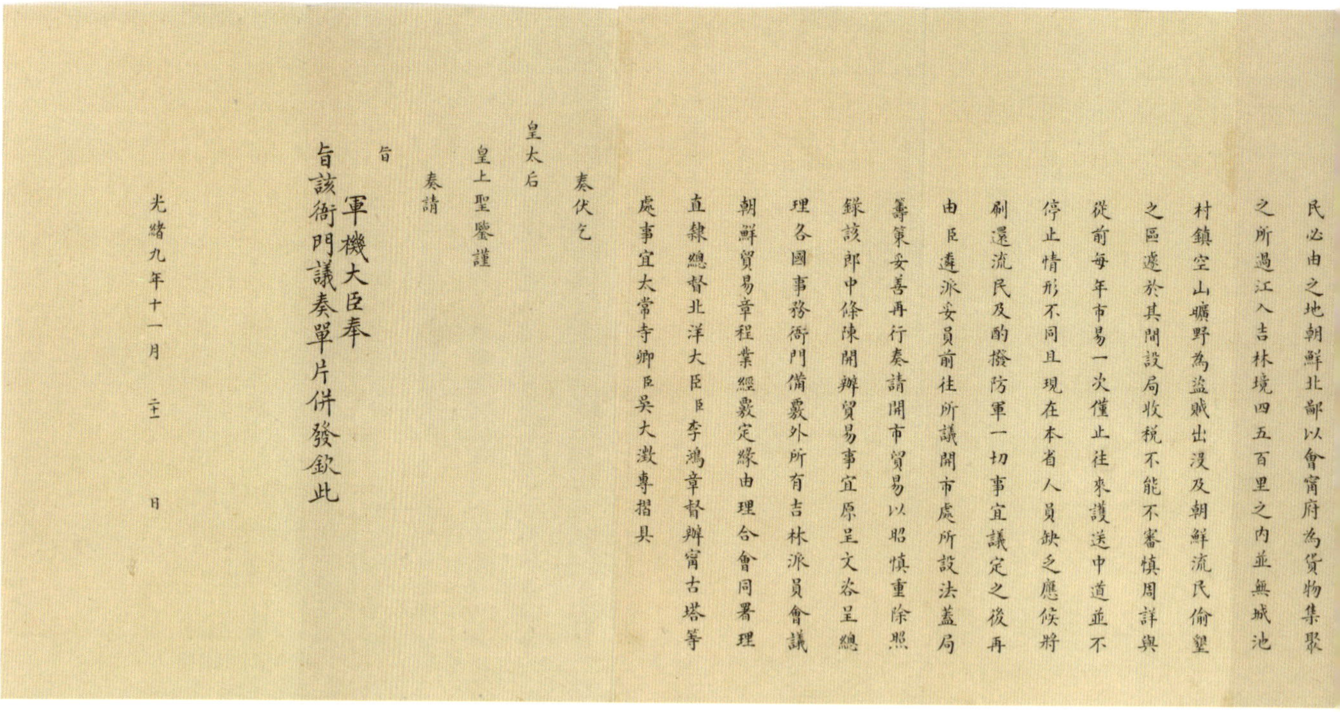
民必由之地朝鮮北鄙以會甯府為貨物集聚
之所過江入吉林境四五百里之內並無城池
村鎮空山曠野為盜賊出沒及朝鮮流民偷墾
之區遽於其間設局收稅不能不審慎周詳與
從前每年市易一次僅止往來護送中道並不
停止情形不同且現在本省人員缺乏應俟將
刷還流民及酌撥防軍一切事宜議定之後再
由臣遴派妥員前往所議開市處所設法蓋局
籌策妥善再行奏請開市貿易以昭慎重除照
錄該郎中條陳開辦貿易事宜原呈文咨呈總
理各國事務衙門備覈外所有吉林派員會議
朝鮮貿易章程業經覈定緣由理合會同署理
直隸總督北洋大臣臣李鴻章督辦甯古塔等
處事宜太常寺卿臣吳大澂專摺具
奏伏乞
皇太后
皇上聖鑒謹
奏請
旨
軍機大臣奉
旨該衙門議奏單片併發欽此
光緒九年十一月 廿一 日

吉林将军希元奏折：

为吉林派员会同朝鲜陪臣勘议商民贸易地方章程并核定事

光绪九年十一月二十一日（1883 年 12 月 20 日）

《吉林朝鲜商民贸易地方章程》

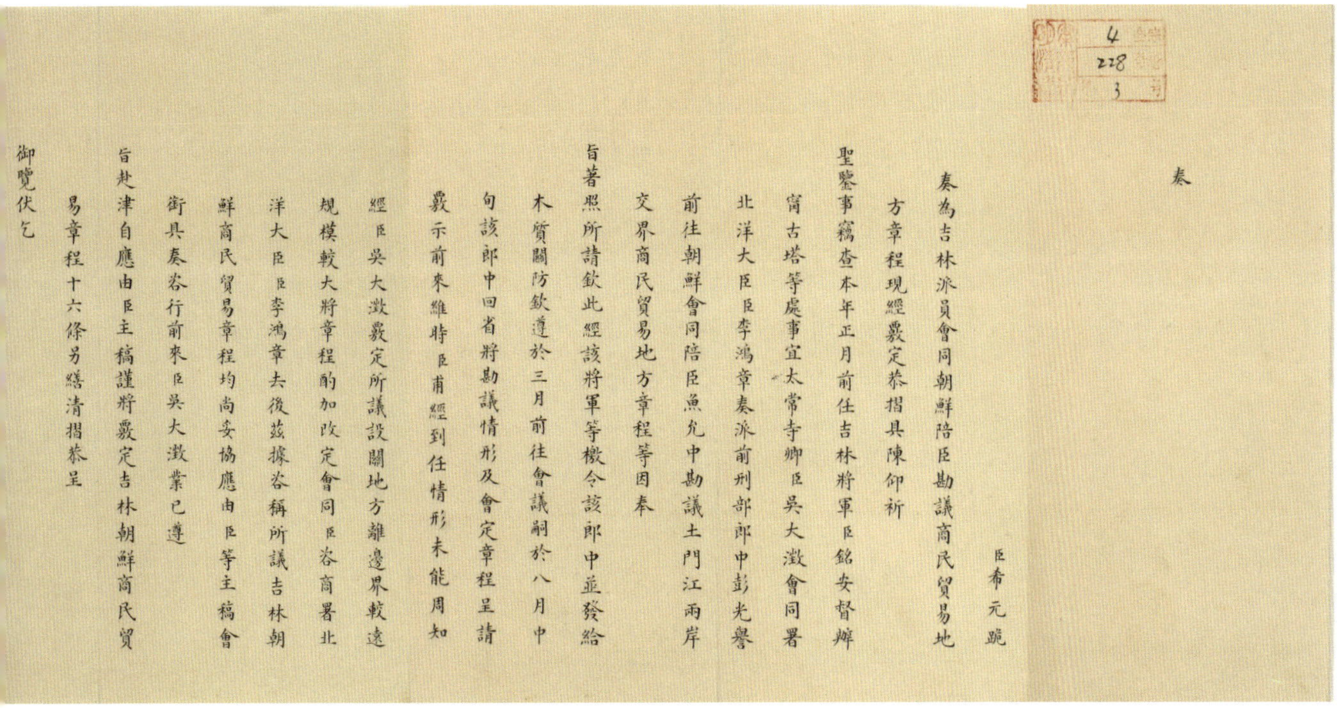

4
228
3

奏
臣希元跪
奏為吉林派員會同朝鮮陪臣勘議商民貿易地
方章程現經覈定恭摺具陳仰祈
聖鑒事竊查本年正月前任吉林將軍臣銘安督辦
甯古塔等處事宜太常寺卿臣吴大澂會同署
北洋大臣臣李鴻章奏派前刑部郎中彭光譽
前往朝鮮會同陪臣魚允中勘議土門江兩岸
交界商民貿易地方章程等因奉
旨著照所請欽此經該將軍等檄令該郎中並發給
木質關防欽遵於三月前往會議嗣於八月中
旬該郎中回省將勘議情形及會定章程呈請
覈示前來維時臣甫經到任情形未能周知
經臣吴大澂覈定所議設關地方離邊界較遠
規模較大將章程酌加改定會同臣咨商署北
洋大臣臣李鴻章去後兹據咨稱所議吉林朝
鮮商民貿易章程均尚妥協應由臣等主稿會
銜具奏咨行前來臣吴大澂業已遵
旨赴津自應由臣主稿謹將覈定吉林朝鮮商民貿
易章程十六條另繕清摺恭呈
御覽伏乞

吉林将军希元奏折（光绪九年十一月二十一日）

光绪九年，太常寺卿吴大澂和署北洋大臣李鸿章奏派清刑部郎中彭光誉与朝鲜陪臣鱼允中勘议土门江（即图们江，下同）两岸交界商民贸易地方章程。三月前往，八月中旬，彭光誉将勘议情形及会定章程呈报新任吉林将军希元，凡十六条。主要内容有：(1) 中国吉林在土们江畔的和龙峪、西步江，朝鲜在相宜地方，分别设立税局并进行通市，此前双方于会宁、庆源互市旧例一概停止；(2) 禁止在对方建房设栈、运货内地；(3) 双方边境贸易只纳正税一次，一般货物值百抽五；(4) 洋药（鸦片）、土药（药材）及军器禁止贸易，朝鲜红参可征税入华；朝贡贸易体制下禁止进行的貂皮、猞猁狲等皮毛贸易亦可开禁；(5) 双方交涉文书遵照定制。

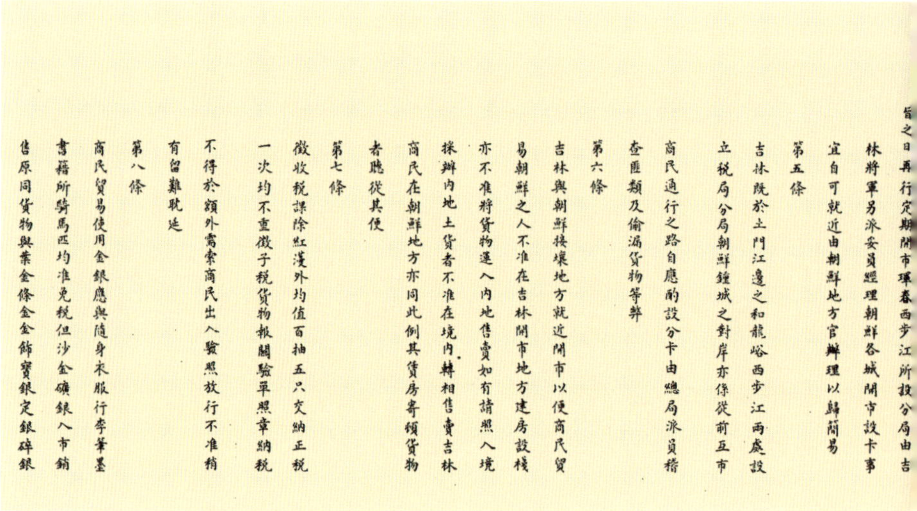
旨之日再行定期開市琿春西步江所設分局由吉
林將軍另派妥員經理朝鮮各城開市設卡事
宜自可就近由朝鮮地方官辦理以歸簡易
第五條
吉林既於土門江邊之和龍峪西步江兩處設
立稅局分局朝鮮鍾城之對岸亦係從前互市
商民通行之路自應酌設分卡由總局派員稽
查匪類及偷漏貨物等弊
第六條
吉林與朝鮮接壤地方就近開市以便商民貿
易朝鮮之人不准在吉林開市地方建房設棧
亦不准將貨物運入內地售賣如有請照入境
採辦內地土貨者不准在境內轉相售賣吉林
商民在朝鮮地方亦同此例其賃房寄頓貨物
者聽從其便
第七條
徵收稅課除紅蔘外均值百抽五只交納正稅
一次均不重徵子稅貨物報關驗單照章納稅
不得於額外需索商民出入驗照放行不准稍
有留難耽延
第八條
商民貿易使用金銀應與隨身衣服行李筆墨
書籍所騎馬匹均准免稅但沙金礦銀入市銷
售原同貨物與葉金條金金飾寶銀定銀碎銀

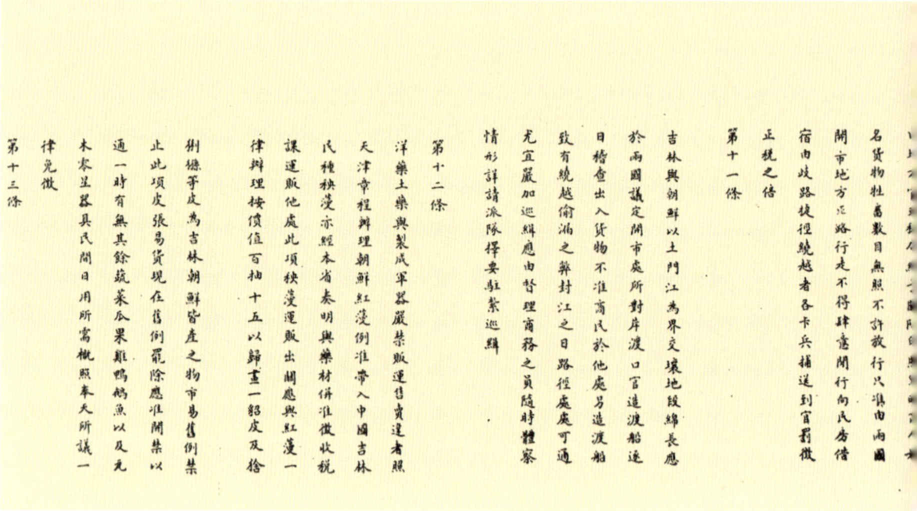
名貨物牲畜數目無照不許放行只准由兩國
開市地方正路行走不得肆意閒行向民房借
宿由歧路捷徑繞越者各卡兵捕送到官罰徵
正稅之倍
第十一條
吉林與朝鮮以土門江為界交壤地段綿長應
於兩國議定開市處所對岸渡口官造渡船逐
日稽查出入貨物不准商民於他處另造渡船
致有繞越偷漏之弊封江之日路徑處處可通
尤宜嚴加巡緝應由督理商務之員隨時體察
情形詳請派隊擇要駐紮巡緝
第十二條
洋藥土藥與製成軍器嚴禁販運售賣違者照
天津章程辦理朝鮮紅蔘例准帶入中國吉林
民種秧蔘亦經本省奏明與藥材併准徵收稅
課運販他處此項秧蔘運販出關應與紅蔘一
律辦理按價值百抽十五以歸畫一貂皮及猞
猁猻等皮為吉林朝鮮皆產之物市易舊例禁
止此項皮張易貨現在舊例罷除應准開禁以
通一時有無其餘蔬菜瓜果雞鴨魚以及竹
木零星器具民間日用所需概照奉天所議一
律免徵
第十三條

伍

謹將臣等議定派員勘議吉林朝鮮商民貿易
地方章程繕具清摺恭呈
御覽
吉林朝鮮商民隨時貿易章程
朝鮮久列藩封勤修職貢今於兩國邊界改互
市舊例為隨時交易係中國優待屬邦之意擬
立吉林朝鮮貿易章程與各國通商章程兩不
相涉開列各條如左
第一條
兩國邊地以土門江為界土門江北岸東岸吉
林所屬之地大半荒陬向無村鎮敦化縣城距
江岸甚遠自應於會甯對江之和龍峪沿江一
帶設立稅務局准吉林商民蓋房屯貨與會甯
一江之隔俾商民人等可以朝至夕歸往來甚
便由吉林派出督理商務之員徵收稅課稽查
匪類琿春與慶源府相去尚近應於琿春所轄
之西步江渡口添設分局另行委員收稅兼司
稽查事宜
第二條
如有商民欲入內地採辦土貨以及遊歷者可
照天津所定章程第四條辦理惟欲西入奉省
較近
祖
宗陵寢重地及東入俄界者概不准填給執照並不准
由本國地方私結他國商伴至開市地方違者
嚴懲
第三條
從前甯古塔與會甯互市庫爾喀與慶源互市
一切舊例概行停止此後貿易均照新定章程
辦理吉林委員遇有公事前赴會甯府慶源府
等處不得援照向章致滋歧異
第四條
吉林與朝鮮商民隨時往來貿易一切創辦事

等項為市間行用例得免稅者不同應按值百
抽五照章納稅吉省亦照奉省所議辦理惟琿
春及慶源各城民間購買貨件價雇傭保多不
用錢而用布此項名為小布亦係市間行用與
錢無異如非車載駝運每捆百匹者應准免稅
以存古風近亦有代以洋機布者不准援照免稅
第九條
所有稽察匪類徵收稅課等事統由督理商務
之員妥派司事弁兵隨時認真辦理其錢財罪
犯等案琿春慶源自應就近歸地方官審斷各
按定例辦理並互相知照如有關商務者仍照
會稅務局備查惟甯古塔敦化縣與會甯相距
過遠非安東義州琿春慶源相離較近情形可
比如吉省人民在朝鮮滋事或私逃在朝鮮境
內者應由會甯等城地方官拏交督理商務之
員其無須歸案而罪止枷杖者及尋常詞訟由
該員擬議發落以省拖累徒罪以上仍分別解
交地方官審辦朝鮮人民在吉省滋事或私逃
在吉省者並由督理商務之員轉令地方官緝
拏解由稅局發交原報之朝鮮地方官治罪儻
遇邊界重大事件非朝鮮地方官所能擅專稅
局委員所能嚴擬者應由該委員咨送詳或據
情詳奉北洋大臣吉林將軍督辦大臣批示後
仍由督理商務之員照會朝鮮各該地方官遵
批辦理朝鮮官員亦可轉報朝鮮政府聽命
第十條
吉林朝鮮邊民貿易與奉天情形相近朝鮮商
民欲入吉省採辦土貨先由地方官給發執照
由督理商務之員按照蓋用關防吏填給護照
吉林商民欲入朝鮮採辦土貨亦用此例執照
內均先應聲明何處地方何項貨物如未能預
定何貨俟採辦齊全回到關卡地方即將實在
貨物報明繳還原領執照以憑查貨徵稅換給
稅單出關入關時呈單查驗蓋用戳記如出入

兩國邊界凡有人畜貨物被人誘去偷取一經
指明獲犯即行給還如無原物向該犯追償儻
該犯無力賠還地方官不得代賠各將該犯以
本國之律嚴行究治若無指明人名又未獲犯
俱不得請償凡私來搜索財產攜帶軍器來劫
者俱從嚴懲辦
第十四條
商民夜市自應禁止亦不准設立經紀名目估
值悉聽商民評價雖吉林朝鮮向無貿易此等
流弊自應照奉省所議章程預議立禁其開市
之處丈尺秤碼亦應因地制宜酌立定法應俟
派定督理商務之員會同朝鮮地方官臨時酌定
第十五條
交涉事件來往文書照奉天所議應遵體例朝
鮮必須尊稱
天朝或稱
上國字樣即屬尋常文移亦不得率書中東中朝
等字當照會典用中外字以期簡易至吉省邊
界官員則稱朝鮮國或稱貴國字樣以示優待
公牘往來應用照會格式悉照天津議定章程
兩國閒散職員復自為商因錢財細故向兩國
地方官衙門投詞結訟者與民人一體用稟用呈
第十六條
吉林與朝鮮貿易事屬創辦此次所定章程將
來兩國有欲增損之處隨時咨商酌改由督理
商務之員詳請北洋大臣吉林將軍督辦大臣
奏示遵行以期悉臻妥善
軍機大臣奉
旨覽欽此

《吉林朝鲜商民贸易地方章程》

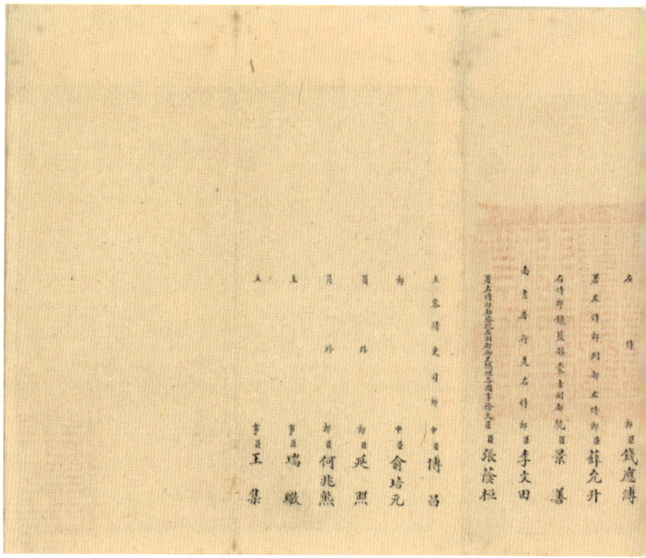

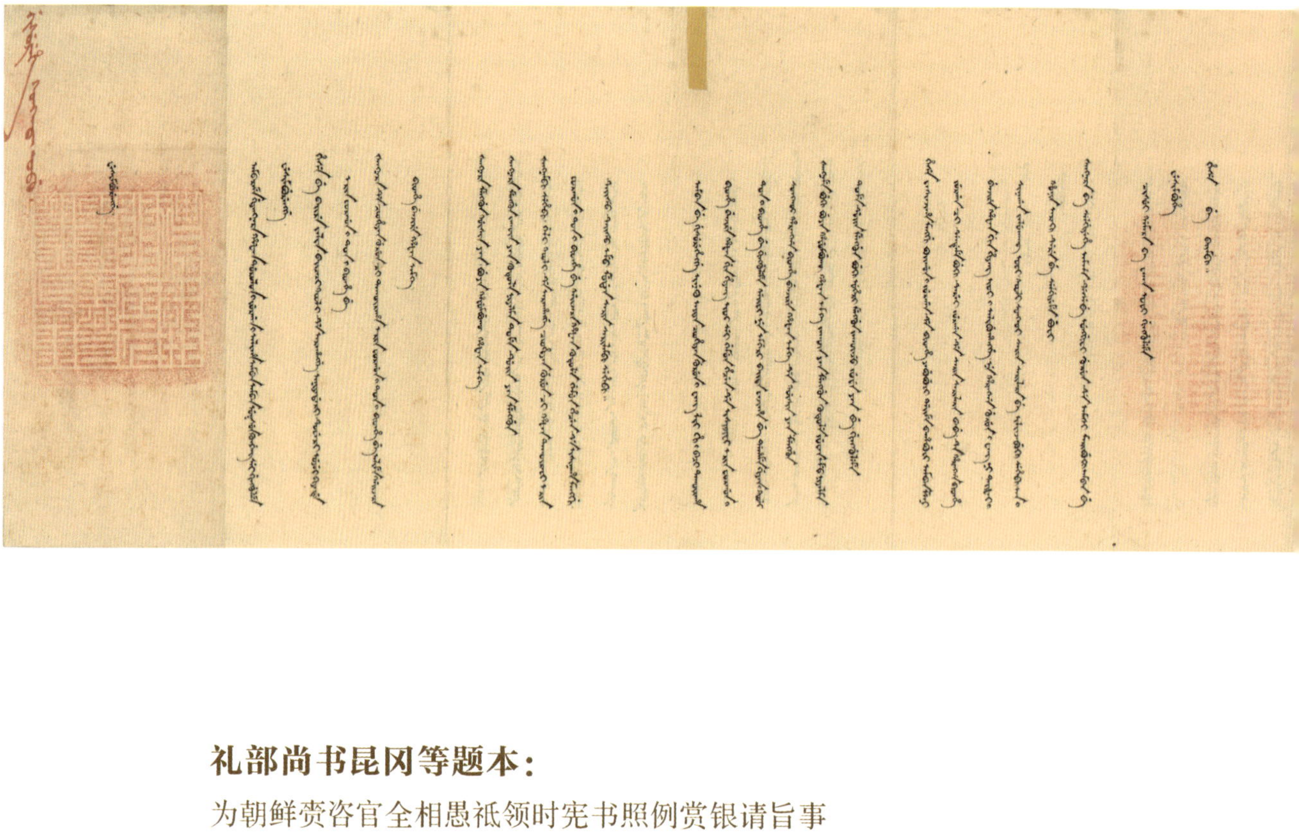

礼部尚书昆冈等题本：

为朝鲜贡咨官全相愚祗领时宪书照例赏银请旨事

光绪十七年十一月初六日（1891 年 12 月 6 日）

该题本呈现了光绪十七年朝鲜贡咨官全相愚一行 13 人抵京，因恰逢朝鲜王太妃丧期，礼部题请，依例停止参加宴筵，颁给羊酒桌张及赏银 82 两，得到光绪帝允准。

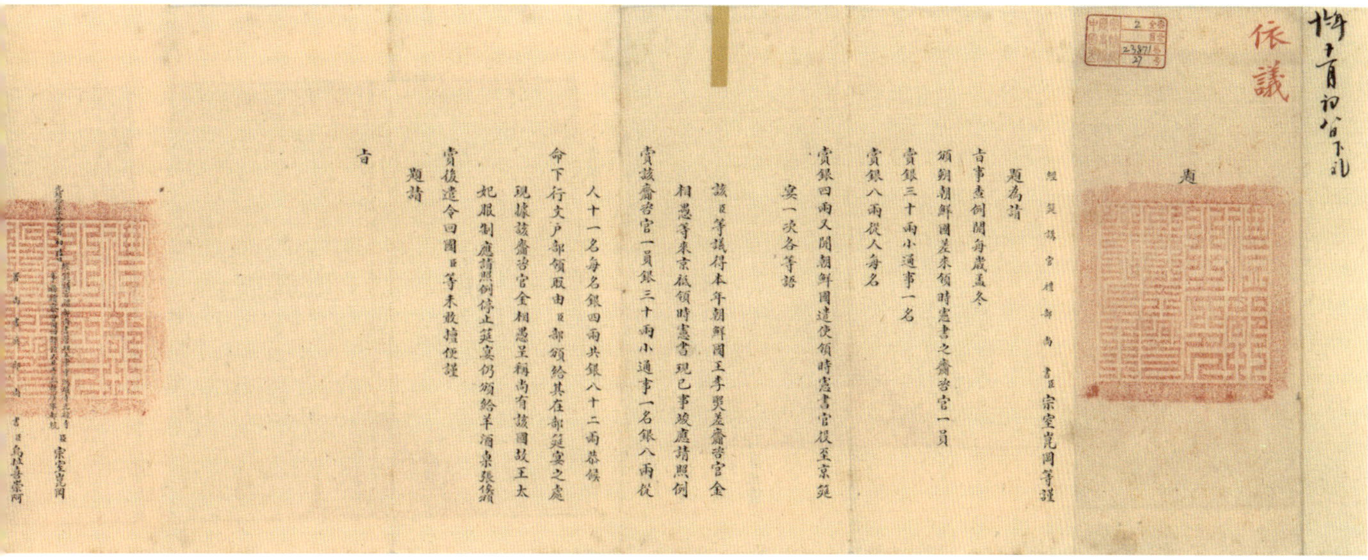
依議

十一月初六日下

題

經筵講官禮部尚書臣宗室崑岡等謹

題為請

旨事查例開每歲孟冬

頒朔朝鮮國差來領時憲書之賫咨官一員

賞銀三十兩小通事一名

賞銀八兩從人每名

賞銀四兩又開朝鮮國遣使領時憲書官役至京筵

宴一次各等語

該臣等議得本年朝鮮國王李熙差賫咨官金

相愚等來京祗領時憲書現已事竣應請照例

賞該賫咨官一員銀三十兩小通事一名銀八兩從

人十一名每名銀四兩共銀八十二兩恭候

命下行文戶部領取由臣部頒給其在部筵宴之處

現據該賫咨官金相愚呈稱尚有該國故王太

妃服制應請照例停止筵宴仍頒給羊酒桌張償

賞俾遣令回國臣等未敢擅便謹

題請

旨

經筵講官禮部尚書臣宗室崑岡

尚書臣烏拉喜崇阿

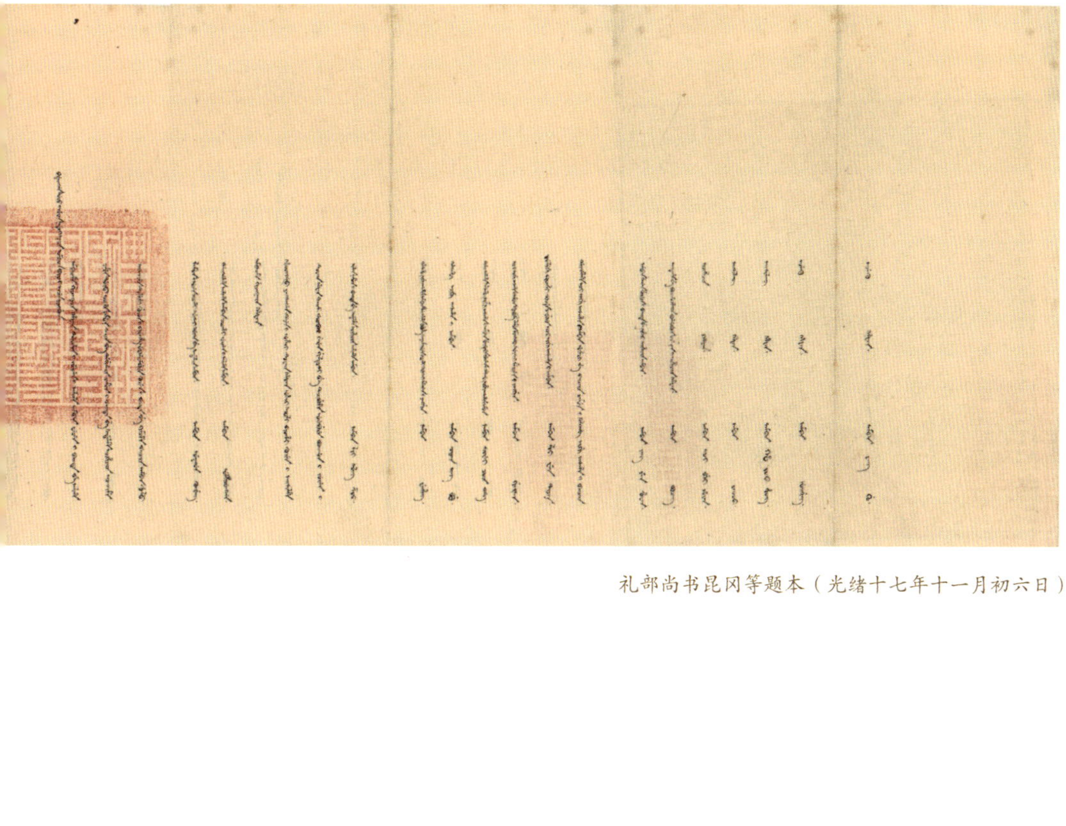

礼部尚书昆冈等题本（光绪十七年十一月初六日）

驻韩国领事唐绍仪电报：

为韩华定约及韩开通商口岸事

光绪二十四年五月十七日（1898 年 7 月 5 日）

外务部榷算司呈稿：

为补行颁发各省将军督抚《中韩通商条约》并转饬遵照事

光绪三十年八月二十日（1904 年 9 月 29 日）

《韩国条约》（《中韩通商条约》）

中日《马关条约》签定后，中朝间传统的封贡关系终结。清政府仅向朝鲜派遣商务总董，后改派总领事。1897 年（清光绪二十三年，韩光武元年），朝鲜改国号为“大韩帝国”，谋求与清政府建立近代国际外交关系。清政府驻韩国领事唐绍仪认为，俄、日、英先后代韩国向中国请求订立条约，有各自的盘算。为避免日后另生枝节，中国应与韩国尽快建立新型近代条约关系。

光绪二十五年十一月十二日中韩在韩国首都汉城（今首尔）互换了双方于当年八月初七日签订的《韩国条约》（即《中韩通商条约》，韩方称为《韩清通商条约》）。清政府代表为二品衔太仆寺卿徐寿朋，韩国政府代表为从二品议政府赞政、外部大臣朴齐纯。条约文本为汉字，共计 15 款。在这个条约中，中韩双方在公使驻京、通商纳税、居住旅游、飘风救护方面等享有对等的权利，履行对等的义务，是一个平等互利的条约。针对当时两国陆路贸易的现状，第十二款规定双方“重订陆路通商章程税则”。外务部榷算司呈稿，说明了换约后的情况：光绪二十六年三月，条约文本送回总理衙门，五月开始执行。但由于庚子之乱，部分省份没有收到条约文本。光绪三十年八月，外务部补行颁发各省将军督抚《韩国条约》文本，以便遵照执行。

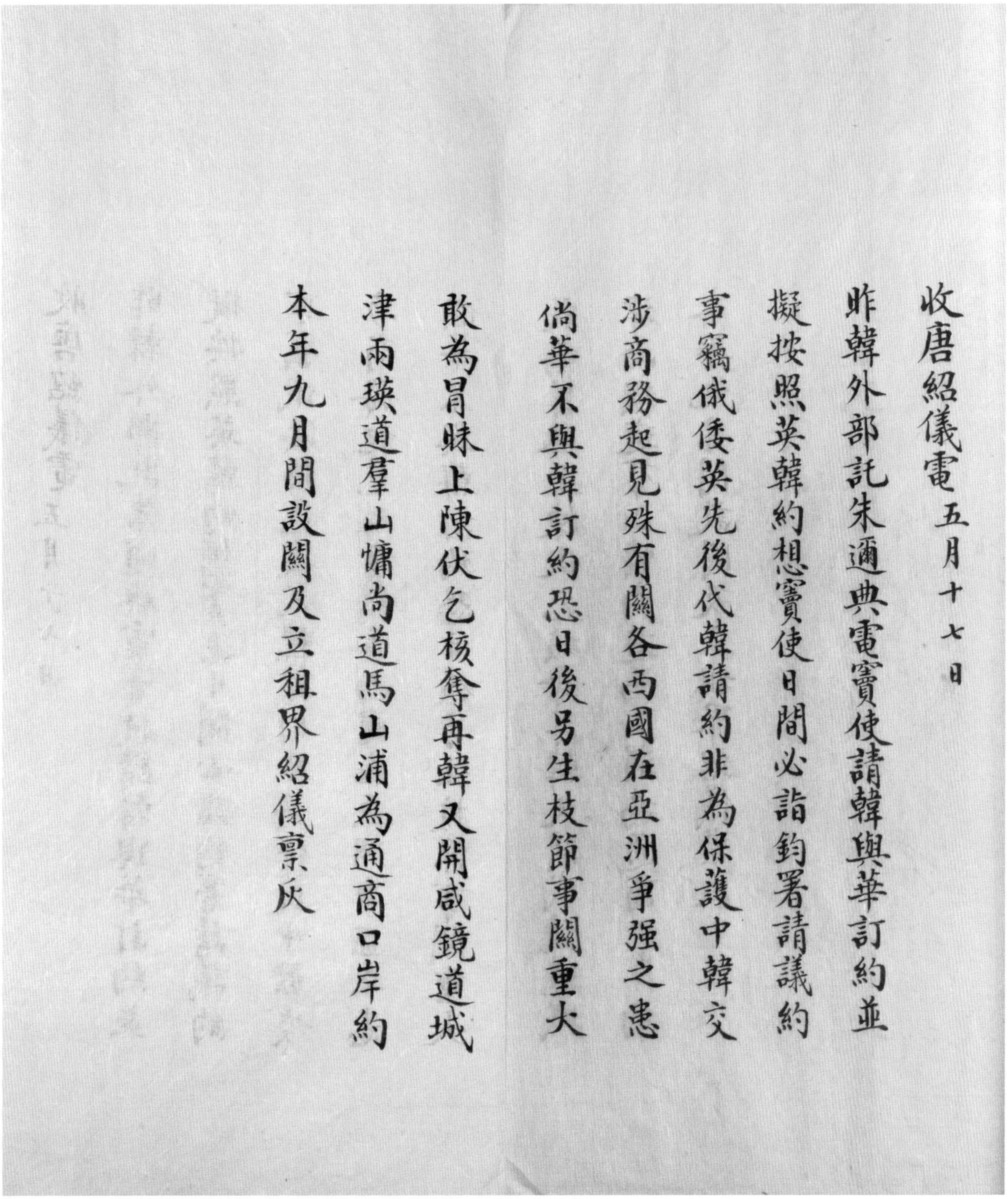
收唐紹儀電 五月十七日
昨韓外部託朱邇典電竇使請韓與華訂約並
擬按照英韓約想竇使日間必詣鈞署請議約
事竊俄倭英先後代韓請約非為保護中韓交
涉商務起見殊有關各西國在亞洲爭強之患
倘華不與韓訂約恐日後另生枝節事關重大
敢為冒昧上陳伏乞核奪再韓又開咸鏡道城
津兩瑛道羣山慵尚道馬山浦為通商口岸約
本年九月間設關及立租界紹儀稟灰

驻韩国领事唐绍仪电报（光绪二十四年五月十七日）

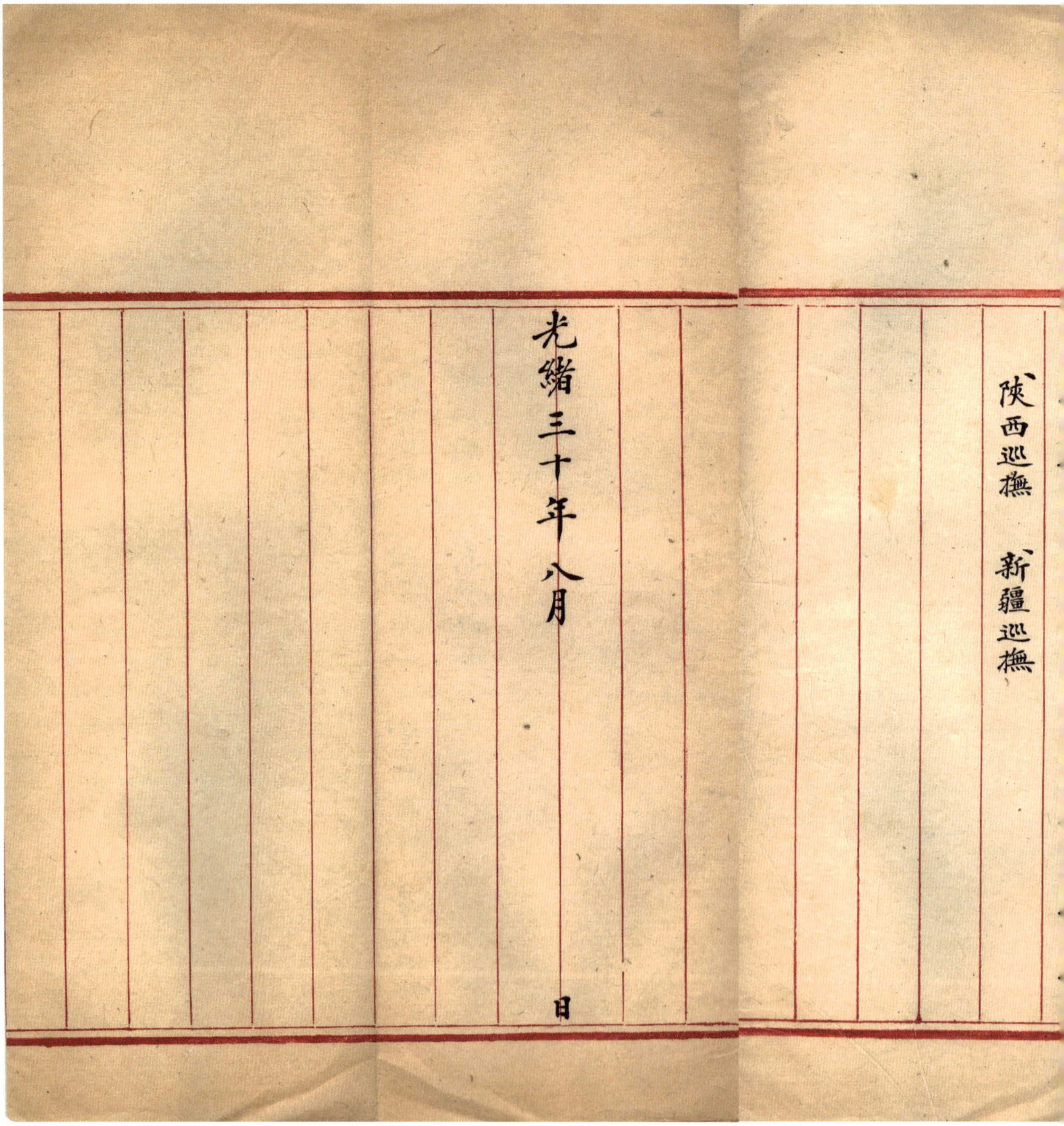

陕西巡撫 新疆巡撫

光緒三十年八月 日

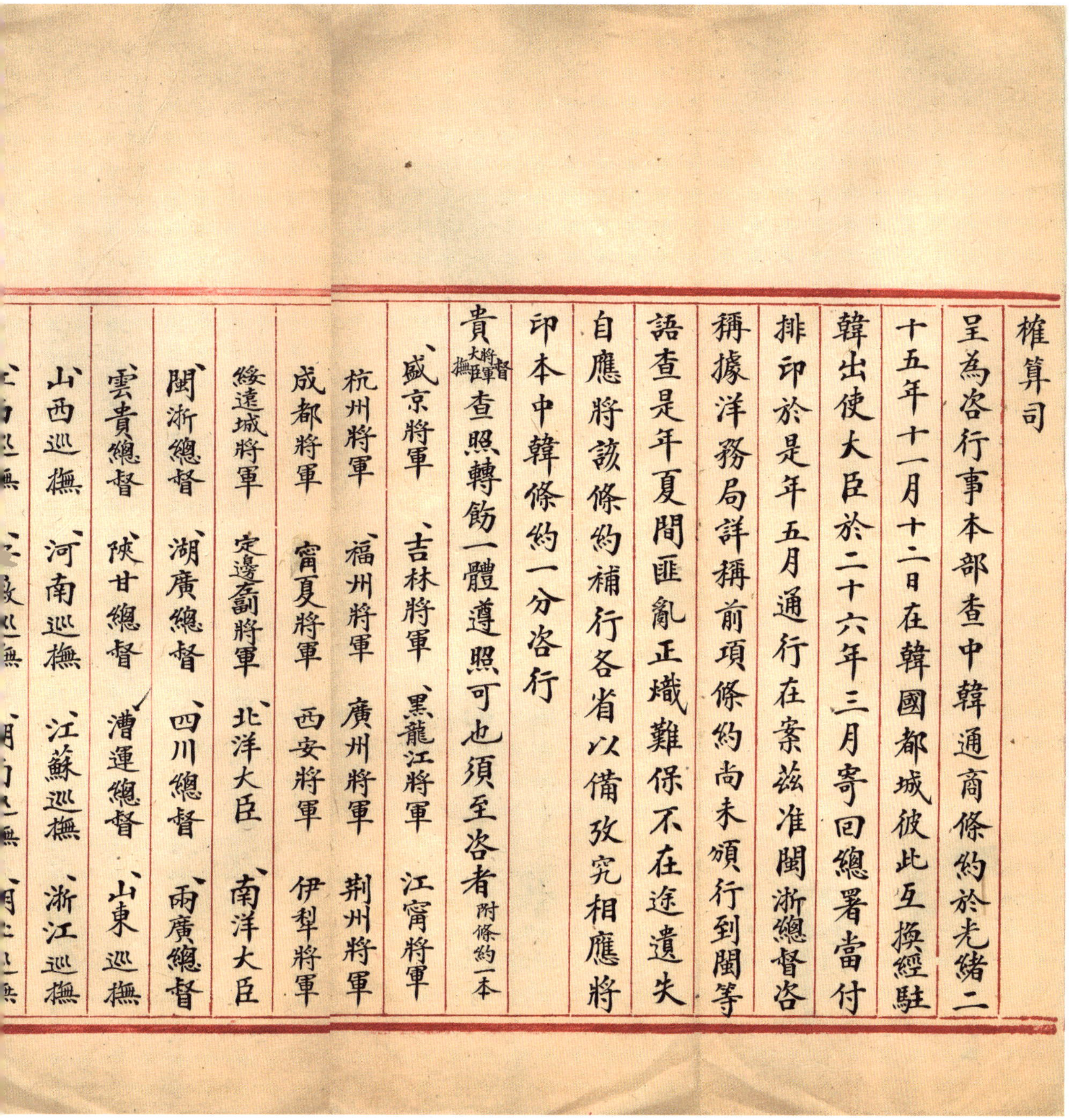
榷算司

呈為咨行事本部查中韓通商條約於光緒二十五年十一月十二日在韓國都城彼此互換經駐韓出使大臣於二十六年三月寄回總署當付排印於是年五月通行在案茲准閩浙總督咨稱據洋務局詳稱前項條約尚未頒行到閩等語查是年夏間匪亂正熾難保不在途遺失自應將該條約補行各省以備攷究相應將印本中韓條約一分咨行

貴督將軍大臣撫查照轉飭一體遵照可也須至咨者 附條約一本

盛京將軍 吉林將軍 黑龍江將軍 江寧將軍
杭州將軍 福州將軍 廣州將軍 荊州將軍
成都將軍 寧夏將軍 西安將軍 伊犁將軍
綏遠城將軍 定邊副將軍 北洋大臣 南洋大臣
閩浙總督 湖廣總督 四川總督 兩廣總督
雲貴總督 陝甘總督 漕運總督 山東巡撫
山西巡撫 河南巡撫 江蘇巡撫 浙江巡撫

外务部榷算司呈稿（光绪三十年八月二十日）

大清國
大韓國永遠和好兩國商民人等彼此僑居皆全獲保
護優待利益若他國遇有不公輕藐之事一經照知
均須相助從中善為調處以示友誼關切

第二款

自此次訂立通商和好之約後兩國可交派秉權大
臣駐劄彼此都城並於通商口岸設立領事等官均
可聽便此等官員與本地方官交涉往來俱用品級

相當之禮兩國秉權大臣與領事等官享獲種種恩
施與彼此相待最優之國官員無異領事官必須奉
到駐劄之國批准文憑方可視事使署人員往來及
專差送文等事均不得留難阻滯惟所派領事等官
必須眞正官員不得以商人兼充亦不得兼作貿易
倘各口未設領事官或請別國領事兼代亦不得以
商人兼充若兩國所派領事官辦事不合可知照駐
京公使撤回更換

第三款

二

韓國商民並其商船前往中國通商口岸貿易凡應
完進出口貨稅船鈔並一切各費悉照中國海關章
程與徵收相待最優之國商民稅鈔相同中國商民
並其商船前往韓國通商口岸貿易應完進出口貨
稅船鈔並一切各費亦悉照韓國海關章程與徵收
相待最優之國商民稅鈔相同凡兩國已開口岸均
准彼此商民前往貿易其一切章程稅則悉照相待
最優之國訂定章程稅則相同

第四款

不得違越
三在韓國通商口岸所定租界外准外國人永租或
暫租地段賃購房屋之處中國商民亦應享獲一切
利益惟租住此項地段之人於居住納稅各事應行
一律遵守韓國自定地方稅課章程在中國通商口
岸所定租界外准外國人永租或暫租地段賃購房
屋之處韓國商民亦應享獲一切利益惟租住此項
地段之人於居住納稅各事應行遵守中國自定地

方稅課章程
四兩國商民在兩國口岸通商界限外不得租地賃
房開棧違者將地段房棧入官按原價加倍施罰
五凡在各口租地時均不得稍有勒逼其出租之地
仍歸各本國版圖
六兩國商民由貨物所在之國內此通商口岸輸運
彼通商口岸一遵相待最優之國人民所納之稅鈔
及章程禁例

第五款

四

一中國民人在韓國者如有犯法之事中國領事官
按照中國律例審辦韓國民人在中國者如有犯法
之事韓國領事官按照韓國律例審辦韓國民人性
命財產在中國者被中國民人損傷中國官按照中
國律例審辦中國民人性命財產在韓國者被韓國
民人損傷韓國官按照韓國律例審辦兩國民人如
有涉訟該案應由被告所屬之國官員按照本國律
例審斷原告所屬之國可以派員聽審承審官當以
禮相待聽審官如欲傳詢證見亦聽其便如以承審

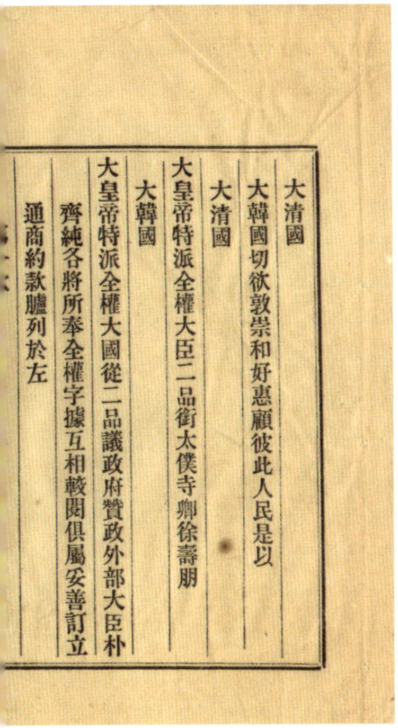

大清國
大韓國切欲敦崇和好惠顧彼此人民是以
大清國
大皇帝特派全權大臣二品銜太僕寺卿徐壽朋
大韓國
大皇帝特派全權大臣從二品議政府贊政外部大臣朴
齊純各將所奉全權字據互相較閱俱屬妥善訂立
通商約款臚列於左

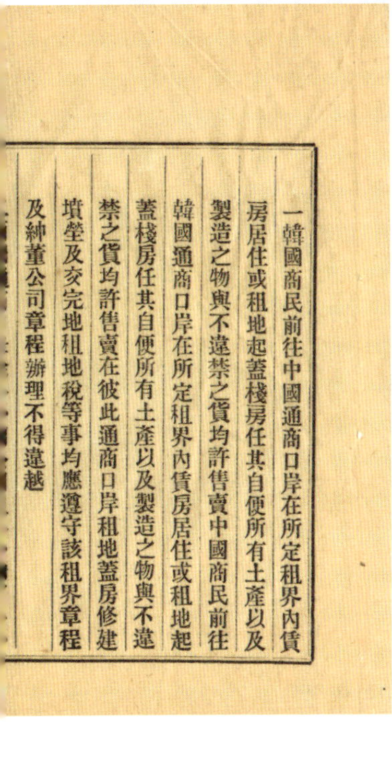

一韓國商民前往中國通商口岸在所定租界內賃
房居住或租地起蓋棧房任其自便所有土產以及
製造之物與不違禁之貨均許售賣中國商民前往
韓國通商口岸在所定租界內賃房居住或租地起
蓋棧房任其自便所有土產以及製造之物與不違
禁之貨均許售賣在彼此通商口岸租地蓋房修建
墳塋及交完地租地稅等事均應遵守該租界章程
及紳董公司章程辦理不得違越

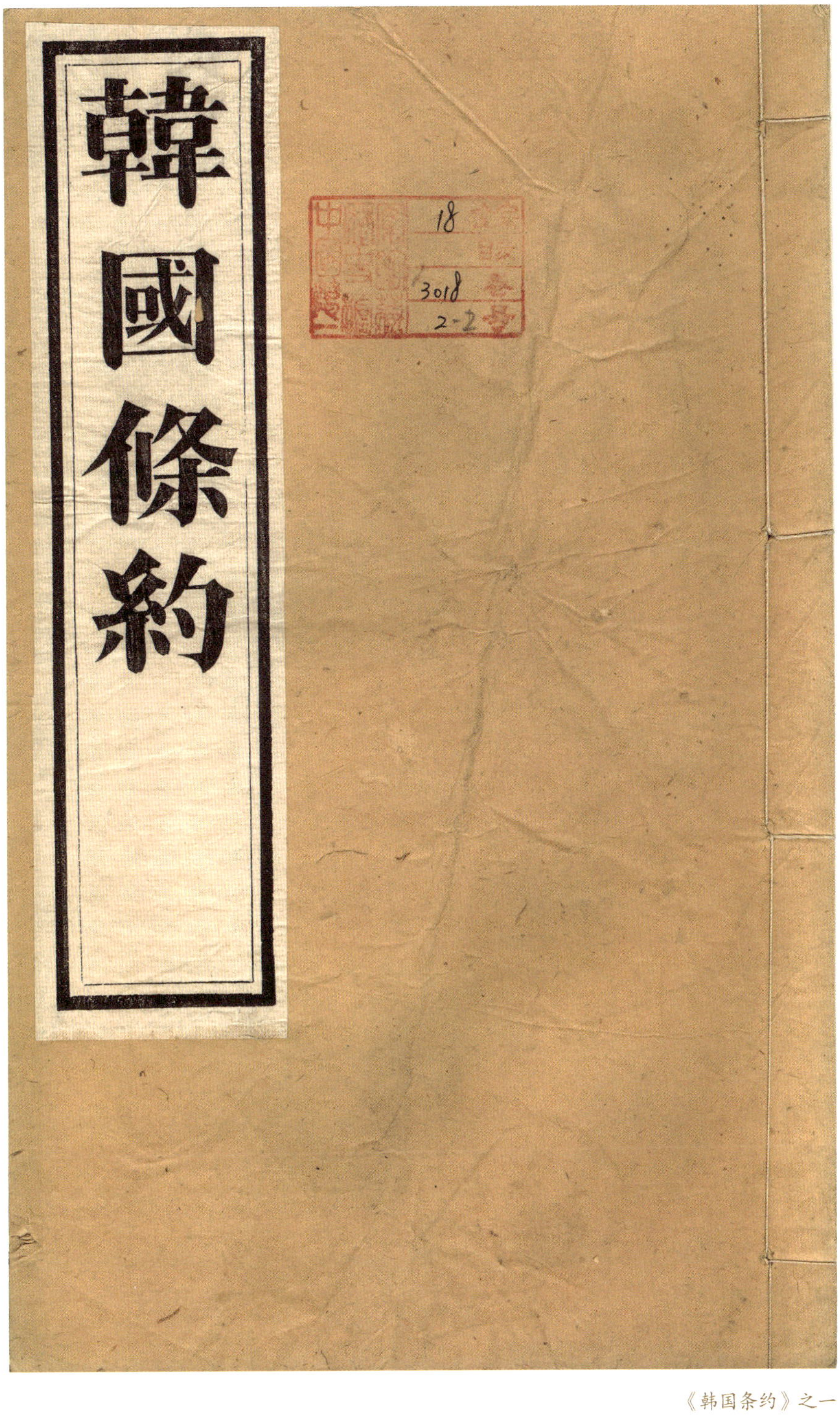

《韩国条约》之一

均由船主自備地方官民應加援助供其所需如該
船在不通商口岸及禁往處所私行貿易不論已行
未行由地方官及附近海關官員拏獲船隻貨物入
官違犯之人按原價加倍施罰如兩國船隻在彼此
海岸破壞地方官一經聞知即應飭令將水手先行
救護供其糧食一面設法保護船隻貨物並行知照
領事官俾將水手送回本國並將船貨撈起一切費
用或由船主或由本國官認還

第十一款

凡兩國官員商民在彼此通商地方居住均可雇請
各色人等襄執分內工藝

第十二款

兩國陸路交界處所邊民向來互市此次應於定約
後重訂陸路通商章程稅則邊民已經越墾者聽其
安業俾保性命財產以後如有潛越邊界者彼此均
應禁止以免滋生事端至開市應在何處俟議章時
會同商定

第十三款

七

兩國師船無論是否通商口岸彼此均許駛往船上
不准私帶貨物惟有時買取船上食用各物均准免
稅其船上水手人等准聽隨時登岸但非請領護照
不准前往內地如有因事將船上所用雜物轉售則
由買客將應完稅項補交

第十四款

此次所立條約俟兩國
御筆批准至遲以一年爲期在韓國都城互換然後將此
約各款彼此通諭本國官商俾得咸知遵守

第十五款

中韓兩國本屬同文此次立約及日後公牘往來自
應均用華文以歸簡易

大清帝國欽差議約全權大臣二品銜太僕寺卿徐壽朋
大韓帝國特命議約全權大臣從二品議政府贊政外部大臣朴齊純
光緒二十五年八月初七日
光武三年九月十一日

八

照錄韓外部復文十二月十一日到
大韓外部大臣朴齊純爲照復事照得光武三年十二
月十二日接到
貴大臣照會內開通商條約經會同議定一俟互換
之後兩國人民在彼此通商口岸貿易工作均獲同
沾利益我國
大皇帝視爲妥洽業經
批准用寶由使署參贊帶回請訂換約日期等因准此查
所有議定條約經本臣與
貴大臣會同簽名蓋印嗣由本大臣具
奏請
旨已於光武三年十月六日奉我
大皇帝批准茲接
來文擬訂於韓歷十二月十四日正午十二時會同
互換請煩
貴大臣查照再
貴照會謂條約內詳細節目多有未備修約亦未載
明限期均應查照各國所訂約章辦理一節查原約

十一

第三款內開彼此商民前往貿易一切章程稅則悉
照相待最優之國訂定章程稅則相同等語詳細節
目均已載明於各國所訂章程之內總不能謂之有
所未備也如日後兩國政府與別國訂立新章彼此
商民自可一體遵守以副原約內悉照相待最優國
之意也至修約限期雖未載明而亦可倣照各與國
之例也須至照會者

右　照　復

大清欽差出使大臣徐壽朋閣下
光武三年十二月十三日

十二

官所斷爲不公猶許詳細駁辯
二兩國民人或有犯本國律禁私逃在彼國商民行
棧及船上者由地方官一面知照領事官一面派差
協同設法拘拏聽憑本國官懲辦不得隱匿袒庇
三兩國民人或有犯本國律禁私逃在彼國地方者
一經此國官員知照應卽查明交出押歸本國懲辦
不得隱匿袒庇
四日後兩國政府整頓改變律例及審案辦法視以
爲現在難服之處俱已革除卽可將兩國官員在彼
國審理己國民人之權收回

第六款

中國向不准將米穀運出外洋韓國雖無此禁如或
因事恐致境內缺食暫禁米糧出口經地方官照知
後自應由中國官轉飭在各口貿易商民一體遵辦

第七款

倘有兩國商民欺罔衒賣貸借不償等事兩國官吏
嚴拏該逋商民令追辦債欠但兩國政府不能代償

第八款

中國民人准領護照前往韓國內地游歷通商但不
准坐肆賣買違者將所有貨物入官按原價加倍施
罰韓國民人亦准請領執照前往中國內地游歷通
商照相待最優之國民人游歷章程一律辦理

第九款

一凡兵器各項軍物如大小礮位及礮子開花彈子
各種火槍裝槍藥筒附槍刀刺佩帶腰刀等札槍硝
火藥棉火藥烈火藥及他轟烈各藥等應由兩國官
員自行採辦或商人領有進口之國官員准買明文
方許進口如有私販運售者查拏入官按原價加倍
施罰
二鴉片在韓國係禁運之物中國人如有將洋藥土
藥運進韓國地方者查拏入官按原價加倍施罰
三紅蔘一項韓國舊禁出口中國人如有潛買及出
口未經政府特允者均查拏入官仍分別懲罰

第十款

兩國船隻在彼此附近海面如遇颶風或缺糧食煤
水應許其收進口內避風購糧修理船隻所有經費

大清光緒二十五年八月初七日 大清國欽差全權大臣 大韓國外部大臣 爲互換條約事謹照
大清國
大皇帝
大韓國
大皇帝所派全權大臣在韓國都城議立和好通商條約
茲經兩國
大皇帝批准蓋用
御寶本大臣等遵
旨互換謹卽會同逐一分別恭對纏悉相符毫無參差之
處當於本日在韓國都城將以上各件謹照成式互
相交換並將互換文憑彼此親行蓋印畫押爲據
光緒二十五年十一月　十二　日
大清帝國欽差全權大臣徐壽朋
光武三年十二月　十四　日
大韓帝國外部大臣朴齊純

照錄給韓外部照會 光緒二十五年十一月初十日發
爲照會事照得中韓兩國和好通商條約經本大臣
與貴大臣會同議定一俟互換之後兩國人民在彼
此通商口岸貿易工作均獲同沾利益與各有約之
國人民毫無軒輊我國
大皇帝視爲妥洽業經
批准用寶由敝使署參贊將約本賫回並准我國政府文
函以條約內詳細節目多有未備修約亦未載明期
限均應查照與各國所訂約章辦理如日後兩國政
府有與別國訂立新章彼此商民亦應一體遵守令
卽知照備案等因所有議定條約
貴國
大皇帝是否亦已
批准何日可以互換相應備文照會
貴大臣請煩查照備案並希訂明換約日期見復須
至照會者

《韩国条约》之二

总理各国事务衙门照录委派徐寿朋充任驻韩大臣事致韩国国书

光绪二十五年十一月初九日（1899 年 12 月 11 日）

中日甲午战争期间，朝鲜内阁宣布与清朝断交。次年，朝鲜高宗李熙率世子及文武百官参拜宗庙，宣誓“割断附依清国虑念，确建自主独立基础”。朝鲜半岛与中国的封贡关系就此终结。1897 年（清光绪二十三年，韩国光武元年）10 月，朝鲜改国号为“大韩帝国”后，积极筹备与清政府建立平等的近代国际外交关系。1898 年 8 月，清政府委派安徽按察使徐寿朋为首任驻韩公使，开启了中韩国际外交关系的近代模式，改约、缔约的协商也渐次推开。在致韩国的国书中，光绪帝亲笔将国书中的“朝鲜国主”改为“韩国皇帝”，并斥责总署官员思想僵化。1899 年 9 月，中韩双方代表在韩国首都汉城（今首尔）正式签订了《韩国条约》(《中韩通商条约》) 。在断交 5 年后，清朝和韩国最终建立了公使级外交关系。

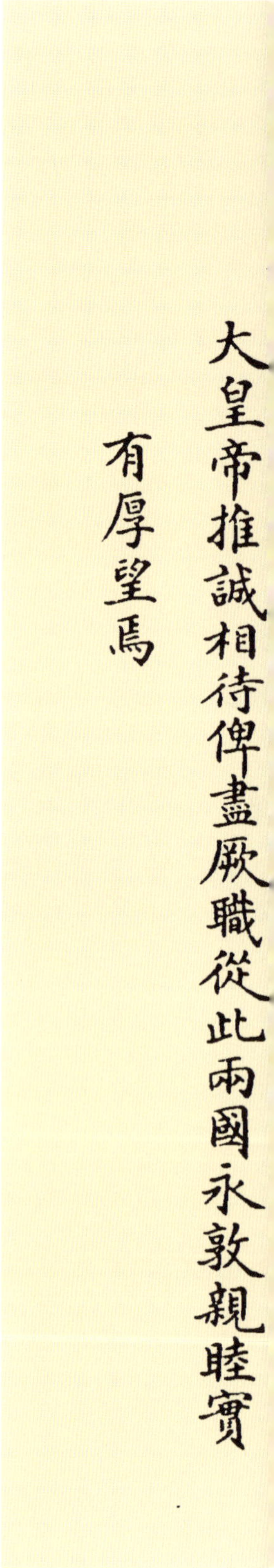
大皇帝推誠相待俾盡厥職從此兩國永敦親睦實
有厚望焉

照錄奏准致韓國
國書
大清國
大皇帝問
大韓國
大皇帝好我兩國同在亞洲脣齒相依宜敦和好前
派二品銜太僕寺卿徐壽朋出使
貴國商訂通商條約現條約業經議定彼此批准
互換自應派員駐紮
貴國都城辦理交涉事宜朕稔知徐壽朋才識兼
優和平通達堪以派充駐紮
貴國出使大臣務望

总理各国事务衙门照录委派徐寿朋充任驻韩大臣事致韩国国书（光绪二十五年十一月初九日）

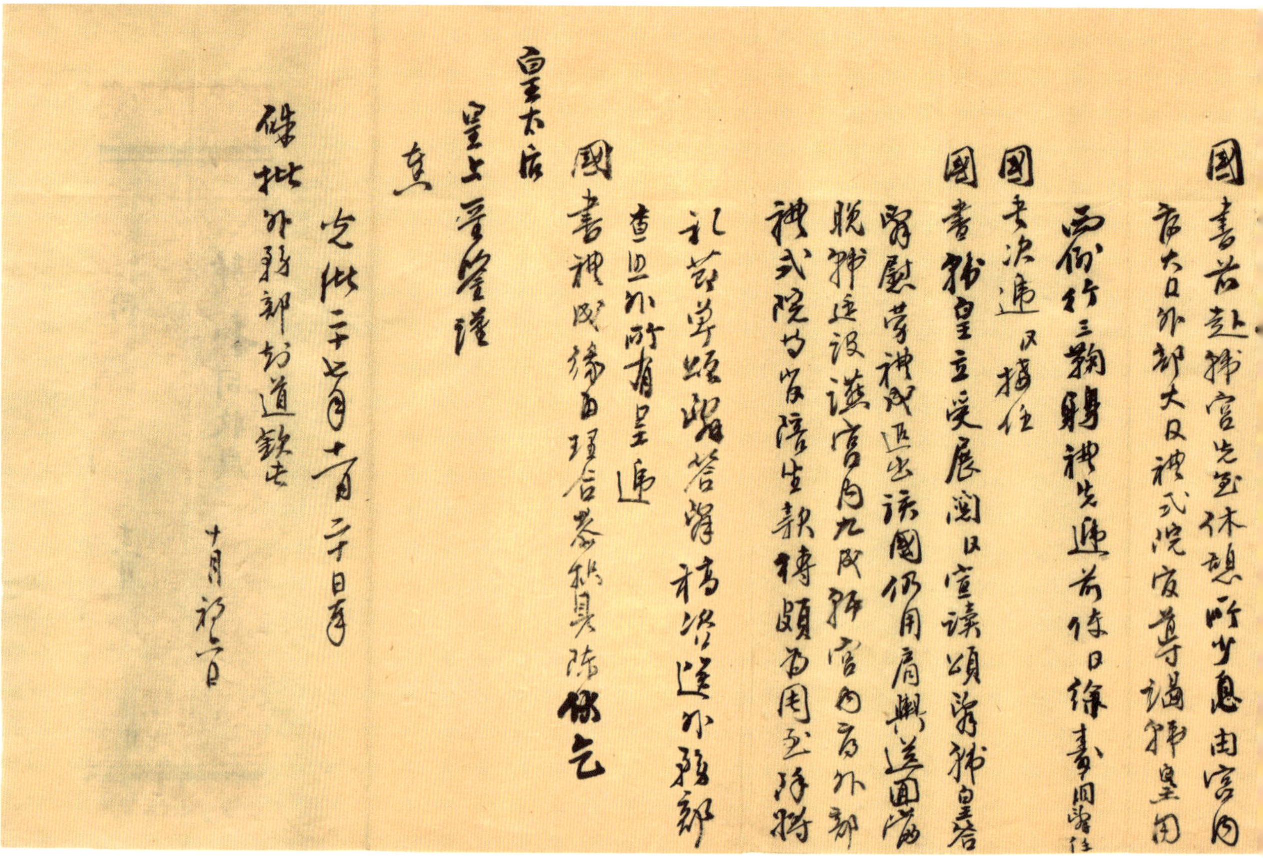

驻韩大臣许台身奏折：

为谒见韩皇呈递国书事

光绪二十七年十月初六日（1901 年 11 月 16 日）

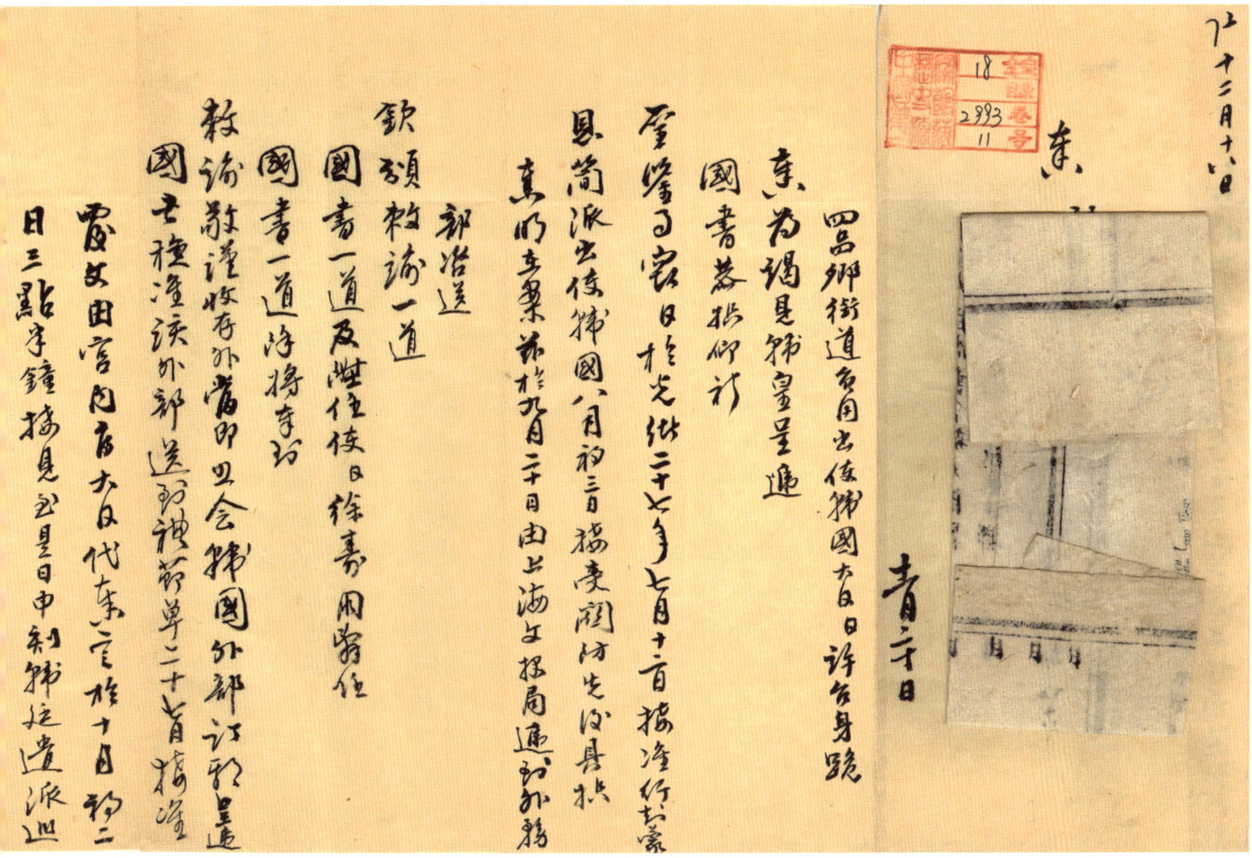

驻韩大臣许台身奏折（光绪二十七年十月初六日）

许台身，浙江仁和县人。继徐寿朋之后，于光绪二十七年（1901）七月十二日，以四品卿衔道员简派出使韩国大臣。十月初二日，许台身与参赞、翻译等官一同进入韩国皇宫，谒见韩国皇帝，以西洋礼节，行三鞠躬礼，先呈递前任使臣徐寿朋辞任国书，再呈递自己的接任国书，韩国皇帝立受展阅。宾主颂答后，仍用肩舆送回。当晚，韩国皇宫设宴款待许台身一行。此件档案反映了中韩邦交中国书使用的历史场景。

大清国国书

光绪二十八年八月十二日（1902 年 9 月 13 日）

大韩国国书

光武八年二月一日（1904 年 3 月 17 日）

国书是近代国际交涉时使用的公文，是国家元首代表本国政府致书别国元首、并由派遣或召回大使或公使向接受国元首发出的文书。清末，中国与外国逐步建立了近代外交关系，开始互派使臣，递交国书。按一般国际惯例，外交使节要在递交国书后方能正式履行职务。光绪二十八年八月十二日的清国国书，为庆贺韩国皇帝高宗李熙即位四十年（为朝鲜国王 36 年、韩国皇帝 4 年），由驻韩国使臣许台身递呈。光绪三十年二月一日，韩国皇帝高宗李熙在汉城（今首尔）庆运宫签署国书，任命正二品元帅府军务局总长闵永喆受命为韩国特命全权公使，驻京师办理交涉事宜。

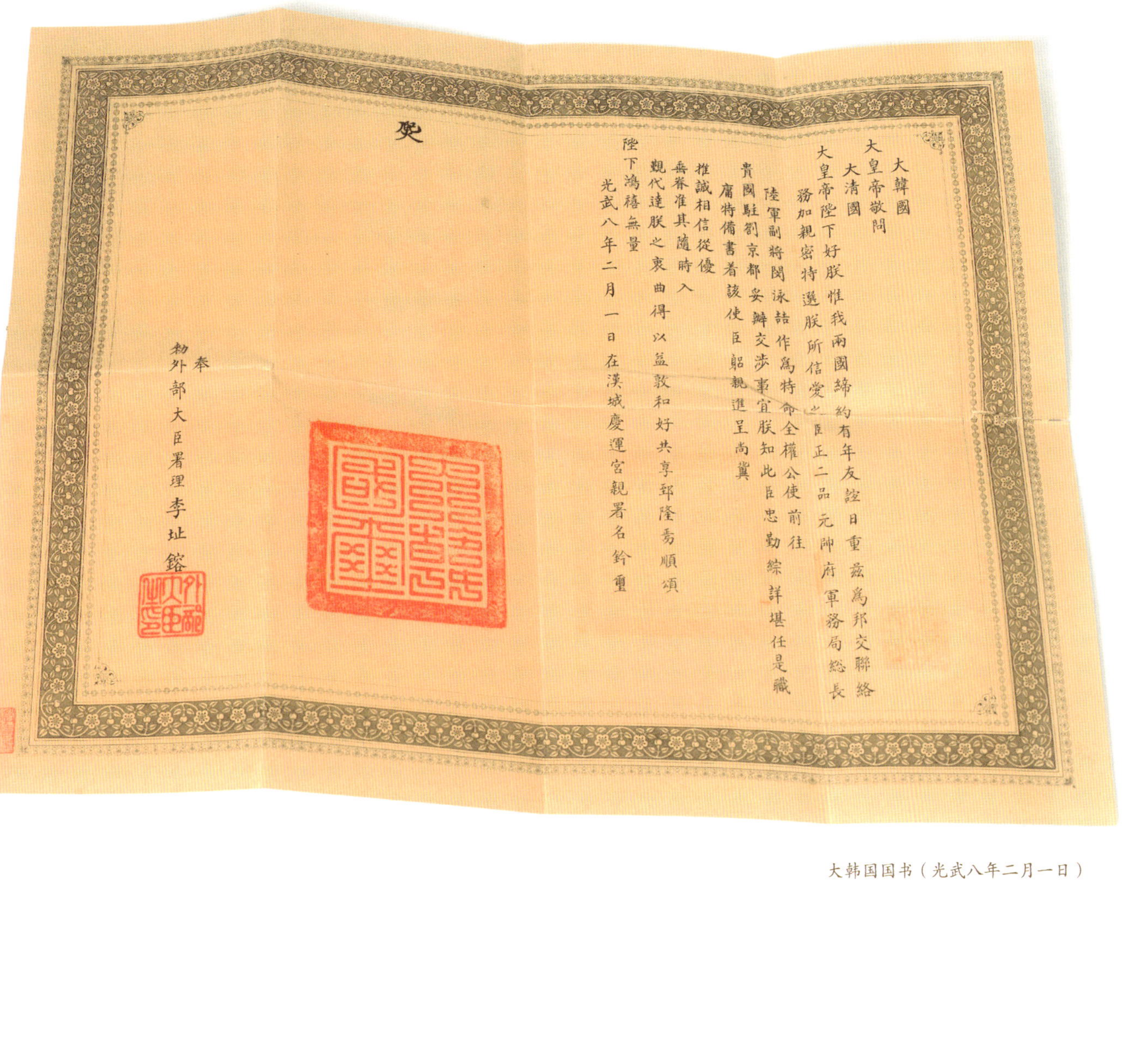

熙

大韓國
大皇帝敬問
大清國
大皇帝陛下好朕惟我兩國締約有年友誼日重茲為邦交聯絡
務加親密特選朕所信愛之臣正二品元帥府軍務局総長
陸軍副將閔泳喆作為特命全權公使前往
貴國駐劄京都妥辦交涉事宜朕知此臣忠勤綜詳堪任是職
膺特備書着該使臣躬親進呈尚冀
推誠相信從優
垂眷准其隨時入
覲代達朕之衷曲得以益敦和好共享郅隆焉順頌
陛下鴻禧無量
光武八年二月一日在漢城慶運宮親署名鈐璽

奉
勅外部大臣署理李址鎔

大韩国国书（光武八年二月一日）

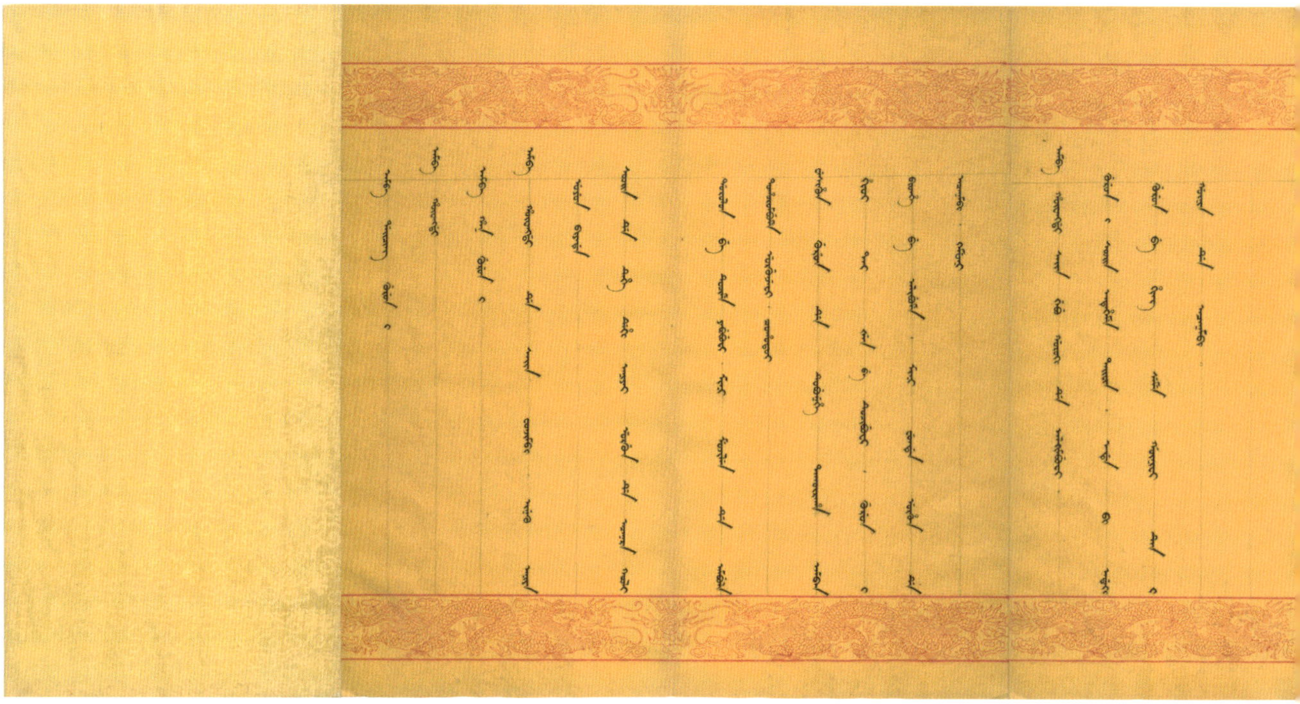

大清國國書

大清國
大皇帝問
大韓國
大皇帝好聞本年九月舉行
即位四十年稱慶典禮朕心慰悅良
深特簡駐紮
貴國使臣許台身呈遞國書代為
致賀並頌
大皇帝嘉名遠播
國祚永康用副朕篤念鄰邦之
至意

大清光緒二十八年八月十二日

大清国国书（光绪二十八年八月十二日）

驻韩大臣曾广铨致外务部信函：

为韩国黄海平安道商开口岸及各国驻韩使馆情形事

光绪三十一年十一月初二日（1905 年 11 月 28 日）

《韩国黄海道海岸略图》

曾广铨(1871—1940)，湖南湘乡人，大学士、一等勇毅侯曾国藩次子曾纪鸿第四子，曾国藩长子曾纪泽嗣子。精通英、法、日、德语及满文，曾任驻英使署参赞、驻韩公使等职。

这件档案是即将撤任回国的第三任驻韩公使曾广铨向外务部左丞陈名侃（号梦陶）、署右丞邹嘉来（号紫东）等人汇报工作的信函，述及三事：(1) 日本公使林权助告知，韩国已选定九味浦（今朝鲜黄海南道九美浦）为增开对外贸易口岸，并附《韩国黄海道海岸略图》；(2) 美国驻韩公使毛庚被撤回，由前参赞兼总领事巴度克任驻韩总领事；(3) 清驻韩公使裁撤后，要“遴派精明干练之员”担任总领事兼商务监督，保护中国商民利益，“不致因韩国局面变迁而有所亏损”。

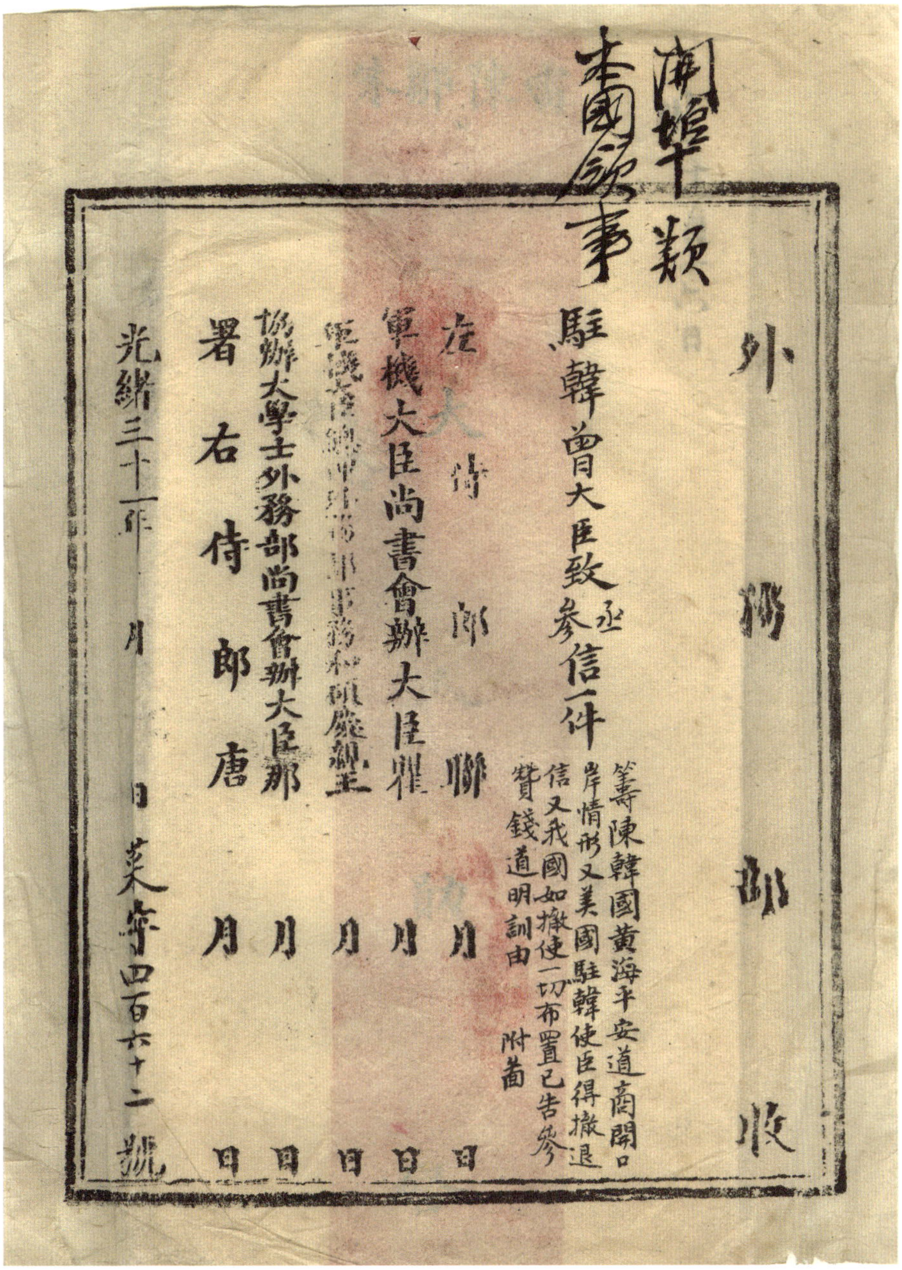
外務部 收

開埠類

本國領事

駐韓曾大臣致 丞 參信一件

籌陳韓國黃海平安道商闢口岸情形又美國駐韓使臣得撤退信又我國如撤使一切布置已告參贊錢道明訓由 附菑

左侍郎聯 月 日

軍機大臣尚書會辦大臣瞿 月 日

軍機大臣總理外務部事務和碩慶親王 月 日

協辦大學士外務部尚書會辦大臣那 月 日

署右侍郎唐 月 日

光緒三十一年 月 日 菜字四百六十二號

驻韩大臣曾广铨致外务部信函（光绪三十一年十一月初二日）（之一）

國之人而以教育興商為預圖致富之方鍼云云且謂日本當初情
形較之韓國尤遜堅忍四十年居然得有今日將來此間當不至
若是之難也廣銓熟觀日人堅忍之性有過歐美伊倭之言似不
為過往後韓國商務當可日增月長所可慮者我之商民不能自
振難與日商競爭耳然我商在此經營已數百年生業皆確有根
本將來撤使之後如
遴派精明幹練之員以總領事兼商務監督開導維持則我國

商力亦尚易於培護也廣銓學淺材輇任殷責重自抵韓國十月
於茲所辦各事粗有規模惟興立未久諸多缺畧接替之人若能
不易宗旨隨時改良則僑居商民不致因韓國局面變遷有所虧
損此則惓惓寸衷不能無望者也至於使領六署各員一切布置均
已妥帖經手事件亦經次第清釐去後辦法並已盡告二等參贊
錢道明訓一俟奉到撤回之
諭即可內渡返國矣
以上各節統祈

代陳
憲聽裁度示覆敬請
勛安統祈
亮詧
愚弟曾廣銓頓首 十一月初一日韓字第十號

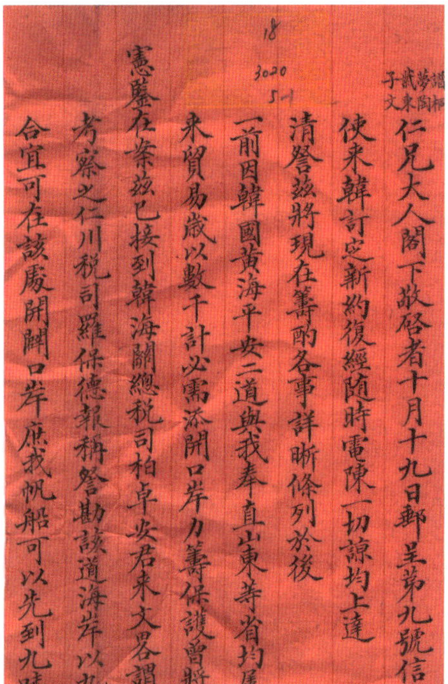

18
3020
5-1

謹祁
勞陶東
武文
子

仁兄大人閣下敬啓者十月十九日郵呈第九號信後旋值日本伊
侠來韓訂定新約復經隨時電陳一切諒均上達
清督兹將現在籌商各事詳晰條列於後
一前因韓國黄海平安二道與我奉直山東等省均屬毗近帆船往
來貿易歲以數千計必需添開口岸力籌保護曾將商辦各情詳陳
憲鑒在案兹已接到韓海關總税司柏卓安君來文畧謂擬派往黄海道
考察之仁川税司羅保德報稱督勘該道海岸以九味浦港口為最
合宜可在該處開闢口岸庶我帆船可以先到九味浦付税領單

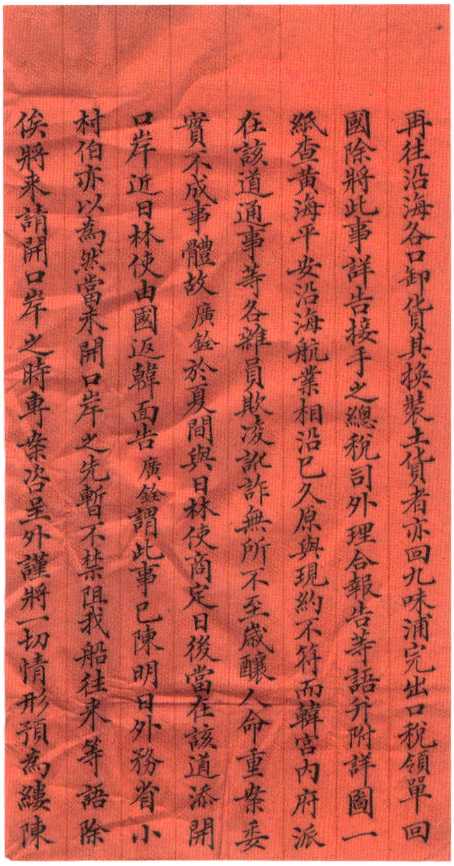

再往沿海各口卸貨其換裝土貨者亦回九味浦完出口税領單回
國除將此事詳告接手之總税司外理合報告等語并附詳圖一
紙查黄海平安沿海航業相沿已久原與現約不符而韓宮内府派
在該道通事等各雜員欺凌訛詐無所不至歲釀人命重案委
實不成事體故廣銓於夏間與日林使商定日後當在該道添開
口岸近日林使由國返韓面告廣銓謂此事已陳明日外務省小
村伯亦以為然當未開口岸之先暫不禁阻我船往來等語除
俟將來請開口岸之時專案咨呈外謹將一切情形預為縷陳

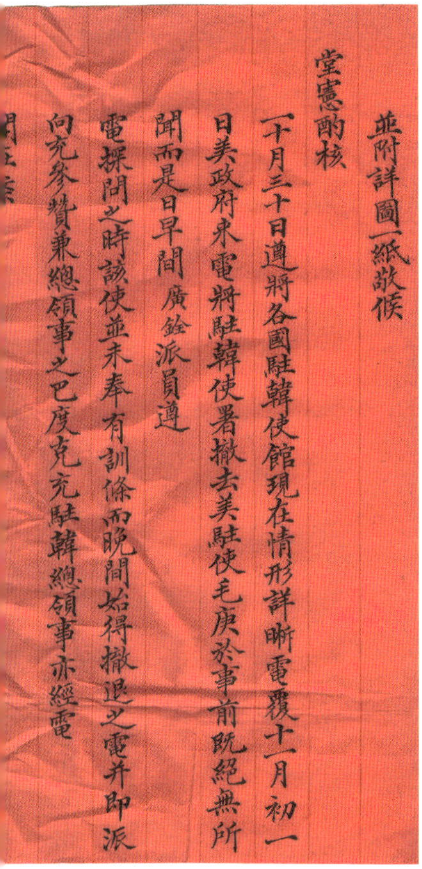

並附詳圖一紙敬候
堂憲酌核
一十月三十日適將各國駐韓使館現在情形詳晰電覆十一月初一
日美政府來電將駐韓使署撤去美駐使毛庚於事前既絕無所
聞而是日早間廣銓派員適
電探問之時該使並未奉有訓條而晚間始得撤退之電并即派
向充參贊兼總領事之巴度克充駐韓總領事亦經電

驻韩大臣曾广铨致外务部信函（光绪三十一年十一月初二日）（之二）

再往沿海各口卸貨其換裝土貨者亦回九味浦完出口稅領單回
國除將此事詳告接手之總稅司外理合報告等語并附詳圖一
紙查黄海平安沿海航業相沿已久原與現約不符而韓宫內府派
在該道通事等各雜員欺凌訛詐無所不至歲釀人命重案委
實不成事體故 廣銓於夏間與日林使商定日後當在該道添開
口岸近日林使由國返韓面告 廣銓謂此事已陳明日外務省小
村伯亦以為然當未開口岸之先暫不禁阻我船往来等語除
俟將来請開口岸之時專案咨呈外謹將一切情形預為縷陳

3020

5

夢陶
紫東
子文

仁兄大人閣下敬啓者十月十九日郵呈第九號信後旋值日本伊

使來韓訂定新約復經隨時電陳一切諒均上達

清詧茲將現在籌酌各事詳晰條列於後

一前因韓國黃海平安二道與我奉直山東等省均屬鄰近帆船往

來貿易歲以數千計必需添開口岸力籌保護曾將商辦各情詳陳

憲鑒在案茲已接到韓海關總稅司柏卓安君來文畧謂擬派往黃海道

考察之仁川稅司羅保德報稱詧勘該道海岸以九味浦港口為最

合宜可在該處開闢口岸庶我帆船可以先到九味浦付稅領單

GETSUNAI DO
NIU DO
KUMPO
NAM CHANG
PHILIPS ROCK
PENG YONG DO
INNER SHIP ROUTE
RIPPLE ROCK
KULIN DO
KERRIN DO
3 ROCKS
SUNI DO
TO CHEMULPO

《韩国黄海道海岸略图》

韓國黃海道
海岸略圖
HAIJU
SOAKOPO
NAMCHANG
CHINDO
SUNK SHIP
TAI SOO DO TAU
SAI YONPENG DO
TO CHEMULPO

图书在版编目（CIP）数据

明清宫藏丝绸之路档案图典：全八册 / 中国第一历史档案馆，中国历史研究院编著，李国荣，鱼宏亮总主编．-- 北京：国家图书馆出版社，2021.6

ISNB 978-7-5013-7102-0

Ⅰ.①明… Ⅱ.①中… ②中… Ⅲ.①丝绸之路－档案资料－中国－明清时代－图集 Ⅳ.①K928.64-64

中国版本图书馆CIP数据核字（2020）第212880号

审图号：GS（2021）8092号

书　　名　明清宫藏丝绸之路档案图典（全八册）
著　　者　中国第一历史档案馆　中国历史研究院　编著
　　　　　李国荣　鱼宏亮　总主编
出版统筹　魏　崇　殷梦霞
责任编辑　王　雷　王燕来　王佳妍
装帧设计　文化·邱特聪

出版发行　国家图书馆出版社（100034　北京市西城区文津街7号）
　　　　　（原书目文献出版社　北京图书馆出版社）
　　　　　010-66114536　63802249　nlcpress@nlc.cn（邮购）
网　　址　www.nlcpress.com→投稿中心
印　　装　北京雅图新世纪印刷科技有限公司
版次印次　2021年6月第1版　2021年6月第1次印刷

开　　本　889×1194（毫米）　1/16
印　　张　124.5
书　　号　ISBN 978-7-5013-7102-0
定　　价　3000.00元

之期應照向例由臣部派朝鮮通事二員並行
文吉林將軍出派章京驍騎校筆帖式各一員
會同前往該處監視交易其例禁貂皮水獺猞
猁猻江獺等皮俱不准帶往市易所有派往官
兵私帶人役貨物之處嚴行禁止仍令遵照定
限二十日撤回恭候
命下臣部移咨吉林將軍朝鮮國王一體遵照辦理臣
等未敢擅便謹
題請
旨

會甯地方交易禮部派朝鮮通事二員會同甯
古塔章京驍騎校筆帖式各一員前往監視凡
貉獾騷鼠鹿狗等皮准其市易貂皮水獺猞猁
猻江獺等皮不准市易定例二十日即回派往
官兵私帶人役貨物嚴行禁止等語
該臣等議得甯古塔人每年往朝鮮國會甯地
方交易一次臣部照例派朝鮮通事二員並行
文吉林將軍出派章京驍騎校筆帖式各一員
會同前往監視歷經辦理在案今屆會甯交易

[illegible]

[illegible]

[illegible]

[illegible]

[illegible]

[illegible]

[illegible]

[illegible]

[illegible]

[illegible]

[illegible]

[illegible]